集人文社科之思　刊专业学术之声

集 刊 名：**法律和政治科学**

主　　管：**西南政法大学**

指　　导：**西南政法大学期刊社**

主　　办：**西南政法大学行政法学院　政治与公共管理学院**

主　　编：**周尚君**

LAW AND POLITICAL SCIENCE Vol.5 2022 No.1

2022年第1辑·总第5辑

集刊序列号：PIJ-2018-334

中国集刊网：www.jikan.com.cn

集刊投约稿平台：www.iedol.cn

法律和政治科学

LAW AND POLITICAL SCIENCE

数字社会中的国家能力

2022 年第 1 辑 · 总第 5 辑

Vol.5 2022 No.1

周尚君 主编

社会科学文献出版社

SOCIAL SCIENCES ACADEMIC PRESS (CHINA)

目 录
CONTENTS

圆桌会议：数字社会中的国家能力

专 论

政 法

治 理

思 想

2022年第1辑·总第5辑

法律和政治科学
LAW AND POLITICAL SCIENCE

Vol.5, 2022 No.1

圆桌会议：
数字社会中的国家能力

编者按

○**主持人：** 周尚君

○**与谈人：** 马长山、李晟、周尚君、胡凌、张凌寒

  当今社会正步入深度数字社会，数字化成为当今时代最显著的社会条件。数字技术的社会化应用不仅改变了人们习以为常的生活模式和思考方式，更加速引发了社会结构乃至政治结构的深刻变革。人与人、人与社会、人与国家之间的关系都逐渐被重新定义。人类与数字化同行、与数字化共生，成为数字社会必然的发展趋势。随着这一趋势的不断演进，国家能力建设呈现出前所未有的复杂态势。国家能力建设要面对的不是一个稳定的易于被看清、被改造的客体，而是一个具有更强塑造能力、互动能力和建构能力的仍在突变中的全新数字社会。国家能力在数字社会中已经转化为国家的数字能力。面对数字时代的新趋势、新现象，国家权力运行效率的显著提升是否意味着国家能力的必然提升，政府部门的公权力与技术平台企业的"私权力"如何平衡，国家如何应对数字社会带来的风险和机遇，国家的数字能力、信息能

力又如何得以有效提升，等等，都是当下亟须我们回答的问题。为此，《法律和政治科学》编辑部举办了"数字社会中的国家能力"笔谈，邀请马长山、李晟、周尚君、胡凌、张凌寒五位学者共同探索"数字社会中的国家能力"这一议题。与会专家学者就数字法学的基础理论、国家能力的信息基础、数字社会对国家能力的塑造机制、法律执行中的国家信息能力、国家数字能力建设中的公私合作等方面进行了深入交流和反思。现择要整理刊发，以飨读者。

——《法律和政治科学》编辑部

为什么是数字法学[*]

马长山^{**}

【摘　要】信息革命催生新文科、新法学，但新法学并不应仅仅
　　　　　是学科交叉上的探索，而应是从现代法学向数字法学的时
　　　　　代转型。事实表明，正是法律社会基础的根本转型、数字
　　　　　社会的本体性重建，使得面向数字法学的转型升级成为必
　　　　　然，数字法治形态也日渐成形。因此，从现代法学转向数
　　　　　字法学，并不是一个即时性的学术问题，而是一个长期的
　　　　　时代任务。

【关键词】新文科；新法学；数字法学；数字法治

　　在 20 世纪 80 年代末 90 年代初，中国的法学出现了一次巨大
的变革转型，即从苏联法学模式转向现代法学模式，大量引进吸

---

　　* 本文系作者主持的国家社科基金重大项目——"数字社会的法律治理体系与
　　　立法变革"（编号 20&ZD177）的前期成果之一。
　　** 马长山，法学博士，华东政法大学教授、博士生导师，研究方向：法学理论、
　　　数字法治。

收现代法学理论和研究方法，推动了中国法学的繁荣与进步，并为中国法治建设提供了有力的理论指引和价值支撑。如今，在"数字中国"战略布局下，我国正在大力推进数字经济、数字社会、数字政府和数字生态建设，相应的法学变革也就成为重要的时代课题。

一　新文科、新法学的变革策略

作为一种新兴的研究思潮和教育理念，"新文科"系美国希拉姆学院（Hiram College）于 2017 年率先提出的概念，它力图通过打破学科界限、专业重组来创造综合性的"跨学科"学习环境，旨在回应当代信息革命，推进跨学科的交叉学习与复合性研究。2019 年 4 月，教育部贯彻"新工科、新医科、新农科、新文科"精神的"六卓越一拔尖"计划 2.0 在天津启动；2020 年 11 月，在"新文科建设工作会议"上有关高校又联合发布了《新文科建设宣言》，确立了文、史、哲、经、管、法、教育、艺术等 8 大学科门类的特色发展框架，以期"弘扬中国精神、凝聚中国力量、践行中国道路"。[1]

与此相应，新的价值观念、新的理论体系、新的研究范式逐渐浮出水面，新文科、新法学建设也已成为一个学术热点。[2] 综观目前的研究文献，要么认为"新文科"应秉持新理念，确立新使命，赋予新内容，运用新方法，因而必然产生新学理、新范畴、新命题、新法学；要么认为新法学是新文科的法学呈现，是一种

---

[1] 《〈新文科建设宣言〉正式发布》，中国教育网，https://www.eol.cn/news/yaowen/202011/t20201103_2029763.shtml，最后访问日期：2022 年 1 月 16 日。

[2] 《"六卓越一拔尖"计划 2.0 掀起一次中国高教"质量革命"》，人民网，http://edu.people.com.cn/n1/2019/0430/c1006-31059188.html，最后访问日期：2022 年 1 月 16 日。

承载新理念、新使命、新内容和新方法的法学变革，① 因而，并没有对其信息革命背景和数字社会基础给予更多的分析和研究。但从深层的发展趋向来看，"农业革命推动人类社会进入第一个轴心时代，孔子、老子成为这个时代的思想代表；工业革命又将人类推动进入第二个轴心时代，源自西方古典时代以来的理论创新，将人类的思想和知识体系带入现代。如今，信息革命正将人类思想带入历史上的第三次轴心期"。② 这样，新法学就不仅仅是一种学科交叉、融通科技的"法学 + X"模式，也不仅仅是关注新时代社会矛盾、解决"中国问题"意义上的回应性模式，它应该是反映数字社会规律、表征数字发展逻辑、呈现数字时代价值的数字法学范式。因此，以数字法学为核心的新法学，既有现代法学的内容之新、增补之新，也有对现代法学的变革之新、重建之新，在根本上乃是现代法学基础上的变革转型和迭代升级。

二　数字法学的理论应答

当今信息革命正在迭代加速发展，形成了经济、政治、文化以及社会生活的全面数字化生态，"它创造了许多，也同样毁灭了许多，它毁灭的东西可能比替代的多"。③ 这既对现代性法律体系带来了空前的颠覆性挑战，也对数智治理创新和"新法学"探索提出了迫切要求。然而，这个"新法学"既不应该是对现代法学

① 参见徐显明《新文科建设与"新法学"教育的挑战和应对》，《新文科教育研究》2021 年第 1 期；杨宗科《适应新时代新要求建设"新法科""新法学"》，《法学教育研究》2020 年第 1 期；杨宗科《论"新法学"的建设理路》，《法学》2020 年第 7 期；杨学科《数字时代的"新法学"建设研究》，《法学教育研究》2021 年第 2 期；徐飞《新文科建设："新"从何来，通往何方》，《光明日报》2021 年 3 月 20 日，第 10 版；等等。

② 支振锋：《新时代新格局需要新法治新法学》，《经济导刊》2020 年第 10 期。

③ 〔美〕安德鲁・V. 爱德华：《数字法则　机器人、大数据和算法如何重塑未来》，鲜于静、宋长来译，机械工业出版社，2015，第 191 页。

的增订修补，也不应该是现代法学路线上的拓展延伸，它应该是从现代法学向数字法学的转型升级。这一过程并非主观上的现象和激情，而是基于信息革命的强力推动和数字社会的深层支撑。

其一，法律的社会基础发生根本转型。众所周知，现代法学是一个历经几个世纪发展沉淀而形成的具有复杂专业知识、精致规则逻辑和深厚理论体系的应用学科，提供了化解社会纠纷、维护社会秩序、弘扬公平正义的基本框架，其意义和功能毋庸置疑。然而，我们也要看到，支撑现代法学的社会基础是市场经济、民主政治和启蒙价值，这意味着现代法学是对工商社会的生产生活关系的规律概括、规则提炼和理论升华，具有鲜明的时代性和方向性。

随着信息革命的到来，人类开始从工商社会迈进数字社会，此前工商社会的物理时空边界被虚拟时空所消解和重构，人工智能体不再是简单的工具而成为参与决策的"伙伴"，人们除了自然人身份之外还形成了数字人身份，社会的生产生活日益在线化、数字化、智能化。这就"改变人们的行为方式，进而重组了生产组织方式，重塑了生活方式，重建了社会结构，再造了社会运转机制。与工业社会相比较，数字社会有完全不同的连接方式、行为模式、知识体系、价值体系以及社会结构"。[①] 可见，与人类历史上的农业革命和工商革命明显不同的是，信息革命不再是物理时空环境下的生活拓展和能力提升，而是走出了"上帝"设定的物理时空并进行革命性重建。这样，"人类变成了制定规则的上帝，所有伴随人类进化历程中的既定经验与认知沉淀将遭受颠覆性的挑战"。[②] 现代法学所赖以生成发展的社会基础已经发生根本性改变，出现了很多既有规则逻辑所难以涵盖和准确表达的

[①] 王天夫：《数字时代的社会变迁与社会研究》，《中国社会科学》2021年第12期。

[②] 王天一：《人工智能革命：历史、当下与未来》，北京时代华文书局，2017，第192~193页。

数字社会规律和难题，亟须探索新的法学命题，构建新的法学理论——数字法学来予以应答。

其二，数字社会形成了本体性重建。网络化、数字化、智能化技术的飞速交融发展，把人类带进了"万物数字化、一切可计算"的数字时代，"身联网""数字孪生城市""元宇宙"等新生事物奔涌而来。此时，信息与通信技术并不是对环境条件和人性的现实增强，也不是对物理时空和人类能力的范围拓展，而根本上则是"再本体论化装置"，① 它使得"人与数据的聚合正在成为构造世界和塑造个人的基础性活动"。② 因此，数字社会的发展变革"最好被理解为一种对于信息圈及其居民的根本性的再本体论化"。③ 这种本体性重建，就会形成数字社会空间、数字社会身份、数字社会行为、数字社会关系、数字社会纠纷等转型发展趋向。一方面，"拥有合法数字身份是一项基本权利，人们通过移动网络进行贸易、支付和社交";④ 另一方面，"'以数识人'不仅改变着人们的自我认同，而且成为每个人为社会所认知的基础",⑤ 并深蕴于网络治理、平台治理、算法治理、区块链治理、数智治理之中，形成新的概念范畴、基本原则、规则逻辑、价值观念、法律方法，如数据信息权利、算法共谋、自动化行政、区块链司法、数字主权等。其中所涉及的领域和问题，都是现有法学理论和规则框架难以直接适用和有效解决的，这就需要相应的数字法学来完成这一重要使命。

其三，面向数字法学的转型升级。近年来，新兴法学的理论

---

① 〔英〕卢恰诺·弗洛里迪：《信息伦理学》，薛平译，上海译文出版社，2018，第22页。
② 段伟文：《信息文明的伦理基础》，上海人民出版社，2020，第9页。
③ 〔英〕卢恰诺·弗洛里迪：《信息伦理学》，薛平译，上海译文出版社，2018，第380页。
④ 〔英〕克里斯·斯金纳：《数字人类》，李亚星译，中信出版集团，2019，第286页。
⑤ 段伟文：《信息文明的伦理基础》，上海人民出版社，2020，第9页。

研究十分活跃，成果颇丰，名称各异。如网络法学、信息法学、人工智能法学、数据法学、计算法学等，但这些都是在现代法学项下的新兴二级学科意义上来讨论的，而且也具有较明显的分散性和交叉性。而在本文看来，这些研究都局限于某一个领域，若从总体上来审视的话，就应该统称为"数字法学"，因为它们都是数字社会现象、数字社会关系和数字社会规律的理论反映。同时，数字法学不仅不是现代法学的新兴二级学科，而应该是现代法学的"升级版"。① 因为在当今的数字化转型进程中，传统工商社会已经整体融入数字社会，经过吸纳重塑变成了数字社会的有机组成部分，那么，基于工商社会的现代法学，也自然会被吸纳重建而成为数字法学的有机组成部分。这样，数字法学主要由继承沿用（现代法学）、局部重塑（现代法学和新兴法学交融）和全新法学理论三方面内容组成。可见，从现代法学向数字法学的转型升级，并不是要取代甚至抛弃现代法学，而是在现代法学的基础上，通过吸纳继承、数字化重塑并融合新兴法学理论，总体性地转化为反映数字社会发展规律的新一代法学。这既是数字时代发展的必然要求，也是构建数字社会秩序、推进数字法治转型、确立中国法学自主性和塑造数智人文价值的迫切需要。

其四，数字法治形态日渐成型。数字法治并不是现代法治的数字化，也不是现代法治的自然延展，而是现代法治的代际转型和总体升级。如果说现代法治是法治 1.0 版的话，那么数字法治就是法治 2.0 版。与现代法治相比，它具有以下几个特点：一是环境条件不同，现代法治立足于物理时空，而数字法治则立足于数字时空（虚拟/现实的双重空间）；二是经济基础不同，现代法治的基础是工商经济和商品逻辑，而数字法治的基础则是数字经济和信息逻辑；三是行为规律不同，现代法治主要反映生物人（即自然人，也包括法人组织）属性及其行为规律，而数字法治

---

① 参见马长山《数字法学的理论表达》，《中国法学》2022 年第 3 期。

则主要反映生物人/数字人的双重属性及其行为规律；四是价值形态不同，现代法治主要呈现基于人财物配置和流转的分配正义，而数字法治则主要展现基于信息控制/分享和计算的数字正义。这样看来，现代法治和数字法治乃是法治发展变革的不同阶段和类型，数字法治反映了数字时代的生产生活规律，体现着以数据/信息为轴心的权利义务关系和以算法为基础的智能社会秩序。在本质上，它是平衡公权力、私权利关系，保障数字社会人权，实现数字正义的治理方式、运行机制和秩序形态。因此，数字法治是在现代法治基础上的数字性重塑和新生。可见，"正如工业革命催生了源于西方的现代法治，信息革命也必将因其对社会经济生活的深刻塑造而催生新的法治形态。这是巨大的挑战，也是中国法学的宝贵机遇"。[①]

三　数字法学的疑问与前景

近年来，关于数字法学的研究一直比较活跃，但基本上以青年学者为主力。很多学者都认为，目前网络化、数字化、智能化带来的一些挑战和难题，无非是现代法学在数字时代遇到的一些"新问题"而已，完全可以通过现代法学的扩充和阐释来加以解决。因此，现代法学变革、法治转型的分析讨论，便常常遭受这样一些质疑：数字化的后果有这么严重吗？现代法律到底哪儿变了、哪儿不能适用了？数字法治是什么样的……数字法学、数字法治研究是不是有过度"拔高"之嫌？

2022 年春节期间，有一件值得深入思考的事情。广州、武汉、成都等地的一些视频号，发布了 AR、XR 新春拜年光影秀。这些新技术支持的光影秀让人们看到了跨越时空的奇妙图像，也有元宇宙的沉浸场景。这表明，信息革命和数字发展的步伐锐不

---

① 支振锋：《新时代新格局需要新法治新法学》，《经济导刊》2020 年第 10 期。

可当，我们已经不由自主、不可逆转地被带进这个加速形成的数字世界。如果说，在当今老年人群体中形成了基于年龄和体能的数字鸿沟的话，那么，不关注、不接受、不回应这场数字变革，将会在我们自己身上形成法学观念和学科生存上的学术"数字鸿沟"。接下来，数字时代还在何种程度上需要法学、需要什么样的法学就难免会面临一定的社会拷问。可见，从现代法学转向数字法学并非一个即时的理论问题，其是一个长期的时代任务，反映着数字社会的变革发展诉求。它是真正的"未来已来"，只有完成这一转型升级，才能更好地承担起数字时代的法学使命。

Why Digital Law

Ma Changshan

Abstract: The information revolution gave birth to new liberal arts and new law, but the new law should not only be the exploration of interdisciplinary, but also the transformation from modern law to digital law. Facts show that it is precisely because of the fundamental transformation of the legal social foundation and the ontological reconstruction of the digital society that the transformation and upgrading of digital law is inevitable, and the digital rule of law is also taking shape day by day. Therefore, the transition from modern law to digital law is not an immediate academic issue, but a long-term task of the times.

Keywords: New Liberal Arts; New Law; Digital Law; Digital Rule of Law

国家能力的信息基础[*]

李 晟[**]

【摘 要】 如何理解数字社会中的国家能力，需要以信息作为一个基础性维度展开分析。衡量国家能力的标准，在于国家能够吸收多少资源来承担相应的信息成本，能够从社会中获取并处理多少信息，并通过这些信息生成的确定性来建构秩序。在数字社会，信息基础设施在社会中的普遍建设与运用，导致信息生产与处理产生了革命性变革，并显著降低了信息成本。但信息成本的降低并不等同于国家能力的增强。数字社会中用更低的能量生成负熵而创造出更稳定的秩序，但这种能量是否属于国家，创造的秩序是否属于国家主导的秩序，仍然具有不确定性。因此，在面对竞争者时，国家不仅要努力获得更多的信息，还要努力增强分析和运用信息的能力。获取与运用信息，共同构成了数

---

* 本文是 2020 年度国家社科重大项目"数字社会的法律治理体系与立法变革研究"（20&ZD178）的阶段性成果之一。
** 李晟，法学博士，中国海洋大学法学院教授、博士生导师，研究方向：法学理论、宪法学、网络与人工智能法学。

字社会中的国家能力。

【关键词】 国家能力；信息；信息成本；秩序

自从查尔斯·蒂利提出"国家能力"这一概念以来，对于国家能力具体如何体现的分析，已经扩展到许多方面。例如王绍光的研究，将强制、汲取、濡化作为近代国家的基本能力，认证、规管、统领和再分配作为现代国家的基础能力，而吸纳与整合则是民主国家的基础。① 那么在近代国家、现代国家与民主国家这种分类之外，进入数字社会这样的语境之中，应当如何理解国家能力？需要将信息作为一个基础性维度展开分析。

一 信息作为国家能力的基础

对于国家能力的分析，无论侧重于财政汲取能力还是制度执行能力，当然都需要关注国家如何在社会中建构起秩序。正如亨廷顿所言，国家的体制各有不同，关键的差异不是形式上的区别，而是建立起秩序的效能。② 那么，秩序又是如何形成的？人们需要信息在社会中获得关于事件特定性的定位，我们所获得的信息越多，就越能确定一个事件相对于其他事件的特定性，从而获得更有秩序的生活，但同时也会面临信息过载，超出处理能力的信息就会制造更多的不确定性。因此，信息在社会中，既可以作为确定性的量度，也可以作为不确定性的量度，这种不同的认知立场

---

① 王绍光：《国家治理与基础性国家能力》，《华中科技大学学报》（社会科学版）2014 年第 3 期。
② 参见〔美〕塞缪尔·P. 亨廷顿《变化社会中的政治秩序》，王冠华等译，上海人民出版社，2015，第 1~2 页。

取决于信息的丰富程度与处理能力。① "儵与忽谋报浑沌之德，曰：'人皆有七窍，以视听食息，此独无有，尝试凿之。'日凿一窍，七日而浑沌死。"② 庄子的这一寓言，其实可以做这样的理解，在没有信息输入的情况下，"浑沌"处于正常的生存状态，而输入信息反而导致了死亡。要讨论国家能力的问题，也需要注意到这一点，"民之难治，以其智多"③，国家的能力强弱需要从信息这一基础来加以分析。

在人类的交流活动中，获取信息就涉及各种形式的信息编码、解码，信道的传递、噪声的处理，因此，也需要投入相应的资源，这就是信息成本。在能够承担信息成本的情况下，投入资源来获得信息，就意味着通过能量的转换生成负熵，从而提高社会的有序水平。国家的兴起，也就是建构了一个专业的信息收集与处理机构，通过其在社会中汲取和整合资源的能力来形成能量去生成负熵。国家如果能够具有更高的能量，那么也就能向社会输入具有更大确定性的信息，从而生成更多的负熵，提升社会的有序程度。因此，国家需要对社会中的行为进行监控与认证，识别出社会成员的行为，在此基础上进行分析，并将相关信息在社会中加以传递。国家机构的制度体系、专业分工与组织结构，都会影响信息获取、分析与传输的效率水平，进而影响建构秩序的国家能力。例如韦伯所分析的现代官僚制，其体现出的科层制、即事主义、文牍主义、公务活动连续性等特性，都意味着相对于传统社会中的制度体系能够有效率地收集和处理信息。④

---

① 香农和维纳正是由此形成了关于信息作为熵还是负熵的争论。参见 Claude E. Shannon, "A Mathematical Theory of Communication," 27 *The Bell System Technical Journal* 3 (1948)；〔美〕N. 维纳：《人有人的用处：控制论和社会》，陈步译，商务印书馆，1978，第 12 页。

② 《庄子·应帝王》。

③ 《道德经》第六十五章。

④ 参见〔德〕韦伯《支配社会学》，康乐、简惠美译，广西师范大学出版社，2010，第 21 ~ 86 页。

国家作为这样一种专业机构，当然也就需要运行成本。从社会中通过税收汲取财政资源，正是为了维持机构运转的基础成本。除此之外，国家机构如何去获取并处理信息也需要相应的技术与经济基础。在生产力基础的限制下，社会中的监控、认证、通信、交通、数据分析与储存等方面的技术水平低下，都会意味着这方面国家能力的不足，能够通过社会中个体行为所获取的信息有限。在这样的背景下，信息成本就成为对国家能力的重要制约。例如，国家能否掌握年龄这一信息，就决定了能否以年龄作为刑事责任的标准，而这一信息不像身高那样外显，就决定了先秦社会中将身高而非年龄作为刑事责任标准。① 许多信息在社会中被生产出来，以一种自然状态存在，但无法被国家获取或处理。就像宇宙中存在着无数人类还无法观测和理解的电磁信号一样，只有制造出更先进的天文望远镜之后其才能被转化为人类认识宇宙的信息。而无法被获取或处理的信息，也就不能向社会输入确定性来建构秩序。从这样的视角来看，衡量国家能力的标准，就在于国家能够吸收多少资源来承担相应的信息成本，能够从社会中获取并处理多少信息，并通过这些信息生成的确定性来建构秩序。由此也不难认识到，传统社会中的国家，即使想要形成强大的国家能力去将社会完全塑造成自己所希望的秩序，但由于技术与经济水平决定的信息成本的约束，却无法"挟泰山以超北海"。

二　数字社会中的信息生成与运用

同传统社会对比，数字社会中的信息有了根本变化。如果说传统社会中我们对信息的获取能力就像用肉眼在观察宇宙中寥寥可数的恒星与行星的话，进入数字社会就像运用太空望远镜、球

---

① 尤陈俊：《当代中国国家治理能力提升与基础性国家能力建设》，《法制与社会发展》2015 年第 5 期。

面射电望远镜和激光干涉仪等技术手段去探索星系、类星体、脉冲星，那些过去被忽略不计的背景噪声也就转化为有用的信息。数字社会中，信息基础设施在社会中的普遍建设与运用，导致信息生产与处理产生了革命性变革。通过信息基础设施，物理世界中的人类行为能够生成被获取的信息，并且也能够在获取之后进行处理。

数字社会中的信息通过数据得以形成。互联网建构起来的信息互联互通架构，使得社会中的个体无论是作为组织机构还是个人，都成为网络上连接起来的节点，而其在社会活动中产生的数据与信息，也成为能够有效传输和分享的内容。通过这样的系统，人类行为产生的各类信息，大规模转化为数据的形式，被信息基础设施感知、监测、收集、传输、分析、融合和利用。个人行动所产生的痕迹，成为平台所记录到的数据进行筛选、清洗与整合，从而抽离出能够分析特定对象或特定群体的有价值的数据，也就由原始的数据转化为更有用的信息。在信息技术革命突飞猛进的过程中，个体行为产生的数据，也就汇聚成为"大数据"，并且得以被人工智能进行分析。

数字社会中的这样一种变化，也就意味着带来更低的信息成本。之前对信息成本的分析所发现的制约因素，在很大程度上都被改变了。大数据与人工智能技术的突破，使得此前限于人力无法处理的海量数据变成能够被理解和运用的信息，因而能够将社会中纷繁复杂的人类行为通过信息技术转化为信息，对这些行为的性质和意义进行分析，并且对潜在的行为可能性也展开预测，从而形成对确定性的一种认知。这就意味着许多之前因为无法被认知和运用而在社会意义上并不存在的信息，在数字社会中得以涌现，从信息的自然状态转化为能够向社会输入确定性的有用状态。更多可以被理解的信息，意味着更大程度的确定性。

从自然意义的信息转化为社会意义的信息，用来形成社会中的确定性，这些信息就可以作为负熵加以理解。从社会秩序的角度来看，需要的信息是关于人类行为的信息，只有人类行为在互动中更容易形成合作的策略才能建构起社会秩序。通过信息提供的确定性，人类的社会行为与互动可以变得更容易被预测，也可以形成对个体更精确的指引。例如，超出传统意义的规则与标准划分的"微指令"，就在更充分的信息基础上成为可能，通过更全面和精确的信息进行的分析，在具体语境中形成关于人类如何行为的准确指令。① 当信息作用于人类行为，通过所提供的确定性引导人类行为按照规范去行动，从而达成个体之间的合作，也就在社会中建构起了秩序。社会秩序的生成与强化，也就是减少了作为无序度的熵，意味着信息起到了负熵的作用。

通过这样的分析可以发现，数字社会不同于传统社会的关键变量就是信息的获取与处理能力，无法形成确定性的信息在社会中是熵，能够形成确定性的信息则是负熵。如果能够以可负担的成本获取更多之前无法获取的信息、处理更多之前无法处理的信息，则可以向社会输入更多确定性，也就意味着能够有足够能量去生产负熵，提升社会的有序程度。任何一个社会都希望通过负熵消除无序，但能量制约了这一目标的实现。国家能够运用的能量，受制于其从社会汲取资源的能力，而如果没有相应技术的支持，国家也不可能无限制地将汲取的资源投入对个人行为的监控、认证与分析中去。传统社会中的个人相对于国家或许隐身在"无知之幕"背后，但进入数字社会之后，大数据与人工智能技术则似乎提供了一种"全景敞视"的可能性。当个人行为能够被充分监控、认证与分析之后，生产负熵所消耗的能量显著降低了，因而能够在社会中成为现实。

---

① Anthony J. Casey & Anthony Niblett，"The Death of Rules and Standards，" 92 *Ind. L. J.* 4 （2017）.

三　数字社会中的国家能力

数字社会中，信息技术的广泛运用显著降低了信息成本，使得更容易获取并运用信息向社会输入确定性。随着数字技术信度和效度的不断提升，大规模的国家认证和信息成本的降低成为可能，国家基础能力和认证能力的提升使得国家可以开始着手解决人口流动、陌生人社会的信息不对称等难题。[①] 那么，这是否意味着国家能力在数字社会中一定会得到增强？大数据与人工智能技术所提供的"全景敞视"，是否等同于国家对社会的全方位控制？对此还不能仓促得出结论。

数字社会中信息成本的下降，源自信息技术对社会中个体行为产生的数据进行记录、分析和储存的能力得到增强。而个体行为所生成的数据，最主要的来源就是互联网。在互联网的商业机制中，连接到网络的个体在获取各类商业应用场景中互联网服务的同时，也成为生产者，将其产生的数据作为互联网商业活动的生产资料。基于这样的互联网生产机制，这些场景中生成的数据再转化为可以对个体行为进行认证、评价和预测的信息。因此，获取并运用信息的前提是获取用户及其流量，要获得更多的信息，不仅需要先进的技术，更需要的是具有"用户黏性"的商业模式。

既然信息的获取，更多通过商业模式得以实现，因此，商业化的互联网平台更容易建立起信息的优势。在赢家通吃的市场中，少数巨头企业能够打通不同场景之间的接口，将其用户在不同服务中产生的数据粘连在一起综合运用，从而通过多个服务领域的共享最大限度地占据市场份额。借助于这样的架构，平台企业能够更精确地认证网络中不同个体的行为，将其同物理世界中的主

---

① 吕德文：《治理技术如何适配国家机器——技术治理的运用场景及其限度》，《探索与争鸣》2019 年第 6 期。

体联系起来，也能够更全面地记录个体行为生成的数据痕迹，从而经过分析转化获得更为充分的信息。由此，不难看到的是，数字社会中"老大哥"并非以技术官僚的面目出现，反而是控制着消费者的商业体系。①

在获取信息的基础上，更进一步就是运用信息。掌握了信息优势的平台企业对于信息的运用不仅仅可以转化为利润，也可以转化为权力。仍然从向社会输入确定性这一点来看，运用信息的过程中确定性的生成，来自算法对于人类行为的分析和预测。基于算法的分析和预测，对个人行为产生了指引。为了在互联网场景中获得更好的服务，个人不仅要考虑自己如何行为，还要考虑如何根据他人的行为而选择合作者，例如芝麻信用分就将"在线行为和人际关系"作为维度之一。行为的数据转化为信息，再通过算法转化为对账户的评分，并通过评分形成了行为规范。② 而这种对账户行为的评分，又会同物理世界中的行为结合在一起，从一种网络空间的规范向物理空间的规范演变。在这样的过程中，算法的治理效果得到体现，于是也就有了所谓的"监控资本主义"的形成。③ 对于算法的治理效果加以关注，则又可以发现，掌握着更多数据的商业平台，有可能发展出更强大的算法，从而进一步扩大自身的优势，并将其发展为权力。

对于数字社会中信息与算法优势的分析，意味着开头的问题获得的是否定性的答案，数字社会中信息成本的降低并不等同于国家能力的增强。数字社会中用更低的能量生成负熵而创造出更稳定的秩序，但这种能量是否属于国家、创造的秩序是否属于国

---

① Josh Lauer, *Creditworthy: A History of Consumer Surveillance and Financial Identity in America*, New York: Columbia University Press, 2017, p. 212.

② 参见胡凌《数字社会权力的来源：评分、算法与规范的再生产》，《交大法学》2019 年第 1 期。

③ 参见 Shoshana Zuboff, *The Age of Surveillance Capitalism: The Fight for a Human Future at the New Frontier of Power*, New York: Public Affairs, 2019, p. 22。

家主导的秩序，仍然具有不确定性。数字社会创造出了新型的规范与新型的权力，而这种新型规范与权力为谁所用则存在变数。拥有信息优势才会形成更强大的权力。因此，理解数字社会中的国家能力，不必匆忙形成一种国家全面监控的反乌托邦意象而对国家的各类数字治理措施都表示抵制，应当审视对国家权力的防范是否意味着另一种权力的兴起，并且比较不同的权力会如何影响个人权利。

如果说传统社会中国家能力的强弱更多决定了社会中能否形成秩序的话，那么数字社会中国家能力的强弱则更多影响社会中形成的秩序由谁主导。从信息这一基础维度展开的分析，则揭示出如何增强数字社会中的国家能力。在面对竞争者时，国家不仅要努力获得更多的信息，还要努力增强分析和运用信息的能力。获取与运用信息，共同构成了数字社会中的国家能力。在技术持续高速发展与迭代的背景下，制度应当如何发展变迁，是否有可能形成适应数字社会的制度迭代来更好地获取与运用信息，也就值得再深入思考。如何"超越法律"来形成顺应信息成本变迁的新型规范与制度结构，将在很大程度上决定数字社会中的国家能力，以及未来的秩序建构。①

Information Base of National Capacity

Li Sheng

Abstract: How to understand the national capacity in the digital society needs to be analyzed with information as a basic dimension. The standard to measure the national capacity lies in how many resources the

---

① 参见李晟《略论人工智能语境下的法律转型》，《法学评论》2018 年第 1 期。

country can absorb to bear the corresponding information cost, how much information it can obtain and process from the society, and how to construct order through the certainty of the generation of these information. In the digital society, the universal construction and application of information infrastructure in the society has led to revolutionary changes in information production and processing, and significantly reduced the information cost. However, the reduction of information cost is not equal to the enhancement of national capacity. In the digital society, negative entropy is generated with lower energy to create a more stable order, but whether this energy belongs to the state and whether the created order belongs to the state dominated order is still uncertain. Therefore, in the face of competitors, the country should not only strive to obtain more information, but also strive to enhance the ability to analyze and use information. Access to and use of information together constitute the national capacity in the digital society.

Keywords: National Capacity; Information; Information Cost; Order

数字社会如何塑造国家能力[*]

周尚君[**]

【摘　要】国家能力归根结底是一种社会能力，是国家意志对社会生活的作用力。在数字社会，信息交换和信息传播正在快速取代传统物品交换而成为新的社会驱动力量，数据归谁所有、数据传递由谁主导以及如何规制，是决定国家能力的关键因素。通过代码施加权力，从而实现法律所具备的"强制"属性。通过算力奠基权力，已经成为争夺新空间控制权的重要竞争方式。通过解析权力的实施，政府可以塑造个体需要、改变个体的生存环境进而深入实施权力。所有这一切都取决于数据和数据传递模式。目前，政府不得不与企业联手建构更加有效的国家能力体系，这实际上是数字空间权力的再组织化过程，需高度关注政府自主性和保卫社会的能力建设。

【关键词】国家能力；数据；代码；单体

---

   * 基金项目：国家社科基金重大项目"新时代国家安全法治的体系建设与实施措施研究"（20&ZD190）的阶段性成果。
  ** 周尚君，西南政法大学立法研究院、网络空间治理研究院教授，研究方向：法哲学、法社会学。

一个加速变动的时代正在逼近。人工智能、区块链、云计算、5G和大数据等新一代信息技术快速发展融合，持续引发了系统性社会革命。数字空间延伸至物理空间，在深刻改变资源配置方式的同时，更加速引发了社会结构乃至政治结构的深刻变革。工业革命以来所形成的现代社会正发生根本性转轨，人类社会已经不可逆转地从农业社会、工业社会步入数字社会。颠覆性科学技术的触角不仅触及大众的日常生活，也已经延伸至经济、社会、政治领域乃至人类精神领域。数字化把现代社会拉进了一个"只有连接才能生存"的联网社会、一个"代码即法律"① 的隐形架构的规制社会和一个高度解析的单体化微粒社会。② 人类似乎一夜之间进入了一个新的"大航海时代"，只不过这次他们要征服的不是海洋，而是数据。数字社会对现代社会的塑造，不是某个领域、某个方面的个别调整，而是价值、制度与技术的全面系统重建。国家能力是将国家意志转化为现实的能力，是通过规划、信息、政策和行动等实现其调整社会的能力。这种能力的实现明显受它的调整对象"社会"及其运行规律的制约。事实上，国家治理的本质就是国家将社会变成一整套"清晰化图解"（schema of intelligibility），"看清社会"是国家治理的使命。③ 而当前，国家能力建设要面对的不是一个稳定的易于被看清、被改造的客体，而是一个具有更强塑造能力、互动能力和建构能力的仍在突变中的全新数字社会。

---

① 参见〔美〕劳伦斯·莱斯格《代码2.0：网络空间中的法律》，李旭、沈伟伟译，清华大学出版社，2018，第6页。
② 参见〔德〕克里斯多夫·库克里克《微粒社会》，黄昆、夏柯译，中信出版社，2018，第7~8页。
③ 参见彭亚平《照看社会：技术治理的思想素描》，《社会学研究》2020年第6期。

一 何谓国家能力

"国家能力"（state capacity）是比较政治学概念，也是一个可能在国家与社会之间建立起深度关联的理论范式。根据查尔斯·蒂利的观点，在现代历史发展进程中存在两个至关重要的变量，即资本主义和主权国家。前者经由亚当·斯密、穆勒、马克思到如今的萨缪尔森等人构筑起了一个具有多重自洽性的经济思想理论体系，后者经由博丹、霍布斯、洛克、卢梭等人奠定国家理论自主性传统后，开始逐渐走向分化。主张国家自主理论的学者提出，国家向来是社会经济变革的关键、直接的推动力量，国家权力的组织方式直接影响社会和经济主体的活动动机。国家如何掌握和扩展权力、如何行使权力、如何受到监督，一直是国家理论学说的核心议题。然而，在社会理论看来，国家是社会的组成部分，"国家可能有助于塑造它们所嵌入的社会，但它们也持续被社会所塑造"。① 从社会理论角度看待国家，很难看到一个真正独立于社会的国家，或者单向度控制和塑造社会的国家。

国家能力是"国家实施其政策的各种能力"，提出之初是为了强调国家的自主性（state autonomy）。② 然而，当我们解析国家能力的影响因素及其作用机理时，对这种自主性的强调会变得越来越可疑和站不住脚。因为国家能力的实施基础在于它与社会的关联程度。或者说，国家与社会深度关联，国家能力就强；国家与社会松散关联，甚至无关联，国家能力就弱。在实践中，国家与社会往往在关联中相互改造、相互适应、相互赋权。也正是在这个意义上，米格代尔将国家能力分为四类，即渗入社会的能力、

---

① 〔美〕乔尔·S. 米格代尔等主编《国家权力与社会势力：第三世界的统治与变革》，郭为桂等译，江苏人民出版社，2017，第 2 页。
② 参见〔美〕彼得·埃文斯、迪特里希·鲁施迈耶、西达·斯考克波编著《找回国家》，方力维等译，生活·读书·新知三联书店，2009，第 20 页。

调节社会关系的能力、提取资源的能力以及以特定方式配置或运用资源的能力。[①] 并由此，他给"国家"下了一个新定义：国家是一个权力场域，其标志是使用暴力和威胁使用暴力，并为以下两个方面所塑造，一是领土内具有凝聚性和控制力的、代表生活于领土之上的民众的组织观念；二是国家各个组成部分的实际实践。[②] 也就是说，现实的国家是由"观念"与"实践"两个元素构成的。

进一步看，迈克尔·曼甚至认为，国家只是社会权力网络的四种来源之一，而非全部。权力是通过支配人们的环境以追逐和达到某种目标的能力，它有个体性（distributive）、集体性（collective）、利用性（exploitative）、功能性（functional）等特性。而且，在实践中这些特性同时起作用，并且交织在一起。权力可以是集体的，也可以是个体的；可以是广泛性的，也可以是深入性的；可以是威权性的，也可以是弥散性的。其中，广泛性是权力所能动员的地域广度；深入性是权力所能激发的参与者自身献身精神的深度。威权性权力（专断性权力，despotic power）采用命令服从模式；弥散性权力（渗透性权力，infrastructural power）则以自发的、不自觉的和无中心的方式扩散。迈克尔·曼认为："最有效的权力运作是把集体权力和个别权力、广泛性权力和深入性权力、威权性权力和弥散性权力结合起来。"[③] 威权性权力涉及"国家精英可以自行其是，而不必例行化地、制度化地与市民社会各集团进行协商的范围"[④]，而弥散性权力则是"国家实际渗透社

---

① 〔美〕乔尔·S. 米格代尔：《强国家与弱社会：第三世界的国家社会关系及国家能力》，张长东等译，江苏人民出版社，2009，第 5 页。

② 〔美〕乔尔·S. 米格代尔：《社会中的国家：国家与社会如何相互改变与相互构成》，李杨、郭一聪译，江苏人民出版社，2013，第 16 页。

③ 〔英〕迈克尔·曼：《社会权力的来源》（第 2 卷·上），陈海宏等译，上海人民出版社，2016，第 8 页。

④ 参见 Michael Mann, "The Autonomous Power of the State: Its Origins, Mechanisms and Results," 25 *European Journal of Sociology* 2 (1984): 188 - 189.

会，并在其统治疆域中有效贯彻政治决策的能力"①。他依据国家与社会互动的不同方式将权力划分为经济权力、意识形态权力、军事权力和政治权力。其中，四种权力类型是交叠的社会互动网络；权力是实现人类目标的组织和机制。② 也就是说，他将权力分析纳入社会关系结构中，从社会是"由多重交叠和交错的社会空间的权力网络构成的"③ 这一理论预设出发，分析权力的结构性、关系性运作。迈克尔·曼的理论从具体的、社会空间的和有组织的分析层面揭示了权力事实，对权力的组织、控制、后勤、沟通等作出了详尽解释，让人们深刻体会到，权力不是由实施权力的意愿决定的，而是由实施权力的社会机制和效能决定的。

从这个意义上看，国家能力实际上是一种社会能力，是国家意志对社会生活的作用力。因此，单独地将国家能力分为基础性国家能力和专断性国家能力，④ 很容易被认为是一种自上而下的理论分析框架。如果仅仅强调国家自上而下对社会的规定性，缺乏

---

① 参见 Michael Mann，"The Autonomous Power of the State：Its Origins，Mechanisms and Results，" 25 *European Journal of Sociology* 2（1984）：188 - 189。

② 〔英〕迈克尔·曼：《社会权力的来源》（第 1 卷），刘北成等译，上海人民出版社，2018，第 3、15 页。

③ 〔英〕迈克尔·曼：《社会权力的来源》（第 1 卷），刘北成等译，上海人民出版社，2018，第 1 页。

④ 王绍光提出，基础性国家能力包括强制能力（国家合法使用暴力的能力）、汲取能力（国家有能力从社会汲取经济产出的一部分，作为国家机器运作的资源基础）、濡化能力（形成广泛接受的认同感和价值观，大大减少治国理政的成本）、认证能力（在数据与人或物之间建立一一对应关系的能力，例如人口统计）、规管能力（改变个人和团体的行为，使他们的行为符合国家制定的规则）、统领能力（政府是否有能力管理自己，即各级国家机构与国家工作人员为了履行各项国家职能，必须有高效清廉的公务人员来实施自我管理）、再分配能力（国家在不同社会集团之间，对稀缺资源的权威性调配，例如教育资源、医疗资源、社会保障资源等）、吸纳与整合能力（将所有政治化的社会势力纳入制度化的参与渠道）。进一步分类，前三项（强制能力、汲取能力、濡化能力）是近代国家的基本能力；中间四项（认证能力、规管能力、统领能力和再分配能力）是现代国家的基础能力；最后一项（吸纳与整合能力）是民主国家的基础。参见王绍光《国家治理与基础性国家能力》，《华中科技大学学报》（社会科学版）2014 年第 3 期。

社会自下而上对国家的回应性，则"国家能力"易于沦为一个威权主义概念。[①] 因此，在运用"国家能力"概念分析国家行为时，应当在注重国家意志产生、运行、监督全过程吸纳社会观念的同时，更加强调社会结构和机制对国家能力的塑造，而数字社会的诞生为这个分析视角提供了绝佳的机会和得天独厚的条件。

二　数据与数据传递

当前人们普遍会认为，数字社会促成了国家权力运行效率的显著提升。事实上，政府治理的实施条件正在发生根本性变革，数字政府建设使政府对数据的运用更加全面系统和多元化。在新技术条件下，海量数据正成为支撑国家能力提升的"燃油"。利用数字"新基建"，政府可以构建起平台化、社会化的数据治理结构，提升基于大数据集成分析精准治理效能；利用云平台和区块链等数字化共享技术，构建起政府"数字中台"，推进政府数据汇聚融合，从而打通政府间数据流通闭环；利用数据流通机制，精准把握社会民情和信息脉搏，从而深度理解社会运行状况。[②] 有学者从信息交换角度对政府治理变革的条件进行了颇具启发性的分析：在农业时代，人与人之间的社会关系是地域性的小规模熟人网络，深受地理阻隔、交通成本限制和主权疆域的禁锢，这个时代是信息传递的低级形态。在工业时代，社会生活中的每个个体仍然在彼此影响不深的社会情境下进行独立决策，并有充足的时间进行谨慎思考和理性抉择，社会运行主要是以低频率社会互动和有限的信息传递为基础的，这个时代是信息传递的中级形态。而在数字社会，信息交换和信息传播正在快速取代传统物品交换

---

① 参见尤陈俊《法治建设的国家能力基础：从国族认同建构能力切入》，《学术月刊》2020年第10期。
② 参见樊鹏等《新技术革命与国家治理现代化》，中国社会科学出版社，2021，第11页。

和资本流动而成为新的社会驱动力量，这个时代是信息传递的高级形态。[①] 人类政治生活的两个最基本要素是通信和信息。所有政治秩序都建立在协调、合作和控制的基础上，而这三者无疑都不能缺少信息交换机制。

如何收集、存储、分析和交流信息，与组织政治的方式密切相关，"当一个社会开发出新奇的信息技术和通信技术时，我们便可以预见，政治上的变革也即将到来"。[②] 因此，数字社会对国家能力的塑造是围绕数据和数据传递展开的。也就是说，数据收集、存储、使用、加工、传输、提供、公开的过程中，数据归谁所有、数据传递由谁主导以及如何规制，是决定国家能力的关键因素。

三　代码与政府行为

所有的数字系统都有一个共同特征，即在代码中运行。代码是用编程语言而非自然语言编写的明确指令。因此，代码运行的答案是唯一且确定的。杰米·萨斯坎德针对来自代码的约束，举了这样一个例子：2009 年，美国时任总统奥巴马将 25 部美国经典电影当作礼物赠送给英国首相戈登·布朗。然而，布朗回到伦敦后，却发现这些电影在英国的 DVD 播放机上无法播放。这并非机器故障或失灵，而是因为美国的制造商和发行商为了保护其版权已经把代码写进了 DVD 中，即数字权限管理（DRM）。[③] 可以说，代码施加了一种权力，同时也实现了法律所具备的强制属性。而且，面对这种属性，即便是英国首相也不得不接受来自代码的约

---

① 参见戴长征、鲍静《数字政府治理——基于社会形态演变进程的考察》，《中国行政管理》2017 年第 9 期。

② 参见〔英〕杰米·萨斯坎德《算法的力量：人类如何共同生存》，李大白译，北京日报出版社，2022，导论第 14、17 页。

③ 参见〔英〕杰米·萨斯坎德《算法的力量：人类如何共同生存》，李大白译，北京日报出版社，2022，第 65 页。

束。代码的这种"一视同仁"，可以被理解为一种自动化的法律面前人人平等。在代码约束下，数字化可能让人们无法违反法律，而不是违反法律后接受法律的惩罚。写进自动驾驶汽车的代码不是"超速将会被罚款"，而是"根本就不能超速"。人们无法违反的法律，是代码化的法律。通过自主深度学习和区块链技术，法律的制定和执行有可能被算法和代码所接管，执法成为一种例行公事。目前正在发生的也是最为简便易行的改变，就是执法工作很大程度上正向自动化道路加速迈进，由人类执行法律向系统执行法律转变。根据算法和代码设定，无须交通警察的介入，自动测速摄像机和它背后的执法系统就可以完成从拍照到开罚单和扣款的全过程。对此，需要注意的问题，一是云计算、人工智能、大数据分析等新技术实际掌握在技术公司或平台企业，因此，实际掌握控制能力的是这些公司，而非代码本身接管了政府公共管理职能。二是政府自身组织形态和运行方式将随之发生显著变化。许多行政管理部门的重要职能也将由此逐渐被转化、弱化甚至替代。三是政府与企业之间的边界将更加模糊。国家能力的提升很大程度上依赖于它们与新技术企业的互动能力、合作能力，以及对新技术企业的监管能力。

四　算力与政府能力

在数字社会，如何增强国家能力很大程度上将会被转化为如何增强算力。算力即计算能力，也就是数据的处理能力。尽管真正的社会革命不在于分析数据的机器，而在于对数据的掌握，以及我们如何运用数据，但是，数据基建、数据分析能力，将是政府掌握和运用数据的关键因素。在人类生产力发展史中，原始经济以人力为主，农业经济以畜力为主，工业经济以电力为主。到了数字时代，算力成为当前最具活力和创新力的新型生产力：一方面，算力有望成为拉动数字经济向前发展的新动能、新引擎；另一方面，算力正成为影响国家综合实力和国际话语权的关键要素，成为一个国家或地区发展水平的重要指征。① 不仅如此，在政府与平台争夺新空间控制权的竞争中，算力将成为重要竞争目标。与政府相比，平台企业尤其是"头部企业"，拥有极强的技术顶端优势、数据收集优势和分析能力优势，同时又拥有更大的市场激励和发展冲动来巩固这些优势。当前，信息网络正从以网络为核心的信息交换向以算力为核心的信息数据处理转变。我国政府已经开始围绕算力建设进行统筹规划。2021 年 12 月，国务院印发的《"十四五"数字经济发展规划》明确提出："加快构建算力、算法、数据、应用资源协同的全国一体化大数据中心体系。在京津冀、长三角、粤港澳大湾区、成渝地区双城经济圈、贵州、内蒙古、甘肃、宁夏等地区布局全国一体化算力网络国家枢纽节点，建设数据中心集群，结合应用、产业等发展需求优化数据中心建设布局。"

五　解析与政府规制

规制能力是指政府在其正当职权范围内对个人或组织的行为进行规制的能力。在数字社会，大数据分析可以建立在对个体的身体、情绪、行为持续不断的观察分析的基础上。数据越多，每个人的特征就越清晰；数据越丰富，"单体"就越多；网络化程度越高，个体化程度也就越高。通过高度解析"单体"，权力发生作用的过程不仅可以达到高度精准、潜移默化，而且有望实现以解析权接管强制权。② 数字社会权力的深入建立在数据的解析前

---

① 参见王艳鑫等《算力：大数据时代发展的关键"底座"》，《解放军报》2022年 3 月 25 日，第 11 版。
② 参见周尚君《数字社会对权力机制的重新构造》，《华东政法大学学报》2021年第 5 期。

所未有地使我们看清楚个人或组织的微粒状态之上，数据甚至会告诉权力实施者如何通过塑造个体需要、改变其生存环境来实施权力。因此，国家能力的提升将建立在对数据的充分掌握和深度分析的基础上。但是，足够充分地掌握和分析数据，是一个相对的判断而非绝对的判断。数字化已经驱使整个社会从数据极度缺乏的时代迈向数据高度丰富甚至过剩的时代。大数据系统在持续运行，从启动开始它们就从不间断地记录、收集和分析数据，从不停歇。物联网的兴起、移动计算技术的发展、各类传感器等嵌入系统的广泛应用使得人类取得的数据量在短时间内呈现指数级增长。"每 18 个月，甚至每 10 个月，需要处理的数据量就会翻一番。"① 从这个意义上看，国家和社会对数据的掌握和分析，至少拥有公平竞争的机会。截至目前，数据归属国家所有还是社会所有，并没有直接的答案，因为这将意味着数据所有权制度的确立关涉的是数据社会主义还是数据资本主义。因此，建立在对数据充分掌握和深度分析基础上的国家能力建设，目前还是一种可能的期待，它需要与代码和算力充分协作。

结　论

数字社会促成了国家权力运行效率的显著提升，但并不必然提升国家能力。数字化显然有助于提升国家权力社会实施的水平，包括实施的精准度和深入性。事实上，国家能力在数字社会中已经转化为国家的数字能力，而这种能力很大程度上掌握在企业尤其是"头部企业"的手中。这意味着，政府不得不与企业联手建构更加有效的国家能力体系。这促使很多政府部门已经开始与技术平台企业或团队建立起深度的合作关系，它们不得不援用外力，

---

① 怀进鹏：《大数据是国家战略资源》，《中国经济和信息化》2013 年第 8 期。

"外包"公共管理职能，为实现精准施治而不经意间改变国家能力的组织结构和运作过程。政府与企业在数字空间的合作共治，实际上是数字空间权力的再组织化过程，而且，它们关系的边界也因数字社会本身的线上与线下、虚拟与现实的边界模糊特征而变得更加难以划定。当前，对于国家能力建设而言，政府更加注重自主性地位和保护社会能力建设，从自我数字建构能力、数字运行能力、数字约束能力（包括自我监督能力）和数字传播能力（数字价值引领能力）等方面持续深入推进建设步伐，实现数字社会条件下的新型国家能力的全面提升。

How the Digital Society Shapes National Capacity

Zhou Shangjun

Abstract: In the final analysis, national capacity is a kind of social capacity and the force of national will on social life. In the digital society, information exchange and information dissemination are rapidly replacing the traditional exchange of goods and becoming a new social driving force. Who owns the data, who dominates the data transmission and how to regulate them are the key factors determining the national capacity. Exerting power through code, so as to realize the "mandatory" attribute of law; it has become an important competitive way for the government and enterprises to compete for the control of new space by building the foundation power through computing power; by analyzing the implementation of power, the government can deeply implement power by shaping individual needs and changing their living environment. All of this depends on the data and the data transfer mode. At present, the government has to work with enterprises to build a more effective national capacity system, which is actually a process of reorganizing the power in the digital space. It is necessary to pay high attention to the capacity-building of Government Autonomy and defending the society.

Keywords: National Capacity; Data; Code; Monomer

从法律执行看国家信息能力

胡　凌*

【摘　要】从法学角度观察国家能力离不开对信息的关注。新冠肺炎疫情催生了对大规模社会主体行为信息的需求，为建设新的认证基础设施提供了契机，因此，基础身份是不断变化和调整的。不同颗粒度的信息使用是一个逐渐调整的过程，最终会帮助催生出因人而异的规则形态和执行过程，但前提仍然是具有统一标准的规则要求和基础信息的普遍获取。信息基础设施存在的主要目的是便利社会主体和其他要素的流动性，但其本身不能决定流动性高低，该设施的效能与其他配套的线下基础设施和组织模式等因素密切相关。在提升国家信息能力的过程中，信息认证需要嵌套在整个信息生产、使用和配套机制中，和整个制度与资源能力相匹配，否则难以实现精准功效。

【关键词】国家信息能力；信息基础设施；信息生产；信息认证；流动性

---

* 胡凌，法学博士，北京大学法学院副教授，研究方向：法律理论、网络法。

在传统国家能力的政治学研究谱系中，认证能力处于核心位置，[①] 主要指现代国家对辖区中不同主体和事物身份性质的统一识别和定位的能力。提升这一能力，有助于获取社会主体类型化和精细化信息，从而为治理决策与服务提供科学依据。信息无疑是加强这种治理能力的关键要素，不仅需要赋予治理对象以统一标识符，而且需要不断通过使用这一标识符来动态更新治理对象的行为信息，确保信息真实准确。[②]

从法学角度观察国家能力同样离不开对信息的关注。这一角度首先会从立法、执法和司法过程出发，即国家在多大程度上能通过规则的方式实现有效治理。在一般法律理论看来，法律过程在相当程度上也涉及信息对称问题，即立法或执法活动只有获得治理对象更加真实准确的信息，才能够事先精确界定需要规制和约束的行为，并在事后尽快发现违规行为加以处理。如果缺乏高质量信息，规则就会变得宽泛模糊，执行过程也将充满任意的自由裁量，未必能实现治理原初目标。在资源约束相对稳定的情况下，如果治理对象的行为颗粒度在制定和执行过程中不断细化，则意味着国家信息能力的不断增强。[③] 实现这一过程至少需要若干条件：（1）对治理对象的身份信息进行精确认证；（2）及时追踪和获取相关对象的行为信息，增加发现违法行为的概率；（3）搭建较为完善的信息基础设施、程序或制度，确保有效的公共信息以低成本大量生产出来，并能应对突发紧急事件；（4）随着特定种类行为的细化，降低大部分合规人群对规则的认知成本，从而

[①] 欧树军：《国家基础能力的基础》，中国社会科学出版社，2013。

[②] 赵胜忠：《数字与权力：中国统计的转型与现代国家成长》，江苏人民出版社，2015；〔美〕阿尔弗雷德·D. 钱德勒、詹姆斯·W. 科塔达：《信息改变了美国：驱动国家转型的力量》，万岩、邱艳娟译，上海远东出版社，2011。

[③] 政治学研究按照不同功能将国家能力分为八种：强制能力、汲取能力、濡化能力、规管能力、统领能力、再分配能力、吸纳能力和整合能力。其中很多功能都和信息有关，本文笼统地称为"信息能力"。参见王绍光《国家治理与基础性国家能力》，《华中科技大学学报》（社会科学版）2014年第3期。

在微观层面形成因人而异的规则。

如果将传统政治学的研究脉络和法学关注的特定问题结合起来看，不难发现关于基础身份标识符变化、稳定行为追踪的信息基础设施、日常信息生产如何在微观上影响治理主体行为等问题的讨论较少。① 2020 年初以来的新冠肺炎疫情为我们从这些问题入手理解国家信息能力提供了机遇，正是在疫情常态化治理的过程中，国家真正变成了"信息国家"，② 为应对变化中的疫情，不断重新塑造公民基础身份和相应的认证基础设施。③ 本文尝试在疫情背景下讨论国家信息能力演进需要的上述四个条件，特别是信息收集和使用能力的变化。得出初步结论：首先，疫情催生了对大规模社会主体行为信息的需求，为建设新的认证基础设施提供了契机，基础身份由此是不断变化和调整的；其次，不同颗粒度的信息使用是一个逐渐调整的过程，最终会帮助催生出因人而异的规则形态和执行过程，但前提仍然是具有统一标准的规则要求和基础信息的普遍获取；最后，信息基础设施存在的主要目的是便利社会主体和其他要素的流动性，但其本身不能决定流动性的高低，该设施的效能与其他配套的线下基础设施和组织模式等因素密切相关。

一　认证基础设施与常态化信息生产

任何种类的基础设施都试图实现两种功能：首先，不区分人

---

① 例如参见胡凌《扫码：流动性治理的技术与法律》，载杨明主编《网络法律评论》第 23 卷，中信出版集团，2021。

② 例如参见戴昕《"防疫国家"的信息治理：实践及其理念》，《文化纵横》2020 年第 5 期；章永乐《驰援意大利是可能的吗？——从中欧抗疫经历看国家"规模优势"的生成》，《东方学刊》2020 年第 2 期。

③ 例如参见欧树军《新冠时代的健康认证与"防疫政治学"》，《中国政治学》2020 年第 3 辑，中国社会科学出版社，2021；郭凤林、顾昕《国家监测能力的建构与提升——公共卫生危机背景下的反思》，《公共行政评论》2020 年第 3 期。

群进行强制普遍适用，客观上统一整个社会群体的行为或服务标准；其次，努力降低社会群体获得或使用该设施，进而行为合规的私人成本。和国家打击电信网络诈骗犯罪、强化网络安全要求会提升整个网络空间行为的门槛一样，① 2020年初发生的新冠肺炎疫情也强化了对流动性社会主体和要素的不断认证追踪，逐渐形成了新型认证基础设施。② 这一新型基础设施的功能是，在"动态清零"防疫总方针指引下，不断整合身份、行踪、健康等信息，实时加以核对和确证，对传染源进行有效的识别和管理，快速采取措施对传播途径进行切断，阻止持续性社区传播。该基础设施在功能上已经超越了一般的公共卫生防治功能，改变了社会主体的日常预期和行为模式，可以说是宪法性的。③ 其物质性的构成规模也是巨大的，不仅包括无处不在的智能终端使用、云端实时汇总计算、各场所落实扫码登记核验要求，也包括定期召开防疫新闻发布会披露最新信息、不间断地以人工方式在后台对特定信息进行核查，④ 甚至建立15分钟核酸采样圈。

目前看来，这一基础设施能够有效地对如下几类信息进行常态化生产和使用，形成一个闭环系统。第一类是身份信息。数字身份已经成为连接诸多领域的必不可少的要素，并不断发生变化。产生数字身份的基础设施既是市场的，又是社会的；既是政治的，又是经济的；既是历史的，又是当下的；既是公共的，又是私人的。基础数字身份的这种混合与模糊不清的状态对习惯于在边界

① 2021年《反电信网络诈骗法（草案）》基本围绕电信、金融和互联网相关部门对所有社会主体的全流程认证和追踪展开。

② 详细的分析参见胡凌《健康码、数字身份与认证基础设施的兴起》，《中国法律评论》2021年第2期。

③ 沈伟伟：《论数字紧急状态的恢复机制——以新冠疫情防控为例》，《清华法学》2021年第2期。

④ 海淀网：《疫情"大数据"怎么排查？海淀这里有个24小时不休息的"数据港"》，"北京海淀"微信公众号，https://mp.weixin.qq.com/s/l4Ea6JT80pbD0zlyYAWn3A，最后访问日期：2022年5月27日。

清晰的法律关系内讨论问题的法律研究者提出了挑战。它不断连接万物，使社会主体的身份与其他物的身份相互感知发生持续联系、交换数据，使我们熟悉的身份实际上难以和其他事物完全割裂开来，融为一体。但无论数字身份如何变化，认证本身不会消失，其功能已经成为可信互联网的基础架构的一部分。以二维码为核心的健康码逐渐整合了传统身份证件的各类信息，更加符合疫情治理对健康信息的不同需求，进而形成新型数字身份。

数字身份，特别是基础身份，随着社会需求的变化而变化。无论是身份标识符还是行为数据，都可以被纳入个人信息范畴加以讨论。但大多数分析止步于此，似乎只需要讨论现存的个人信息即可，而看不到个人信息的创设过程，特别是无法在整体制度上回应一个不断生成的动态身份网络。认证功能在当下流动性治理过程中起到关键作用，像实名制这样的认证制度由社会需求推动，而且所谓的实名不一定需要社会主体披露姓名，而可能是任何其他基础身份信息标识符（如生物信息）。从经验来看，基础身份标识符往往和敏感个人信息联系在一起，这是因为后者代表了较大概率的独一无二性，可以用来在大范围内认证和追踪。从这个意义上说，不是敏感个人信息本身的特性决定了个人身份的使用边界，而是身份技术及其制度决定了何种信息能够成为敏感个人信息，在确保统一认证功能的同时防止在不相干领域中使用，以免冲击和影响认证权力。

第二类是行踪和行为信息。从健康码到行程卡、核酸码、场所码等不同种类信息的收集与集成，是随着疫情状况而不断变化的过程。例如，核酸信息是判断感染与否的重要信息，在疫情早期能够快速而真实地反映病毒感染和传播状态，并可以用来决定后续采取的隔离措施，但因为其生产能力有限，以至于需要到特定地点集中进行。随着无症状感染者的出现，核酸信息无法实时反映健康状况，因此需要更长时间的隔离观察和多次核酸采样，同时不断加强核酸检测能力，核酸检测价格逐渐降低甚至免费提供。核酸信息逐渐成为自由流动的通行许可条件之一，并被整合进健康码数据库中，2022 年一些疫情较严重的城市要求进入公共场所提供 48 小时内有效核酸信息，这就需要核酸基础设施的持续搭建和供给。同时也需要看到持续核酸检测对原先社会成员习惯的生产生活产生了较大影响，需要继续观察社会如何尽可能适应调整。

第三类是区域疫情信息。如果说前两类信息提供了社会主体之间相互判断风险的能力，那么发生疫情的区域地理信息同样可以帮助社会主体进行理性选择。根据疫情早期的突发公共卫生事件应急管理机制，不同省份可以根据实际需要进行分级响应，并及时解除响应。随着全国复工复产带来的流动性回升，国家卫健委发布的第五版《新型冠状病毒肺炎防控方案》开始要求实施分区分级精准防控，以县（区）为单位，依据人口、发病情况综合研判，科学划分疫情风险等级，从而事实上取代了在一省内分级响应的一刀切做法。这种不同风险等级的划分有助于通过对外信息披露引导社会主体进行事先预防和事后行程追踪，和健康码等基础设施一起构成了安全流动的重要信息机制。

二　信息颗粒度与因人而异的规则

疫情防控常态化时期最引人注意的治理方式的变化是，国家不断探索在不同程度上对疫情信息的使用，以求达到最优效果，这是国家信息能力的重要体现。信息基础设施的建立已经帮助确保疫情信息得以稳定生产出来，认证措施希望能精确识别到每一个社会主体，但对信息的使用却需要平衡社会公众知情权、识别的精准性以及可能的负外部性。任何试图关联到个体的信息都具有不同程度的颗粒度，如何最优地使用这些信息就成了需要不断测试改进的问题。① 从经验来看，至少可以根据信息类型、使用方式和颗粒度进行如下层次的讨论。

首先，对于特定主体流调信息而言，主要通过新闻等方式公开披露，目的是满足大众知情权，并让其他社会成员自己有能力查询相关信息，减少到相关风险地点的流动。披露到何种颗粒度需要权衡：对于那些收集和披露需求大、对防疫有帮助的信息，如行动轨迹、接触历史等，这些信息一般不直接涉及个人身份，可以很好地加以利用；对于那些收集和披露需求不大的信息，则取决于收集成本高低，例如确诊基本信息（方式、时间、地点）等；而对于那些收集和披露需求大，但当事人会有隐私考虑的信息，如工作单位、家庭地址等，就需要根据实际情况决定，可以不用特别细化。然而，单纯的信息披露不意味着总会收到好的效果，在疫情早期中高风险地区数量不多的时候，人们往往会对相关信息保持敏感和警惕；而一旦传播链条趋于复杂，确诊和风险地区不断增加，社会主体就没有能力处理日益变化的大量信息，需要有更加自动化的工具帮助人们作出决策，例如有公司根据公开流调信息开发出可以识别用户定位的疫情地图，方便查询。

其次，对于健康码、行程卡与核酸信息而言，很多时候用于对外展示和认证，其识别到个体的颗粒度较为精准并能根据主体的行踪实时发生变化，但其效力具有一定的时间性。此类信息更新的速度是基础设施生产能力的体现，虽然有担心因颗粒度增加可能带来的传播和泄露风险，但信息的实效性可以在一定程度上抵消此类疑虑，即过时的信息对认证而言并没有太大用处。

最后，流调信息被用以在后台追踪密接和次密接人员，需要

---

① 例如，在无法有效甄别流动人口信息的情况下，黑龙江省黑河市强制要求户籍居民健康码一刀切地变更为"黄码"，待疫情形势稳定后统一重新赋码，但这给长期在外居住、工作已离开本地的人员带来较大不便。

人工追踪和一般的社会主体主动发现共同配合，特别是密接或者外地访客应当尽可能让其主动发现并提供信息，这需要降低其认知与合规成本加以激励。"弹窗"作为一种技术性措施起到了提醒和预防作用。这种信息基础设施的运作帮助降低了一般社会主体的认知成本，在不太可能搜寻、掌握和记住大量信息的时候，自动化的信息处理方式呼之欲出，但其前提仍然是大规模收集和处理相关信息的能力。同时也需要人们实时查看和调取相关信息，或者要求在不同场所实时核对查验。

我们可以进一步看到，为增强国家能力，信息基础设施能够为社会主体提供至少两类激励，第一类帮助降低生产成本，激励用户生产能够为自身带来好处的信息（例如社会信用信息），第二类则帮助反向降低合规成本，特别是针对那些和特定规则无关的社会主体。虽然规则是一视同仁的，但并非所有社会成员都会受到相关规则的影响，信息基础设施需要努力甄别那些能够以低成本合规或者风险较小的社会成员，并为其提供便利合规方式。在传统法律执行过程中，由于缺乏普遍信息基础设施，信息不对称导致国家并不能事先有效区分不同主体，只能在需要时根据不同程序启动执法或司法进行调查，以便获取颗粒度更加细化的信息。新冠肺炎疫情的经验表明，恢复和便利流动性需要依托强大的信息基础设施进行广泛信息收集，进而事先实时地区分人群类型，才能有针对性地进行个性化提醒或执行，这就是我们看到的中国语境下的因人而异的规则。[①] 这种规则执行与现在的统一规则并不冲突，只要社会成员共同接受信息基础设施的存在并接收相关信息的强制收集，就可以解决合法性和认知成本的问题。

---

① 美国的情况，参见 Omri Ben-Shahar & Ariel Porat, *Personalized Law：Different Rules for Different People*, New York：Oxford University Press, 2021。

三 网络与网格相互切换支撑

国家能力的增长是在对流动性的治理过程中不断发生的，自改革开放以来，各类社会主体和市场要素不断快速流动，产生了巨大的社会经济价值，而现代法律体系要处理的主要问题之一就是如何增加流动带来的价值并降低负外部性。20 世纪末的互联网兴起进一步推动了流动性，同时也探索出有效应对和治理流动性的做法，即强化平台主体责任，以认证能力和账户制度为核心，推动建立一系列配套的数字基础设施，引导要素在流动过程中形成新秩序。[①] 这一网络化治理思路逐渐从线上转向线下，从经济活动转向行政服务和治理过程（例如数据开放、一网通办、新基建）。这种思路在数字经济快速发展的时期内容易掩盖甚至遗忘国家另一种强调属地代理分权和加强社会治安的治理模式，即网格化。网络和网格模式都是根据实际需要应对流动性的不同模式，可以根据实际需要相互切换。

前两节分别讨论了信息基础设施带来的信息收集和处理能力的变化，我们还需要看到这类基础设施效能加以充分发挥的制度性约束。单纯的信息认证需要嵌套在整个信息生产、使用和配套机制中，和整个制度和资源能力相匹配，否则就难以实现精准功效。国家卫健委不断通过发布新版本的《新型冠状病毒肺炎防控方案》对各地防疫措施和体制进行指导，不难看出信息基础设施的塑造是在中央地方关系中不断形成的。例如，在网格化的静默状态下，人员可以暂时停止流动，生产活动也暂时静止了，但人员赖以生存的物资却仍然需要稳定地供应。这意味着包括物流在

---

① 参见胡凌《功能视角下个人信息的公共性及其实现》，《法制与社会发展》2021 年第 5 期。

内的网络基础设施对网格而言仍然不可或缺，其中涉及涉疫物资的精准有效分发、人员转运、基层组织建设能力等一系列问题。因此，防疫措施常态化不断提醒我们，网格和网络化治理都需要因现实变化而实时调整优化，甚至再造和融合。①

National Information Capacity From the Perspective of Law Enforcement

Hu Ling

Abstract: Observing national capacity from the perspective of law can not be separated from the attention to information. The COVID – 19 has expedited the demand for behavior information of large-scale social subjects, and provided an opportunity for the construction of new certification infrastructure. Therefore, the basic identity is constantly changing and adjusting. The use of information with different granularity is a process of gradual adjustment, which will eventually help to give birth to rule forms and implementation processes that vary from person to person, but the premise is still the rule requirements with unified standards and universal access to basic information. The main purpose of the existence of information infrastructure is to facilitate the mobility of social subjects and other elements, but it cannot determine the level of mobility itself. The efficiency of the facility is closely related to other supporting offline infrastructure and organizational models. In the process of improving national information capacity, information authentication needs to

---

① 2022 年发布的两个相关文件就比较有意义：一是民政部等九部门发布的《关于深入推进智慧社区建设的意见》，二是《上海市人民代表大会常务委员会关于进一步促进和保障城市运行"一网统管"建设的决定》。

be nested in the entire information production, use and supporting mechanism, and match the entire system and resource capacity, otherwise it will be difficult to achieve accurate efficacy.

Keywords: National Information Capacity; Information Infrastructure; Information Production; Information Authentication; Mobility

国家数字能力建设中的公私合作

张凌寒[*]

【摘　要】国家数字能力的建设仰赖私主体提供技术力量支持，搭建数字基础设施与公共服务平台。公权力与私主体之间形成了服务外包按需购买的生成关系，私主体支撑公权力延伸至社会空间加强社会治理的非强制性与隐匿性。同时，私主体不可避免地对公权力进行影响与改造，并谋求渗透与侵蚀以获得利润扩张权力，甚至在一定社会领域形成了与公权力的竞争关系。公权力从未放弃对私营技术权力的规训，通过法律、政策、监管行动等手段打破私主体强化技术权力的循环，以捍卫行政权力边界与有效制度能力。

【关键词】国家数字能力；公私合作；技术权力

　　数字时代，国家能力中最为重要的即国家数字能力。国家能力是指国家机关行使国家权力，履行国家职能，有效统治国家，

---

　　* 张凌寒，中国政法大学数据法治研究院教授，研究方向：民商法、网络法。

治理社会，实现统治阶级意志、利益以及社会公共目标的能量和力量。①《中共中央关于制定国民经济和社会发展第十四个五年规划和二〇三五年远景目标的建议》中重点强调了要加快数字化发展，加强数字社会、数字政府建设，提升公共服务、社会治理等数字化智能化水平。国家数字能力的建设成为国家治理的一项长远计划目标。国家数字能力成为推进数据赋能国家治理的内在动力，国家数字能力的建设也由此成为国家治理能力建设的核心板块，成为推进数字政府建设、搭建数字治理体系的关键环节。法学视角下的国家数字能力研究，主要关注数字化的公权力与法律制度的制度冲突、对既有权力运行框架的挑战。学界关注和讨论的问题涉及数字政府给行政法带来的冲击，私权利保护问题，从这个意义上说，个人信息与隐私保护，数据安全与网络安全等相关问题也属于这种讨论的延伸。

在国家数字能力问题中，国家能力的主体间性关系对讨论国家数字能力建设至关重要。国家能力的主体间性，即国家为实施各项政策从社会获得的资源和支持，主体间性是国家能力构建的社会基础。② 国家数字能力建设中的多个场景涉及公私关系：第一，生成，即基于数字技术的局限和技术能力的欠缺，国家机关需要购买社会服务获得私营技术力量的资源与支持，搭建数字基础设施与公共服务平台；第二，规训，即公权力以多种形式要求私主体提供并不符合其营利目的的服务，如打通平台架构共联共享，认可平台提供的身份认证服务，调配实时交通资源或发布信息等，以实现公共目的国家数字治理；第三，竞争，即当私主体与公权力提供公共服务领域发生重叠时，如国家的身份认证与私主体展开的生物身份识别认证，在公民数字身份构建领域可能存

① 黄宝玖：《国家能力：涵义、特征与结构分析》，《政治学研究》2004 年第4 期。
② 庞金友、汤彬：《当代西方"回归国家"学派国家能力理论的逻辑与影响》，《天津社会科学》2018 年第 2 期。

在竞争关系。

国家数字能力建设的过程中，公私主体的互动关系、数字权力在公私主体新型合作框架中的流动，以及公权力的应对方式是本文尝试勾勒与讨论的内容。本文通过对不同场景下的国家数字能力建设与运行中的公私主体互动的梳理与描述，基本得出以下结论：第一，在数字治理能力建设中，公权力与私主体基于各自不可替代的优势既存在合作又存在一定程度的竞争，并形成了基本固定的合作模式。第二，在数字社会治理框架的搭建中，一方面公权力与私主体在功能上互相融合促进，另一方面技术权力不可避免地对公权力进行影响与改造，双方在融合与博弈的互动中逐渐形成了数字社会治理的权限边界。第三，公权力从未放弃对私营技术权力的规训，这种力量的争夺以法律、政策、产业发展规划、监管行动的方式进行，这对国家数字能力与数字社会治理产生了深远影响。

一　国家数字能力建设过程中多种公私合作形式

第一，公权力以服务外包按需购买的方式得到私营技术力量的支持，搭建数字基础设施与公共服务平台。从三十年前开始，我国政府信息化建设就一直为公权力提供技术支持。第一阶段，在搭建国家信息基础设施中，私主体既是政策的支持力量也是工程的受益者。早在 1993 年底，继美国提出信息高速公路计划之后，世界各地掀起信息高速公路建设的热潮，中国就正式启动了国民经济信息化的起步工程——三金工程。① 在国家信息经济基础

---

① 三金工程即"金桥工程""金卡工程""金关工程"。"金桥工程"首先建立国家共用经济信息网。具体目标是建立一个覆盖全国并与国务院各部门专用网连接的国家共用经济信息网。"金卡工程"则是以推广使用"信息卡"和"现金卡"为目标的货币电子化工程。"金关工程"是对国家外贸企业的信息系统实联网，推广电子数据交换技术（EDI），实行无纸贸易的外贸信息管理工程。

设施的搭建中国家是主导力量，提供了强有力的规划、投资与政策支持，① 多个企业受益得以联入国家经济信息网络。科技企业是重要参与力量也获得了巨大的经济收益，其中北京市"金桥工程"组织实施项目 6000 余项，累计增加经济效益 90 多亿元。② 第二阶段，国家数字能力建设从硬件设施发展到社会服务层面，私主体深度参与到了数字政府的建设中，技术力量开始深度影响公权力运行。2010 年之后，政府以推进行政改革流程为目标，大力推行"互联网＋政务"，各地政府开设官方网站、开通政务公众号、开发政务 App。一方面，这些措施极大地提升了公权力的数字信息处理能力；另一方面，行政能力在技术力量的推进下开始围绕信息化进一步深化建设。如 2016 年上海市政府搭建的事中事后综合监管平台实现了各部门收集信息的共享，已汇集各类信息 247 万余条，累计提请联合惩戒 156 万余条。③ 以广东省食品药品监督管理局为例，互联网药品信息服务资格证书核发、变更、换发等项证照都已实现电子化。④

　　第二，私主体在发展过程中成为数字化生存环境中的公共权威，为公权力延伸到数字空间提供了非强制性和隐匿性的便利。杰里米·里夫金在论述数字技术在政府服务领域的运用中指出，数字技术不仅推进了政府与社会的合作，也改变了传统的政府管理模式，使得社会治理主体从一元转向多元，并促使权力动

---

① 国家经济信息化联席会议的主要职责是对"金桥工程"、"金关工程"和"金卡工程"及增值税防伪系统、计税收款机的推行等跨部门、跨地区并关系到国计民生的全国性经济信息化社会系统工程项目，进行统筹规划和组织协调。

② 《从"三金"到"十二金"的演变》，电子政务网，2012 年 4 月 13 日，http://www.e-gov.org.cn/article - 6888.html，最后访问日期：2022 年 6 月 3 日。

③ 《2016 年上海市法治政府建设情况报告》，上海市政府网站，2017 年 5 月 23 日，http://english.shanghai.gov.cn/nw12344/20200814/0001 - 12344_52470.html，最后访问日期：2022 年 6 月 3 日。

④ 宋华琳、孟李冕：《人工智能在行政治理中的作用及其法律控制》，《湖南科技大学学报》（社会科学版）2018 年第 6 期。

态流动。① 在电子商务平台的发展中，私营平台出于法律强制、政策要求和竞争需求，展开对于平台秩序的整顿与治理，在打击假货、处理纠纷、知识产权保护、竞争秩序维护等方面，均发挥了比公权力更为精细的治理作用：大数据和强有力的算法有效降低了公权力的运行成本，大量的人工审核团队事实上承担起了网络内容实质性监管职责，数字化纠纷解决机制将大量小成本诉讼解决在初生阶段。

第三，公权力与私主体基于各自功能，进行满足各自目标的双重体系建设，甚至在一定程度上存在竞争。如认证是典型的国家能力建设部分，实现生物个体与社会身份之间的链接，进而成为数字治理的基础。② 在数字治理领域的数字身份认证，公权力的认证具有权威性，事关公民资格、公民身份与公民权利。公权力进行个体认证主要发生在互联网的物理层，成为国家提供公共服务的基础公共物品，如工信部要求电话实名登记，国家网信办要求网络即时通信工具进行网络实名认证等。③ 私营的互联网平台则提供更为柔性的认证，多以行为认证为主。尽管在传输层底层公民身份是相通的，但每个网站的账户囊括了用户的个人信息、行为轨迹、偏好等诸多行为信息，组成构成一个个体的数字身份，并可供私主体进行用户画像和行为预测。从对公民画像的全面性、更新的及时性、使用的规模性、认证的便利性、场景的多样性、公民提交和使用的意愿等多个角度来说，私主体提供的认证体系强于公权力提供的认证体系。在一定程度上，私主体的认证体系逐渐向公权力认证体系渗透：如支付宝蚂蚁信用评分较高可直接

---

① 〔美〕杰里米·里夫金：《第三次工业革命——新经济模式如何改变世界》，张体伟、孙豫宁译，中信出版社，2012，第 81 页。

② James Scott, *Seeing Like a State*: *How Certain Schemes to Improve the Human Condition Have Failed*, Yale University Press, 1999, pp. 1 - 11.

③ 欧树军：《双重认证与互联网治理》，载中国人民大学国际关系学院主办《中国政治学》2021 年第 4 辑，中国社会科学出版社，2021。

申请办理加拿大签证；浙江省高院与阿里巴巴签署"智慧法院"合作协议，使用淘宝收件地址作为司法文书送达地址；[①] 在复工复产需求推动下，最早由阿里开发的健康码也被公共部门采用，成为近年来疫情防控最重要的信息基础设施。

二　公权力与私主体的关系样态与合作挑战

公权力与私主体在国家数字能力建设过程中形成了服务外包、治理合作到隐性竞争等多种模式，这也决定了公权力与私主体的关系在功能设定、利益分配与优势领域上呈现多层次的复杂态势。双方之间既有功能上的支撑与融合，又存在不可避免的相互影响和改造，在不同领域的复杂博弈中逐渐划定了各自的权力边界。

第一，公权力与私主体的合作样态成为主流，在数字治理的诸多领域实现了功能上互补、利益上共存。公权力与私营技术力量在追求利益的逻辑中是共同的理性行动者。技术力量为公权力提供了权力集中与权力扩张的重要助推，通过人脸识别、身份认证、数字政府平台等诸多手段，公权力拥有了更加强大的管理能力。在互联网平台的技术加持下，公权力有能力将平台上社会市场主体的行为纳入他的行政权力监测和支配的范围。私主体的技术加速改变了公权力行使的环境，政府的监管框架和监管工具能够得到技术力量的更新。当然，此监管框架和工具的对象仍是传统的社会主体，而非新兴的技术力量。

第二，公权力与私主体的力量对比呈现此消彼长的态势，既来源于公权力监管理念、策略和工具的弱项短板，也来源于私主体的主动谋求。针对数字经济和数字社会的发展，传统国家组织的不足日益凸显。无论是跨领域跨国公司对国家主权的冲击（如

---

① 《浙江高院联手阿里巴巴打造"智慧法院"》，《人民法院报》2015 年 11 月 25 日，第 1 版。

Facebook 封杀澳大利亚政府的政务账号以报复其税收计划），还是技术权力基于算法对公共舆论产生的巨大影响（如美国各大社交媒体平台封杀美国前总统特朗普），都显示出公权力面对私主体技术权力的弱势与不足。同时，公权力的传统监管工具力量十分有限。如跟踪调查显示，欧盟对技术巨头在反竞争策略的指控调查耗时数年，也曾对谷歌处以数十亿美元的罚款，但谷歌并没有进行太多实质性改变，对恢复市场竞争几乎没有产生任何显著影响。[①] 同时，技术资本也在不断谋求社会公权，权力融合是资本利益合谋导致的必然趋势。具体显示为技术公司拥有越来越大的公共话语权，甚至可以影响相关立法和左右国家政策。"旋转门"（revolving door）成为技术企业与政府的常态。以美国为例，几乎所有的美国联邦贸易委员会（FTC）高层官员在卸任后都会成为技术公司的游说人员或者技术企业的律师与咨询团队成员。

第三，公权力与私主体共同寻求各自的稳定权力边界，但在此过程中双方均在努力增强其优势。国家对技术的集中使用下的权力社会扩张导致了"治理悖论"——良善的社会治理应该是社会秩序稳定，同时国家权力的行使止于公共领域，并与社会权利保持平衡。[②] 技术主导了社会生活，形成了技术权力与基于技术权力的社会型构。技术公司不仅可以赚取利润，也在一定程度上拥有了社会生活的规则制定权，代理了由国家来承担的社会公共服务和公共政策职能。例如在社会舆论领域，技术权力可进行国家倡导的意识形态和核心价值观的传播，对公众进行价值和行为引导，实现社会秩序构建。可以说公权力与技术权力对社会公共空间的瓜分，模糊了公共领域和私人领域的边界，强化了权力与

[①] Taming Big-tech. America and Europe Clamp Down on Big Tech, *The Economist*, London, 19 de diciembre, https://www. economist. com/leaders/2020/12/19/america-and-europe-clamp-down-on-big-tech，最后访问日期：2022 年 6 月 2 日。

[②] 辛勇飞：《数字技术支撑国家治理现代化的思考》，《人民论坛·学术前沿》2021 年第 Z1 期。

权利失衡的发展态势。

三 公权力对数字国家能力建设中私主体的控制

私主体技术权力对政治、经济和社会的深度影响，使得国家必须将其纳入国家的权力网络。国家数字能力建设中公权力一方面倚靠私主体的技术支持，另一方面进行社会控制能力的掌控和争夺。为了实现公权力对私主体技术能力的控制，发挥其社会治理作用，但又不在社会治理中占据优势地位甚至动摇公权力，世界范围内的公权力均展开了对私主体技术权力的控制，同样的目的下采取的不同方式获得了截然不同的社会效果。

第一，捍卫行政边界与有效制度能力，但目前手段有限且制度效果与国家行政权力成正比。如在我国互联网治理进程中，将网络信息内容安全、交通运营秩序等相继划入强监管的范围内。仅以网络信息内容安全为例，我国规定严格管控公共意识形态，强化国家在信息内容安全控制、政府自主技术能力方面的权力建设。但由于技术权力的体量往往较大，并非所有的国家均有捍卫行政边界的能力。典型案例就是印度尼西亚政府基本上将营业税收入外包给了技术巨头，这表明大型科技公司俨然具有类似本国一级地方政府的能力。[①]

第二，通过法律限制技术权力，如个人信息保护、数据跨境流动限制、要求平台承担网络空间治理责任，其目的均在于打破技术权力运行的封闭边界，增加其权力强化循环系统的运行成本。私主体的资本增值逻辑的基础是数字社会生产，在《监视资本主义》中朱波夫将其描述为收集用户行为数据，做出画像与行为预

---

① 樊鹏、李妍：《驯服技术巨头：反垄断行动的国家逻辑》，《文化纵横》2021年第1期。

测，利润来自引导和控制个人信息流量的生产过程。[①] 然而存在的问题是，这些制度确实增加了企业的合规成本，但现实中又进一步推动了垄断的形成——小企业无法承担高昂的合规成本，法律规定的惩罚对技术巨头却没有震慑力。《经济学人》杂志的一项调查线索显示，迄今为止欧盟针对美国技术巨头的最高罚款额仅为受处罚对象的大型科技公司市值的 1%。[②] 这一打破资本的数据壁垒的制度仍在摸索和建设中。

第三，通过反垄断、维护市场公平竞争来分散私主体的政治经济权力。在私主体形成垄断后，各个国家都试图通过反垄断的方式，避免经济权力过度集中于私主体手中。如何在数字经济、平台经济的商业逻辑下保障较小市场参与主体的生存和权力，成为各国发动数字经济反垄断的理由，但其基本底层逻辑仍是避免私主体经济权力撼动公权力。2020 年末，中国市场监管机构对阿里巴巴开始的垄断调查拉开了防止资本无序扩张的大幕，以及推动了之后两年密集的数字经济立法。2020 年 10 月，美国众议院司法委员会完成了对美国 4 家网络巨头的 16 个月的垄断调查。随后在 2020 年 12 月，FTC 起诉 Facebook 在社交网络领域的垄断；欧盟公布两部法律草案，并在 2022 年集中推动其向生效迈进。世界反垄断浪潮是公权力在技术权力的扩张下共同的应对措施。

由此可见，在面对私主体技术能既能有效增强国家能力，又有可能瓦解国家能力的矛盾中，公权力面对挑战其权威的新生力量努力维护自身权力，表现出强烈的控制欲望和将其纳入可支配的行政权力范畴的意志，以重申国家权威，丰富治理工具，革新国家能力。国家数字能力的建设中，如何发挥私主体技术能力的

---

① 参见 S. Zuboff, "Big Other: Surveillance Capitalism and the Prospects of an Informal Civilization," 30 *Journal of Information Technology* (2015): 75 – 89。

② Taming Big-tech. America and Europe Clamp Down on Big Tech, *The Economist*, London, 19 de diciembre, https://www.economist.com/leaders/2020/12/19/america-and-europe-clamp-down-on-big-tech，最后访问日期: 2022 年 6 月 2 日。

支撑作用，消解其不当扩张，仍是国家能力的重要研究课题。

Public Private Cooperation in the Construction of National Digital Capacity

Zhang Linghan

Abstract: The construction of national digital capacity relies on private entities to provide technical support and build digital infrastructure and public service platforms. There is a generative relationship between public power and private subjects, and private subjects support the extension of public power to social space and strengthen the non mandatory and hidden nature of social governance. At the same time, the private subject inevitably influences and transforms the public power, and seeks to infiltrate and erode to obtain profit expansion power, and even forms a competitive relationship with the public power in a certain social field. The public power has never given up the discipline of private technological power, breaking the cycle of private subject strengthening technological power through laws, policies, regulatory actions and other means, so as to safeguard the boundary of administrative power and effective institutional capacity.

Keywords: National Digital Capacity; Public Private Cooperation; Technical Power

2022年第1辑 · 总第5辑

法律和政治科学

LAW AND POLITICAL SCIENCE

Vol.5, 2022 No.1

专　论

权力社会学：我的学术旅程[*]

〔美〕曼纽尔·卡斯特[**] 著

曾语林 译 董怡辰 校[***]

【摘　要】这是一篇自传式综述，回顾了卡斯特从 1965 年到 2015
年这段学术生涯中已发表的研究，强调了卡斯特的研究思想
的一条共同的主线：对权力的实证理论的探索。该综述展示
了这一理论的渐进式的出现，并且没有掩饰发展过程中的困
难和矛盾。卡斯特将权力关系视为社会各领域中的基本关系。
本文说明了卡斯特怎样运用这种方法来研究城市结构与空间
动态、信息技术的运用与影响、全球化的进程、新的社会结
构（即网络社会）的形成，以及数字环境下传播和权力的互
动。最后，卡斯特提出了我们所处的网络社会中的权力网络
理论。

[*] 本文译自 Manuel Castells，"A Sociology of Power：My Intellectual Journey," 42
Annual Reviews Sociol（2016）：1 – 19。

[**] 曼纽尔·卡斯特（Manuel Castells），南加州大学社会学系教授，加州大学伯克
利分校社会学和城市规划荣休教授。

[***] 曾语林，西北师范大学 2019 级本科生；董怡辰，西南政法大学 2020 级法学理
论硕士研究生。

引言：为什么研究权力？

本文是一篇自传式综述，回顾了我从事社会学五十多年来的学术历程。在这段时间里，我研究了很多不同的主题：城市社会学；社会运动；发展社会学；经济危机社会学；当代全球化的起源、结构和动力；文化认同在抵制和塑造全球化过程中的关键作用；社会层面上的信息与传播技术革命；一个新型社会结构的形成，即网络社会；互联网的社会建构及传播方式的转型；传播空间中权力关系的形成；权力与反权力之间特定的动力，包括网络社会中的社会运动（正是它引导我提出了权力网络理论）。

然而，尽管种类多样，我的研究焦点和理论构建核心都是一个反复出现的主题：具有多维具象性的权力。之所以将权力作为我经验研究理论阐述的关键主题，是源于我研究初期的见解，即权力是理解社会结构和社会动态主要来源的关键。我将权力关系视为社会关系的基础，因为它构成和塑造了调节社会生活的制度和规范。此外，在任何特定的社会中，权力执行者根据自己的价值观和利益，以每个社会特定的配置——源于社会的历史、地理和文化，构建主导的制度和组织。我认为权力是一种关系能力，它能够使某些行为者以有利于自己的意愿、兴趣和价值观的方式，不对称地影响其他行为者的决定。权力的行使方式包括强制（国家的暴力垄断，无论合理与否）和/或文化的产生和流通机制在人们观念中的意义构建。权力关系不仅植根于社会机构，尤其是国家内部，也渗透于人们活动的各个方面——特别是经济、生产、消费、贸易、媒体、通信、文化、卫生、教育、科学、技术和时间空间的社会构建。

权力的执行者通过建立制度、法律和传播机制来表达他们的利益和价值观，并以此塑造了社会行为的模式，规定哪些行为予以奖励、惩罚或置之不理。诚然，这不是简单的线性因果过程。权力执行者是多元的，他们通过结盟来寻找利益和价值观的契合点，并且基于现存的统治模式行使权力。此外，制度化的权力，以及它的规则，时常面临着利益和价值无法在统治机构中充分体现的行为者的反抗：由此引发了反权力关系，即旨在推翻或者重新商定只有益于社会机构中占统治地位的行动者的社会规则的过程。无论何时，制度与规范都是国家权力关系的表现，既包括规范的制度化，也包括挑战这些规范之持久性的斗争与协商。这是一个无休止的社会建构与解构的过程，总是处在社会结构的再生产和变革之间不稳定的平衡中。

新主体在社会变革的尝试中规划了具有可替代性的价值体系，这种价值体系带来的挑战，是历史创造进程中的核心。因此，我常把权力关系视为社会的 DNA，所有文化的源代码，以及连接一切的纽带，它最终会揭示社会生活进化的可能路径。

20 世纪 60 年代末，在我研究之初，上面概述的观点只是一种主观的看法而不是一种理论。因为我不认为只存在单一的权力与反权力的场所（例如国家或资本），所以我探讨了在不同维度和背景下的权力发展与社会运动。我这样做并不是出于有目的的设计，而是想要利用我在任何领域中的研究机会来检验我的假说，即权力处于每一个社会过程的中心。就像我在下文所要详述的一样，我从城市社会学领域中的权力开始研究，仅因为这是在我的导师阿兰·图海纳（Alain Touraine）的强烈建议下所选择的论文题目。但是，我的整体思维是基于这样一种观念：无论我的研究引我向哪里，我都始终遵循权力关系的迹象和表现，希望我所揭示的线索能够展示在人类经验的不同领域中反复出现的逻辑。

我的研究建立在两个前提之上：第一，社会研究的跨文化研究视角；第二，将实地研究作为理论建构的策略。我从理论建构开始，但始终将其作为研究工具，根据理论在研究过程中的有效性加以修饰和系统化。对我而言，这种功利主义的观念意味着理论建构是（并且一直是）一项正在进行的工作，因此我不会试图建立一套封闭的理论体系。相反，我的目标一直都是构建一个开放式的理论领域，随着接纳新的发现和见解，它的边界不断被扩大和重新设定。①

这些前提（它们在我的头脑中以及在我的笔下②都是清晰明确的）得出两种方法上的选择。第一，我对于许许多多的文化和制度背景都进行了研究。事实上，我不相信那些仅仅局限于特定的文化和制度边界，而从未在这一边界外进行检验和修正的理论建构。我尝试避免潜在的种族中心主义，除了那些作明确比较的研究以外，它在大多数社会科学研究中占优势。这并不是说理论工具不能运用于不同的背景。准确地说，如果不想将理论工具局限于描述，而对人类知识多样性进行建构，就一定会受到形形色色的环境背景的影响。因此，我利用了我个人及学术上的流动性（有时是被迫的，那时我还是一个从法属西班牙流亡出来的年轻人）在不同背景环境下开展工作和研究——按时间按先后，依次在法国、拉丁美洲、西班牙、加利福尼亚州、亚太地区、苏联、加泰罗尼亚、芬兰以及整个欧盟地区。这些不仅是旅途经历，更是研究项目，产生了一系列专著，如本文的注释所示。我想要在此强调，这种文化多样性对我的分析框架的建构有着决定性作用，因为我试图将它适用于我所观察的每一个领域。

第二，我一直有意选择实证理论而不是宏观理论。这意味着我所有的工作都必须拥有实证基础。当然，任何实证研究都需要

---

① 我的认识论方法，特别是关于理论构建的过程，很大程度上受到了加斯顿·巴舍拉（Gaston Bachelard）的影响，参见 Bachelard G. 1934，*Le Nouvel Esprit Scientififique*，Paris：PUF。

② 参见 Castells M. 1972（1975），*La question urbaine*，Paris：Francois Maspero/La Decouverte（特别是 1975 年修订版的序言）和 Castells M. 1983，*The City and the Grassroots：A Cross-Cultural Theory of Urban Social Movements*，Berkeley：Univ. Calif. Press，我明确地表达了我对实证理论策略的依赖。

理论工具和假设，但就我而言，与法国（我开始成为社会学家的地方）情境相悖，我的研究更接近大多数美国社会学研究方式，但我走得更远，我研究得更进一步。我所有的理论阐述都基于一种不同的实证分析，并采用了折中的方法：综合二手资料、统计分析、调查研究，以及对于我这样一名研究者来说最重要的，在不同背景下的民族志研究和数以百计的深度访谈。我需要看到我所详细阐述的分析背后人们的真实想法，我现在也仍在研究这个。

在阐述了我的研究项目的目标和方法后，我将汇总在某些研究领域内我对权力的分析，预留空间来更详细地介绍我对权力网络理论的研究，它建立在网络社会的跨文化研究的基础之上。这样一来，我将避免在原始调查中进行理论逻辑再建构。相反地，我会强调一个曲折的过程，从早期的权力的概念化到现在所提出的，围绕行动者网络及其实践的多维的权力结构。

一 作用于城市的权力

城市化的进程一直是构成人类生活方式的重要力量：城市对农村的权力一直被视为社会统治的关键杠杆。[1] 帝国的崛起与占地广阔的大都市中心的建设有关。[2] 工业化的进程及其对移民的影响，使农民背井离乡，越来越多的人口向城市集中。其中，因为社会阶层的产生和通过种族隔离及土地继承而形成的空间的显现，新的生活环境和社交方式出现了。[3]

---

[1] Mumford L. 1961, *The City in History*, New York：Harcourt Brace；Sorre M. 1952, *Les fondements de la g'eographie humaine*, Paris：Armand Colin.

[2] Hall P. 1998, *Cities in Civilization*, New York：Pantheon.

[3] Massey D. 2005, *Strangers in a Strange Land：Humans in an Urbanizing World*, New York：W. W. Norton；Massey D., Brodmann S. 2014, *The Social Ecology and Racial and Class Inequality*, New York：Russell Sage.

　　以芝加哥学派为代表的古典城市社会学，是 20 世纪早期出现的社会科学中最具吸引力的学科之一。它主要关注生态模式以及共享城市文化中不同移民文化的融合。① 芝加哥学派的社会学家们并没有忽视权力关系，而是将其逐渐理解为地方精英、赞助机构和操纵机制的形成过程，脆弱的治理机构借机控制可能违反规范的民众。② 我于 20 世纪 70 年代在法国和 20 世纪 80 年代在美国与其他同人一起提出了关于城市社会变革的新观点。③ 在《城市问题》（*The Urban Question*，1977）和《城市、阶级与权力》（*City、Class and Power*，1978）中，我尝试阐释在城市空间的形成和社会的整体动态中，生产关系和集体消费关系（即以国家调节供给的公共产品的消费）之间的相互作用。我不赞同将"城市"作为一种特定情况分离出来，这会取代城市生活中的阶级关系和资本主义文化的主导地位，但我也同时强调集体消费冲突及空间的形式和过程在整个社会结构和变化的动态中的重要性。我试着将"城市"整合在"社会政治"一词中，关注城市社会运动在整个社会中的变革潜力。我在法国、英国、拉丁美洲、马德里和旧金山，研究了 12 年的城市社会运动，包括从历史角度和民族志研究角度来证明"市民怎样建造城市"，即通过将他们的价值和利益投射在根源于多方面问题的社会运动中，这些问题不但存在于城市之中，而且与城市密切相关。④ 因此，我表明了社会权力的关键溯源是在城市政治学多元学派的经典主题——地方政治博弈之外被发

---

① Park R．，Burgess E．，eds. 1925，*The City*，Chicago：Univ. Chicago Press；Wirth L. 1938，Urbanism as a way of life，*Am. J. Sociol.* 44：1 – 24.

② Banfield E. 1970，*The Unheavenly City：The Nature and Future of Our Urban Crisis*，New York：Little，Brown & Co；Dahl R. 1961，*Who Governs：Democracy and Power in an American City*，New Haven，CT：Yale Univ. Press；Hunter F. 1953，*Community Power Structure*，Chapel Hill：Univ. N. C. Press.

③ 我在城市社会学方面的研究和理论的讨论和报告，参见 Susser I．，ed. 2002，*The Castells Reader on Cities and Social Theory*，Oxford，UK：Blackwell。

④ Castells M. 1983，*The City and the Grassroots：A Cross-Cultural Theory of Urban Social Movements*，Berkeley：Univ. Calif. Press.

现的。在我看来，最重要的问题是哪一种社会和哪一种城市在空间上、文化上和制度上，由哪一种宏观社会力量，以及哪一类行动者在它们的冲突互动中产生和变化。与马克思主义的阶级斗争方法相反，我把城市空间带到结构性支配和社会变革的前沿。与芝加哥学派相反，我强调了城市和空间产生、竞争和转变的冲突过程。与多元政治科学相反，我不仅分析了城市中的权力，也分析了作用于城市的权力——也就是说，城市，就如同整个社会，它的空间形态和制度过程是如何通过潜在的权力关系形成的。

二　网络社会的崛起①

20 世纪 80 年代中期，我完成了城市三部曲，在三本书中研究了城市系统的动力学②、城市政治制度③和城市社会运动，④ 将我的注意力从我在伯克利的新视角转移到一个正在形成中的重大的结构：一种新的社会结构的出现，也被称为后工业，我逐步将其概念化为全球性的网络社会。其技术和形态改变是如此之大，以至于我最初的方法并没有专注于权力，它总是作为最终必须回答的基本问题出现在我的脑海里，这为我后来在《传播力》（*Communication Power*，2009）中发展权力理论奠定了基础。

---

① 有关我的网络社会理论方面的批判性介绍，参见 Stalder F. 2006，*Manuel Castells: The Theory of the Network Society*，Cambridge，UK：Polity Press。有关我对信息时代研究的学术性的评论和批评的选集，参见 Webster F.，Dimitriou B.，eds. 2004，*Manuel Castells*，SAGE Masters of Modern Social Thought Series，Vols. 1，2，3，London：Sage。

② Castells M. 1972（1975），*La question urbaine*，Paris：Francois Maspero/La Decouverte.

③ Castells M. 1977，*The Urban Question: A Marxist Approach*，Cambridge，MA：MIT Press.

④ Castells M. 1983，*The City and the Grassroots: A Cross-Cultural Theory of Urban Social Movements*，Berkeley：Univ. Calif. Press.

　　我花了 15 年的时间去理解网络全球化社会。为了避免落入后工业主义早期理论所特有的种族中心主义错误，我必须在世界各地进行研究。此外，全球性网络社会的一个关键维度就是全球化。由于新的社会结构在全球范围内部署了其逻辑，我研究了全球性网络社会特征的共同性与受全球趋势影响下的特殊性之间的相互作用。在对全球性变革的分析中，我介绍了以信息技术为动力的全球化的力量与抵制全球化的力量之间的冲突，这种抵制建立在特定的文化认同上，同时将全球化视为对主流价值观和利益的强加。从一开始，我就试图在对信息时代的研究中理解网络与自我之间的张力，即全球性权力网络的逻辑与身份认同的力量之间的矛盾互动。我也拓展了对国家转型的分析。实际上，传统的民族国家身陷于全球化的工具性力量和其国民基于身份认同的抵抗之间的冲突，面临着越来越多的制度危机，不得不探索新的统治、代表和治理的政治形式。作为全球跨文化调查的结果，我完成了《信息时代：经济、社会和文化》［*The Information Age*：*Economy*，*Society and Culture*，1996 – 1998（2000 – 2003）］，包含对正在开辟一个新的社会形式的结构性改革进程的实证分析和基础理论解释。在第一卷《网络社会的崛起》［*The Rise of the Network Society*，1996（2000）］中，通过对世界各地多种情境的研究，我探索了这种新的社会结构的起源、轮廓和含义。我认为，网络社会起源于 20 世纪 70 年代三个同时发生的、相互独立的过程的相互作用：20 世纪 70 年代出现的基于微电子和数字信息/通信技术的新的技术范式；资本主义和国家主义的社会经济重组（这些对立的生产方式有着不同的命运），以克服它们在 20 世纪 70 年代的危机；以及 20 世纪 60 年代美国和西欧出现的社会文化运动，作为一种对个人自由和社会自治理念的表达，却在统一的、不受限制交流的数字网络中找到完美的匹配。

　　首先，我研究了基于新的信息和通信技术的新技术范式的形成，包括作为生物信息技术的基因工程。科技变革必须被理解为一个社会的嵌入的过程，而不是作为一个影响社会的外部因素。然而，技术是整体结构变化的一个重要维度，因为新的信息技术促进形成了新的社会与经济组织形式，以及通过电子传播网络的社会互动。与以能源的生产和分配为基础的工业革命无法与作为过去两个世纪特征的工业社会相分离一样，正在发生的信息/通信技术革命与社会也是如此，信息/通信技术革命是社会多维变化的一个有力杠杆，是新的生产经营形式、新传播媒介、经济和文化全球化进程以及网络化社会运动出现的不可或缺的组成部分。

社会变革的第二个维度是一种组织变革，即经济和社会活动的网络化，是在 20 世纪 70 年代中期经济危机后资本主义重组的过程中产生的。这个网络化逻辑的最重要的表现形式或许是当代全球化的兴起，即一个特定系统（例如经济）的核心组成部分在技术、组织和制度方面，作为一个整体，能够实时地或在选择的时间于全球范围内运行。相比于过去的先进国际化形式，这在历史上是全新的，前者不能依靠信息和传播技术来处理当前规模庞大、程序复杂和变化迅速的全球系统。

我对技术变革和全球经济结构调整的研究始于硅谷，我们这一时代科技革命的发源地。然而，与我的跨文化观察的前提一致，我对其他背景下的相同过程进行了平行研究。以此种方式，我在欧洲和拉丁美洲开展我的工作，在西班牙进行了一个关于新技术与经济结构调整之间相互作用的重大研究项目，[①] 在亚太地区的一些国家进行了实地考察。这些国家的技术变革过程与以硅谷为代表的轨迹截然不同，主要由发展中国家主导。从 1983 年到 1995 年，我在中国、韩国、日本、新加坡任教和调查，并发表了一些

---

① Castells M., Barrera A., Castano C., Nadal J. 1986, *Nuevas Tecnologias, Economia y Sociedad en Espana*, Vols. 1, 2, Madrid: Alianza Editor.

作品，① 包括在我的三部曲的几个章节中对这些国家网络社会制度
变迁进行的实证分析。此外，由于我与埃玛·基谢廖娃（Emma
Kiselyova）的合作，我才可以对苏联在改革时期进行类似的研究，
关注计划经济、军事化经济和信息革命的组织要求之间不可逾越
的矛盾，这些矛盾也是苏联体系最终崩溃的原因。② 因此，在我所
进行的研究中，我对网络社会的研究是真正全球性的，包括以苏
联为反例，表明工业主义制度无法管理新型社会结构的网络化和
信息化逻辑。

在我的三部曲中所提出的第三个分析维度主要是一种根本的
文化转型，其特征是自主性的文化兴起，这种文化起源于 20 世纪
六七十年代的社会运动，并因互联网和移动通信的传播而加强，
从而组成了全球性或区域性的传播互动网络，在人际互动的各个
方面建构这样的自主性。的确，在关于互联网社会建设的书中，③
我表明了这种文化如何直接影响网络技术，从而产生了互联网架
构。与之相对应的，嵌入互联网的自由交流能力加强了集体和个
人的自治文化，这成为网络社会中权力关系的一个关键维度。

在我三部曲的第二卷《认同的力量》［*The Power of Identity*,
1997（2003）］中，我研究了世界各地特定的文化认同（包括宗

① Carnoy M. , Castells M. 1988, *Economic Modernization and Technology Transfer in the People's Republic of China*, Stanford, CA: Stanford Univ. Sch. Educ. , CERAS; Castells M. 1988, *The Developmental City State in an Open World Economy*: *The Singapore Experience*, Berkeley: Univ. Calif. , Berkeley Roundtable Int. Econ; Castells M. 1992, Four Asian Tigers with a Dragon Head: State Intervention and Economic Development in the Asian Pacifific Rim, in *State and Society in the Pacifific Rim*, ed. R. Applebaum, J. Henderson, pp. 33 – 70. London: Sage; Castells M. , Hall P. 1994, *Technopoles of the World*, London: Routledge; Castells M. , Kwok R. , Goh L. 1990, *Economic Development and Public Housing in the Asian Pacifific Rim*: *A Comparative Analysis of Hong Kong, Singapore, and Shenzhen Special Economic Zone*, London: Pion.

② Castells M. , Kiselyova E. 1995, *The Collapse of Soviet Communism*: *The View from the Information Society*, Berkeley: Univ. Calif. , Inst. Int. Stud.

③ Castells M. 2001, *The Internet Galaxy*, Oxford, UK: Oxford Univ. Press.

教激进主义、民族主义和基于性别的认同）如何宣称他们拥有多样性和自主性的权利，以应对全球资本主义的规范性压力，后者的逻辑是由生产、消费、金融、技术和传播的网络驱动的。我研究了这些冲突压力对国家和政治代表制度的影响，它们越来越多地表现为合理性危机，其部分原因是工业时代的政治制度的不完备和传统的民族国家在处理网络全球化社会治理前沿出现的新问题的不力。结果，政治代表权得到了重新定义，因为原来的民主是在封闭的国家民主体系内建立起来的。涉及例如全球金融、气候变化、全球安全或全球监控等问题的关键决策现在必须在一个日益全球化的参考框架内做出，我们需要摘掉贝克所说的"方法论国家主义"标签。①

在我的三部曲的第三卷《千年终结》[End of Millennium, 1998（2003）] 中，我研究了国家为了应对这些挑战而发生的转变，创造了"网络国家"（the network state）的概念，以描述民族国家以主权共享的方式来应对全球挑战，并缓解其控制下的社会中存在的文化认同压力的各种形式。这并不是说当前的民族国家正在消失；相反，它们作为权力机构的存在正在发生深刻的改变，因为它们要么被忽视，要么被重新安排在由各国政府、超国家组织、联合组织（如欧盟、北约或自由贸易协定）、区域政府、地方政府以及非政府组织组成的共享主权网络中，各方都在决策制定的过程中互相协商、互相配合。我在一篇关于欧盟形成和矛盾的研究中举例说明了我的分析。这个主题在我 21 世纪的研究中反复出现，并产出了一些探讨全球资本主义背景下欧盟的多重危机的研究项目和专著。②

---

① Beck U. 2000, *Power in the Global Age*, Cambridge, UK：Polity.

② Castells M., Himanen P., eds. 2014, *Reconceptualizing Development in the Global Information Age*, Oxford, UK：Oxford Univ. Press；Castells M., Caraca J., Cardoso G., eds. 2012, *Aftermath：The Cultures of the Economic Crisis*, Oxford, UK：Oxford Univ. Press.

虽然这种多维的社会变革在每个特定的制度背景下引发了各种各样的社会和文化表现，但它所带来的结果也有一些共性，既包括在过程中，也包括在新的社会形式构成的层面上——即在社会结构上。我将这种新的社会结构称为"网络社会"（network society）。这个概念是我观察技术、组织和制度变革的结果。我发现，这个正在形成中的新社会，从各个层面而言，都是由网络组成的。全球金融市场建立在实时处理金融交易的电子网络上。互联网是由计算机网络组成的网络，是网络中的网络。电子超文本，连接全球或当地连接中的不同媒体，是由通信网、制作工作室、新闻编辑室、计算机化信息系统和移动传送单元以及发送者和接收者的交互式网络组成的。网络企业是一种新型的企业组织形式，它是由公司或子公司围绕商业项目的执行情况而组成的网络。全球经济是一个由资本、信息和商业组织驱动的，由金融交易、生产场所、市场和劳动力资源组成的网络。的确，我们可以把全球化看作在人类活动的每一个领域中网络全球化的过程，治理依赖于通过信息网络连接起来的不同层次的制度决策之间的衔接，最具活力的社会运动通过互联网和无线传播连接起城市和国家。

作为社会实践的组织方式的网络流行，正在重新定义我们的社会结构。社会结构是指人类在生产/消费、经验和权力关系中的组织安排，通过文化框架下有意义的互动表现出来。在信息时代，这些具体的组织安排以信息/传播技术推动的信息网络为基础（不久的将来，是由生物信息技术推动）。在这种全新的、正在出现的社会结构的形势下，社会科学面临着一系列的概念和方法论危机。一个关键问题是如何根据网络社会的特有结构重新定义权力与反权力。权力与反权力过程的分析存在于我的网络社会实证研究的各个层面，而在信息时代三部曲中，我并没有针对网络社会的特有权力进行理论构建。一方面由于个人健康问题，我不得不暂时结束从事多年的关于信息时代的工作，另一方面的原因是理论意义上的，我提出了一个假设：传播领域内的意义构建过程是权力和反权力形成的核心，并且在数字技术时代，政府与企业的组织经历了结构重组，传播也正在经历一个重大的转变。因此，在探索一种新的权力理论之前，我需要理解新的传播形式与权力、反权力之间的互动。另一个十年的实证研究集中在这些问题上。

三　传播权力[①]

正如本文引言所述，我认为强制和话语是权力行使的两种主要形式。强制由颁布和执行法律与命令的国家机关实施。话语由各种文化机制（始于学校和生物医学机构）产生，并通过社会的传播系统散播和合理化。[②] 在维护权力所有者利益方面，强制和话语的相对有效性取决于具体情境，即依赖于它们在促使人们屈服于主流的利益和价值观方面的程序上的协作性。在建立关于传播在权力产生中的作用的研究时，我从以下命题出发。

暴力、诉诸暴力的威胁、规训性话语、实施规训的威胁、作为可重复支配的权力关系的制度化，以及价值观和规则为参考对象所接受的合理化过程，上述这些在有关社会实践和组织形式的权力关系的生产和再生产过程中都是相互作用的。[③]

我的假设是，主要依赖于强制的权力是一种弱权力形式，是不可长期持续的。只有获得接受对象的默许，或者至少是顺从，制度才能持久。控制思想的权力比控制肉体的权力更重要。此外，

---

① 我对媒体和传播的研究的总结和讨论，参见 Howard P. 2013, *Castells and the Media*, Cambridge, UK: Polity Press。

② Foucault M. 1975, *Surveiller et punir*, Paris: Gallimard; Foucault M. 2008, *The Birth of Biopolitics: Lectures at the Collège de France, 1978 - 1979*, London: Palgrave Macmillan; Laclau E. 2005, *On Populist Reason*, London: Verso; McChesney R. 2007, *Communication Revolution: Critical Junctures and the Future of Media*, New York: New Press.

③ Castells M. 2009, *Communication Power*, Oxford, UK: Oxford Univ. Press, p. 13.

控制思想的权力不应该被理解为一种纯粹的操纵机制，而应该被理解为在话语的发送者和接受者有效的沟通过程中，特定话语被个体内化和接受的能力。因此，传播系统的特性对于理解权力话语的形成，以及塑造社会参与者的思维方式的能力都至关重要，这种能力在人们的经验和话语的结构、内容之间建立了有意义的对应关系，其中嵌入了统治利益。因此，要研究权力话语的生产，就必须加深对网络社会中传播系统的组织和技术改造的认识。我个人认为，对传播领域，尤其是在数字传播领域的知识的需要是我将学术环境从伯克利转到南加州大学安能伯格传播学院的主要动机，2003年，我接受了南加州大学的邀请，担任传播技术与社会系主任。这是我对传播与权力之间的互动进行系统研究的开始，2009年我出版了关于这一主题的书籍。① 在这项工作中，我记录了我们这个时代传播系统的根本转变。第一，传播的数字化催生了一种新的传播形式：以互联网和全球/地方互动网络的交互传播为基础的大众自媒体，发送者和接收者在同一传播流中融合。第二，由于数字技术具有全球扩张的能力，传统大众传媒在技术上得以整合，但在文化和组织上仍根植于特定的环境。第三，纵向的大众传媒和横向的传播网络逐渐融合在同一个系统中，形成了我所说的超文本（在 Nelson 之后）。② 第四，媒体公司围绕着全球规模的多媒体商业网络组织起来。这些商业网络集中资金和管理，同时使内容多元化和受众个性化。第五，虽然政府对媒体仍保留着相当大的监管和制度性权力，但无论是在传统的大众媒体还是在网络化的传播体系中，企业开始成为大众传媒的主体。第六，大众自媒体网络被数亿用户所利用，这些用户依赖于电信和科技公司的基础设施，但在很大程度上可以自主地定义其互动内容，

---

① Castells M. 2009, *Communication Power*, Oxford, UK：Oxford Univ. Press.
② Nelson T. 1965, Complex Information Processing：A File Structure for the Complex, the Changing and the Indeterminate, *ACM Proc. 1965 20th Natl. Conf.*, ACM：New York, pp. 84 – 100.

代价是牺牲个人隐私。到 2015 年，互联网用户人数接近 35 亿，无线设备用户人数约 70 亿，全球超过 50% 的成年人使用智能手机。我们的社会通过全球范围的数字传播已经变得几乎完全网络化。

评估传播转型对权力关系的影响是我设立的目标。我的研究记录了两个主要的实证结果：首先，因为传播网络的数字化、去中心化和灵活性特征，它变得十分普遍，同时因为传统的大众媒体仍然是大众传播的主要方式，所有的政治本质上都变成了媒体政治。在传播的空间中，政治选择的形象和政治的人格化显现出来。虽然媒体不是权力的持有者（因为其自身的多样性，以及媒体、商业、政治体系之间的复杂的关系），但它们构成了权力发挥和最终行使的空间。我把在选举、治理、正当性和去正当性方面发挥越来越大作用的互联网传播网络包括在这个传播空间中。政治的人格化、作为主要政治武器的政治领导人和政党形象的建构和破坏策略，二者共同导致了政治丑闻，既因为媒体政治无法通过传统的金融手段获得资金，也因为（使公众）丧失对政治领导人的信任成为其他政治参与者获胜的最有力的形式。① 传播方式的转变和政治正当性的普遍危机之间的关系是我在《传播力》中研究的核心。

其次，对网络社会中权力创制的转变的分析必须考虑新的传播系统对反权力过程的影响，特别是对社会运动的结构、组织、动态和结果的影响。2009—2015 年，世界各地爆发的社会运动为这个问题提供了答案。我开始了我将之概述为网络社会运动的民族志研究和文献分析。这项研究的结果是我的《愤怒与希望的网络》［*Networks of Outrage and Hope*，2012（2015）］，该书分析了这些运动（从占领华尔街运动到巴西运动）在不同情境下的共同

---

① Thompson J. 2000，*Political Scandal: Power and Visibility in the Media Age*，Cambridge，UK：Polity Press.

趋势，并且确定社会运动在网络社会中的大体轮廓，明确它们在倡导新的价值观和新的民主形式方面的作用，而不是将自己限制在作为压力集团或政治机构的从属角色上。这些运动通过总结新的斗争和独立思考的经验而发挥效用，将互联网上源源不断的传播流与对城市空间的占领结合起来，使它们在整个社会中受到关注。

因此，我终于能够基于自己的经验观察对网络社会中的权力与反权力、制度政治和社会运动进行具体的分析。然而，尽管我对其中的许多过程做出了一些理论解释，但我仍然缺少一个适当的理论来理解网络社会中的权力。这是因为，尽管传播网络似乎是权力的基本场域，但网络社会的多维性需要一个多维的权力理论。然后我开始构建一个理论蓝图，我自然地称之为"权力网络理论"。①

四　权力网络理论

规制人类行为的制度和组织的结构和程序，取决于这些制度建构和重建过程中权力与反权力之间的具体互动。每一种社会都有其行使权力和对抗权力的特定方式。权力是多维的，在网络社会中权力的行使围绕着多维网络，这种网络根据被赋予权力的行动者的利益和价值观编制在人类活动的每个领域。但问题是，是哪种网络呢？它们在权力的形成过程中是如何运作的呢？

为了解决这些问题，我必须先区分四种不同的权力形式：

在网权（networking power）

---

① Castells M. 2009, *Communication Power*, Oxford, UK: Oxford Univ. Press; Castells M. 2012 (2015), *Networks of Outrage and Hope: Social Movements in the Internet Age*, Cambridge, UK: Polity Press.

网内权（network power）

网络化权力（networked power）

网络创制权（network-making power）

在网权指的是构成全球网络社会核心的网络中的行动者和组织对不包括在这些全球网络内的集体或个人的权力。这种权力的运作是通过排斥/包容推动的。网络把关理论（network gatekeeping theory）研究了过程中哪些节点包含在网络之内或排除在网络之外，展示了网络把关能力的关键作用，这种能力为一些网络施加于其他网络，或一个特定网络对不相关社会集体施行。① 社会行动者可以通过组成一个积累有价值资源的网络，然后通过执行他们的把关策略来阻止那些没有给网络增加价值或危害在网络计划中占主导地位的利益的人进入网络，从而确立自己的权力地位，例如多媒体网络或金融机构。

对于网内权的理解，我们可以参考格雷瓦尔提出的概念化，他主张从网络分析的角度对全球化进行推理。② 在他的观点中，全球化涉及多个网络主体之间的社会配合。这种配合需要标准，或者用我自己的术语来说，即网络协议（protocols of communication）。这些网络协议决定了一旦进入网络就必须接受的规则。一旦某些协议被整合到网络程序中，行使权力的方式不再被排除在网络之外，而是规则的强制推行。网内权是这些协议对网络组成部分的权力。这种网内权最终倾向于网络形成的源头上特定的社会行动者的利益。例如，管理政府间金融机构，如国际货币基金组织，抑或国际贸易机构，如 WTO 的国际协定规定了一系列规

---

① Barzilai-Nahon K. 2008, Toward a Theory of Network Gatekeeping: A Framework for Exploring Information Control, *J. Am. Soc. Inf. Sci. Technol.* 59 (9): 1493 – 1512.

② Grewal D. 2008, *Network Power: The Social Dynamics of Globalization*, New Haven, CT: Yale Univ, Press; Hall P. 1998, *Cities in Civilization*, New York: Pantheon.

制，反映了由"G7俱乐部"的政府代表的主要金融私营机构和跨国公司的利益。

网络化权力是如何运作的？一旦网络由一组受协议规范的节点组成，谁在网络内部拥有权力？网络社会中网内权的持有问题可以通过分析每个特定网络的运行方式来简单地回答。每个网络都根据其设定的目标定义了自己的权力关系。因此，在全球资本主义中，全球金融市场拥有最后的决定权，国际货币基金组织（IMF）、中央银行和金融机构评级公司（如穆迪、惠誉国际或标准普尔）是如何更好地实现这些目标的解释者。另一个例子是军事权力：一个国家如果利用技术创新、知识和资源来追求卓越的作战能力，就会成为主导节点，美国就是如此。如果暴力或暴力威胁成为政治行为者之间主要的互动方式，这种作战能力将在地缘政治舞台上确立权力。

然而，如果我们试图从单一维度回答网络中的权力问题，并试图将"权力之源"作为一个单一的实体，那么这个问题可能会进入一个分析的死胡同。军事力量无法阻止灾难性的金融危机；实际上，在特定情况下，它可能会引发非理性的、防御性的恐惧动乱，以及石油生产国或大型经济体的不稳定。鉴于全球金融市场网络中资本流动的规模、数量和复杂性，以及它们的评估标准依赖于不可预测的信息，全球金融市场可能成为任何主要监管机构都无法控制的自动机器。政治决策在很大程度上依赖于媒体，但媒体构成了一个多元的基础——在意识形态和政治方面存在偏见，媒体政治的过程是非常不可预测的。至于资产阶级，它确实有一些权力，但不是对所有人或所有事物都有权力：它高度依赖于全球市场的动态和政府在法规和政策方面的决策。各国政府本身也被连接在不完善的全球治理网络中，受制于企业和利益集团的压力，被迫与为其公民解释政府行为的媒体进行谈判，并面临社会运动和来自公民社会的反抗。地缘政治的单边主义最终不得不承认我们是一个相互依存的世界，就像美国政府在经历了十余年的伊拉克战争和阿富汗战争后不得不做的那样，这场战争耗尽了美国的预算，损害了美国的国际正当性。总而言之，即使是最强大的国家也拥有一定的力量（主要是破坏性的），但它们并非拥有全部的力量。

因此，也许传统意义上的权力问题在网络社会中没有意义，但不管人们的意志如何，新形式的主导权和决定性在塑造人们的生活中仍然是至关重要的。的确，在工作中存在权力关系，尽管是以新的形式和新的角色。最重要的权力形式遵循网络创制权的逻辑。

在网络的世界里，控制他人的能力取决于两种基本机制：（1）根据网络特定的目标，编制或再编制网络的能力；（2）通过共享目标、整合资源，连接不同网络并确保其合作的能力，同时通过建立战略合作来抵御来自其他网络的竞争。我将第一权力的持有者称为编制者（programmers）；第二权力的持有者称为转换者（switchers）。编制者和转换者当然是社会角色，但不是一个特定的群体或个人。通常情况下，网络在各种社会行动者之间的交界面上运作，根据其在社会结构和社会组织框架中的地位来界定。因此，我认为，在许多情况下，权力的行使者是网络本身——既不是抽象的、无意识的网络，也不是机器，而是围绕自己的项目和利益组织起来的人。在网络社会中，权力的行使需要一套复杂的协作行为，超越了联盟，产生了一种新的主体形式：网络化的主体。

在《传播力》和《愤怒与希望的网络》中，我实证分析了网络中这两种权力创制机制的运作方式：编制和转换。编制和再编制网络目标的能力是决定性的，因为一旦被编制，网络就有能力高效地执行并重新配置自身以实现其目标。

对诸如全球金融、军事力量、政治体系、科学研究或有组织犯罪等具体的网络而言，编制者如何编制网络是不同的。因此，必须根据每个网络的具体情况来确定和理解网络层级中的权力关系。然而，所有的网络都有一个共同的特点：思想、视阈、项目和框架都能创制编制。在网络社会中，这些文化材料以全球多媒体商业网络和因特网络为核心，极大地嵌入传播过程中，特别是在电子超文本中。因此，虽然思想可能产生于各种各样的起源，并与特定的兴趣和亚文化（例如新古典经济学、宗教、文化身份、个人自由的崇拜、代议制民主等）联系在一起，然而，思想和图像在社会中要根据它们在传播领域中的表现方式进行加工，并最终传达给每个网络中的受众，这取决于人们在传播过程中的接触程度。因此，对传播网络的控制（或影响），以及创造有效话语、引导传播和话语沿着有利于准编制者的项目发展的能力，都是为每个网络编制的关键。换句话说，社会传播的过程，以及实现这一传播过程的组织和网络，是项目编制和建立受众的关键领域，即网络社会的权力领域。

还有第二种权力来源：转换者对各种战略网络之间的连接点的控制。比如，转换者控制政治领导网络、媒体网络、科学技术网络、军事和安全网络之间的联系点，以主张地缘政治战略；或者处于政治网络与媒体网络之间连接的转换者，产生和传播特定的政治意识形态话语；或者宗教网络和政治网络之间关系的转换者，在世俗社会中推进宗教议程；或者他们在学术网络和商业网络之间提供知识和合法性，以换取大学资源和毕业生就业机会。

这些网络是在相对稳定的基础上形成的特定的连接系统，作为一种阐明社会的实际运行系统的方式，超越了机构和组织的正式自我表现。然而，这并不是要重提权力精英这一社会中权力的简化形象，其分析局限于一些极端情况。正是因为没有一个统一的权力精英能够控制所有重要网络的编制和转换操作，所以必须建立更微妙、更复杂、更具有可协商性的权力运作系统。为了维护这些权力关系，社会统治网络需要在这些网络之间设定具备可兼容性的目标（例如市场主导和社会稳定之间、军事力量和经济限制之间、政治表征与资本主义再生产之间、言论自由和文化控制之间）。而且，它们必须能够通过行动者—网络的转换过程相互沟通、相互协作，并抑制矛盾。转换者是行动者或行动者的网络，它们参与到每个连接过程中的动态接口。编制者和转换者就是这样一些行动者或行动者的网络，由于其在社会结构中的地位，他们掌握着网络创制权这一网络社会中最重要的权力形式。

权力产生的过程必须从两个角度来看，正如我在整个研究中反复重申的那样。一方面，是强化现有的统治地位或夺取统治的结构性地位的过程；另一方面，是代表在网络的程序和组成中被排除在外或未充分表示的利益、价值和规划的反抗权，是抵制既定统治的反抗过程。从分析的角度来看，这两个过程通过相互作用最终形成了权力结构。它们是截然不同的，但却按照相同的逻辑来运作。对权力的抵抗机制与网络社会中构成权力的两种机制是相同的：网络的编制和网络之间的转换。因此，社会运动的集体行动，以其不同的形式，旨在将新指令和新代码引入网络程序：例如，赋予房主权利，以防止违反金融机构规则的不公平的抵押品赎回权；调查和整治政治腐败，尽管整个政治阶层是秘密的和共谋的；不顾滥用权力的金融放贷人的指示，强行取消整个国家的公共债务；或者，谴责跨国公司造成的环境破坏，希望最终影响股东和消费者对那些被认为是地球上的好或坏公民形象的公司的态度。在这种情况下，经济计算准则从增长潜力转向可持续的和平衡的增长潜力。这些都是我在 2011—2015 年研究的网络社会运动实践中对网络进行重新编制的真实案例。更激进的重新编制来自抵抗运动，其目的是改变网络的基本原则——或者说是程序的核心代码（如果我可以使用并行的软件语言）。例如，如果在所有条件下都必定以上帝的意志为准（如宗教激进主义者所表述的那样)，那么构成法律和司法系统的制度网络必须重新编制，不遵循宪法、法律规定或者政府的决定，而是遵循主教或阿亚图拉对上帝的解释。在另一个例子中，当全球正义运动要求重写由世界贸易组织管理的贸易协定，要求将环境保护、社会权利和对土著少数民族的尊重包括其中时，这一运动修改了全球经济网络运行所依据的方案。

第二种抵抗机制包括阻断网络之间连接的转换，这种连接使网络能被表达结构性统治的价值观念的元程序控制。在这里，"元程序"作为一种来源代码，在组织和机构运作的网络程序中发挥功能。阻断转换的方式很多，例如，可以通过提起法律诉讼，或挑战美国联邦通信委员会允许所有权更加集中的规定，影响美国国会，以取消寡头媒体与政府之间的连接。其他形式的抵制包括通过监管竞选资金以扰乱公司业务和政治体系之间的网络，强调副总裁和从得益于军事合同的前公司获得收入之间的矛盾，或者反对学术对权力的奴役。更多激进的转换阻断能影响网络社会的物质基础设施：例如，在信息世界这个高度复杂、相互依存的系统中，对航空运输、计算机网络、信息系统以及社会赖以生存的设施网络进行物质和心理上的攻击。恐怖主义的挑战正是以破坏或威胁破坏这种关系为前提，这将扰乱人们的日常生活，迫使他们生活在紧急状态下，从而助长了其他权力网络的发展，特别是使安全网络扩展到生活的各个领域。因此，正如我在《愤怒与希望的网络》中所述，对网络编制的权力的抵抗也通过由信息和传播技术驱动的网络发生——一个延伸到不同形式的反叛网络（rebellious network）中的逻辑。[1]

网络社会的一个核心特征是，无论是统治的动力还是对统治的反抗，都依赖于网络的形成和网络的攻防策略，通过形成独立

---

[1] Arquilla J., Rondfeldt D. 2001, *Networks and Netwars: The Future of Terror, Crime, and Militancy*, Santa Monica, CA: RAND Corp.

的网络以及/或者对现有网络进行重新编制。事实上，这与以前的社会类型（如工业社会）的历史经验相呼应。工厂和垂直组织的大型工业公司是企业资本和中央组织的劳工运动发展的物质基础。同样，全球金融市场、跨国生产系统、覆盖全球的"智能"武装力量、恐怖主义抵抗网络、全球公民社会，以及为更美好的世界而奋斗的网络化社会运动，都是网络全球化社会的组成部分。我们这个时代的冲突是由网络化的社会行动者进行的，旨在通过对多媒体传播网络的决定性转换，将信息传达给他们的支持者和目标受众。

综上所述，编制者和转换者，正如我的网络权力理论中所定义的，是网络社会中权力的行使者和反权力的主体。他们是社会行动者的化身，但他们不是孤立的个体，他们本身就是网络。但这些参与者是谁以及他们的网络是什么，是在每个特定的环境和每个特定的过程中具体网络构造的问题。因此，我并不是在无休止的网络部署中化解权力关系。相反，我呼吁对网络创制权的分析强调特殊性，并提出了一种方法论主张：我们必须通过连接不同的组织社会实践的网络，找到参与权力创制和反权力创制策略的行动者、利益和价值观的具体构造。

因此，我提出的网络权力理论的目的并不是笼统地确定权力拥有者。我所做的是提出一个假说来指导权力的研究：网络社会中的权力的实践者是在各自的网络中行使权力的行动者的网络，这些网络是他们为促进自己的利益和价值观而规划的。我还提出了传播网络的中心性假设，以实现任何网络的权力创制过程，因为传播网络是大众心中意义构建的源泉。同时我认为，不同网络的转换是权力的基本来源之一。通过这些不同方向的网络策略，谁做了什么，如何做，在哪里做，为什么做，这是一个需要调查的问题，而不是形式的理论化问题。形式理论只有在通过理论化的观察积累知识的基础上才有意义。为了产生这种知识，我们需要一个符合我们所处社会类型的分析结构。这就是我的目的：构建一个可以用于研究、修正和变换的分析框架，以推动在我们所处的网络社会中一种权力和反权力理论的逐步构建。

因此，这篇回顾转了个圈又回到原初的观点，这一点嵌于我作为一名研究者的终身学术实践之中：以我们这个社会特有的方式理解权力关系，这一人类存在的决定性关系，并通过构建一个开放的实地理论来揭示和改变统治的来源，并最终实现解放。

附录：对我主要思想影响的反思

因为这篇文章是对我一生研究的自传性回顾，对感兴趣的读者了解什么是影响我思想和研究的主要因素可能有所帮助。

毫无疑问，在我的整个人生中，最重要的灵感来源是阿兰·图海纳——我启蒙导师和学术上的父亲。他的著作①以及 1964 年以来我们的学术交流，对我的思维和研究风格产生了重要的影响，用他的话说，我总是在寻找社会行动者对社会的生产，而不是机构对社会结构的再生产。

尽管如此，在 20 世纪 70 年代我工作的早期阶段，我的理论采用了马克思主义术语，有时是在结构主义的马克思主义理论框架内。然而，正如许多评论我作品的评论家所说，对我产生直接影响的并非阿尔都塞（Althusser），而是尼克斯·普兰查斯②，直到他去世他都是我最亲密的朋友和同事。他像我一样，是一个政治活动家，因此他的马克思主义总是直接处于历史变化的实际过程中，而不是阿尔都塞学派的教条世界中，后者在 20 世纪 60 年代很大程度上自我限制在精英主义的高等标准学校（Ecole Nor-

---

① Touraine A. 1965, *Sociologie de l'action*, Paris：Seuil；Touraine A. 1973, *Production de la soci´et´e*, Paris：Seuil；Touraine A. 2013, *La fin des soci´et´es*, Paris：Seuil.

② Poulantzas N. 1968, *Pouvoir politique et classes sociales*, Paris：Francois Maspero.

male Sup'erieure）之内。至于我自己，仍然忠于我对社会和政治变革以及世界各地的社会运动的深度参与，但我拒绝认同任何以政治正确而非解释力为理由来宣称其合法性的理论构建。在《千年终结》第三卷的最后一章，我的信息时代三部曲的总结性结论中，我进行了认识论和理论立场的完整论证，它最终独立于任何没有得到可靠研究方法支持的理论。这是我作为一名学者对其的定位，也将是我的定位。

因此，即使在一些评论家称之为我的马克思主义时期，我也对那些与马克思主义无关的理论持开放态度，尤其是芝加哥学派的城市社会学，尽管这是我在城市和城市空间研究中批判的主要目标。① 正是因为我对这部经典作品的了解，我钦佩这些早期城市社会学家的研究的原创性，以及他们对正在形成中的城市社会的认真观察。我深受人类生态学的影响，也受阿莫斯·霍利（Amos Hawley）的理论以及利奥·施诺尔（Leo Schnore）对城市化的全面分析的影响，我曾在威斯康星大学（University of Wisconsin）与他们有过短暂的交流。

很久以后，我对城市的研究基本上受到了两个城市理论巨人的影响，他们都是我的密友和同事：彼得·霍尔（Peter Hall）和威廉·米切尔（William Mitchell）。彼得和我一起在伯克利和世界各地工作，对城市和技术之间的相互作用有着浓厚的兴趣，对大城市的创造潜力有着浓厚的兴趣，无论是对历史上还是信息时代。在我定期访问 MIT（麻省理工学院）的那些年里，比尔·米切尔教我如何将城市分析与城市空间上的数字环境的特殊性相适应，以理解网络空间和城市空间之间的相互作用。我还在努力完成我们一起计划的那本书。

---

① Castells M. 1972（1975），*La question urbaine*，Paris：Francois Maspero/La Decouverte.

就我对社会权力的兴趣而言，我和世界上许多其他研究者一样，也深受米歇尔·福柯（Michel Foucault）的影响，我在巴黎的时候和他互动太少，部分是因为我们的研究领域（和我们的社会地位）非常遥远。我主要通过与一些最有趣的福柯派学者的合作，获得了他的见解，受福柯启发的 CERFI 研究中心的研究人员与我分享了我在 1968 年运动中的行动主义，以及我从权力的角度对城市研究的兴趣，我在 1994 年的一篇文章中讲述了这个故事。① 与马克思主义和自由主义政治学传统相比，研究社会不同领域的权力形成是我向多维度的权力理论演进的一个关键因素，我在这篇综述中提出了这一理论。

至于我的全球化的理论和研究，尤其是在拉丁美洲，我的研究方法从我职业生涯的开始就受到了费尔南多·恩里克·卡多索（Fernando Henrique Cardoso）和恩佐·法莱托（Enzo Faletto）及其提出的依附理论的决定性影响。在卡多索和法莱托（1970）早期提出的依附理论构想，以及他们对拉丁美洲的政治历史分析中，我发现了理解当代全球化的关键思考工具。这就是我在关于全球化和权力的研究中一直试图实现的目标，② 加入了我自己的观点，从引入我们时代全球化的技术和网络组成部分的角度来思考。

在一般社会理论方面，对我的工作的另一个重要影响来自安东尼·吉登斯（Anthony Giddens）和他的结构化理论，③ 这帮助我理解一个新社会结构的形成过程中社会结构和社会机构之间

---

① Castells M. 1994, L'ecole franc´, aise de sociologie urbaine vingt ans apres: retour au futur? `Ann. Rech. Urbaine 64: 58 – 60.

② Calderon F., ed. 2003, *¿Es sostenible la globalizaci´on en Am´erica Latina? Debates con Manuel Castells*, vols. 1, 2, Mexico City: FCE; Castells M. 2005, *Globalizacion, desarrollo y democracia en Chile*, Santiago de Chile: FCE.

③ Giddens A. 1984, *The Constitution of Society: Outline of a Theory of Structuration*, Cambridge, UK: Polity Press.

的相互作用，这是社会理论的一个关键问题，这个问题在我的分析中一直是个障碍，使我经常在结构主义和主观主义间摇摆。在吉登斯影响下，通过强调传播技术和网络社会实践，我后期的工作取得了一些进展。我终于可以用吉登斯的方法来解决我的理论问题。他如同上帝般专注于凡世问题，我将永远受益于他的知识遗产。

《网络社会的崛起》作为一个传记性逸事献给对我的作品感兴趣的人，在这本书中，我第一次全面阐述了我的理论，得到了三个理论家的支持：阿兰·图海纳、费尔南多·恩里克·卡多索和安东尼·吉登斯。然而，一旦当我开始将技术范式和数字传播作为社会变革的杠杆进行分析，重新定义权力关系时，我发现自己的努力非常孤独。有些技术专家和技术预言家更感兴趣的是推销未来学，而不是把人类状况的根本性转变作为一个开放的问题来研究。此外，一些最优秀的社会科学家和哲学家经常将所有与新技术相关的问题视为技术决定论，在某些情况下，他们甚至不知道自己在谈论什么。网络分析、数字文化或网络社会运动等领域的年轻研究人员对我们所进入的这个新的工具世界既敏感又有见地，但是他们很难依靠合适的社会理论，更不用说将深奥的理论传统与新的、引人入胜的研究联系起来的社会权力理论了。我发现自己徘徊在两个世界之间，一种是过去的思考方式（被后现代潮流不公地谴责），另一种是试图理解人类当前状况的新颖性。我打算在我的研究中继续努力，为在这两个世界之间建立一座最必要的知识桥梁做出贡献。为了做到这一点，我紧紧抓住了连接所有人类经验的一条线索：权力与反权力理论，它标志着我毕生对自我的探索。

A Sociology of Power: My Intellectual Journey

By Manuel Castells

Translated by Zeng Yulin Dong Yichen

Abstract: This is an autobiographical review of the published research that Manuel Castells did over five decades of his academic life, from 1965 to 2015. It highlights the common thread that brings together his intellectual project through a great diversity of topics; the quest for a grounded theory of power. The review presents the gradual emergence of this theory without disguising the difficulties and contradictions in its development. Manuel Castells considers power relationships to be the foundational relationships of society in all domains. Here, Manuel Castells shows how his research used this approach to study urban structure and spatial dynamics; the uses and consequences of information technologies; the process of globalization; the formation of a new social structure, the network society; and the interaction between communication and power in a digital environment. Finally, Manuel Castells proposes a network theory of power in the network society, the society we are in.

论社会权力

汪全军*

【摘　要】 在传统权力理论中，无论是利益说、意志说、交换说还是决策说，均坚持"国家—管理"叙事逻辑和"主体—客体"分析框架。然而，在公域之治模式转型的背景下，传统权力理论已经无法适应社会治理的实践需要。因此，有必要重新反思权力理论。权力理论的叙事逻辑应当包括以个人自由为逻辑起点、以社会主体为参与者、以有效治理为直接目标等要点；权力理论的分析框架则应当实现从主客二分向主体间性转变。通过对权力理论的重新厘清，可以进一步提出社会权力理论。社会权力可以从参与主体、决策过程以及集体行动等方面重新建构。从社会治理的角度来说，社会权力理论有助于打造共建共治共享的社会治理格局。当然，在社会治理过程中还应当避免社会权力的异化。

【关键词】 社会权力；社会治理；个人自由；主体间性

---

* 汪全军，法学博士，湖南大学法学院副教授，研究方向：立法学、地方法治。

一 问题的提出

权力是社会治理体系的核心要素之一。"从本质上来说，治理是一种将公民的多样偏好转化为有效的政策决断，以及将多元的社会利益转化为统一的行动并获得社会主体服从的手段和方法。"① 在社会治理中，参与主体的多元性与集体行动的一元性之间的矛盾是治理活动面临的主要矛盾，也是影响善治目标实现的主要因素，而如何在多元的参与主体意志之上形成一元的集体行动意志，并将其落实到集体行动实践之中，则是一个关于权力的问题。可以说，权力意味着集体行动意志的产生与执行。然而，不同的社会治理模式对集体行动意志的产生与执行有着不同的要求，相应地，其对权力也有着不同的理解。实际上，当下主流的权力观念是在国家管理模式下形成的，在国家管理模式下，国家是唯一的社会管理主体。相应地，国家意志就是集体行动的意志。此时，权力通常被理解为自上而下贯彻国家意志的工具，呈现出一元化、强制性、单向度、封闭性等特征。

新时期，社会治理模式的转变呼唤权力观念的更新。20 世纪中叶以来，国家管理模式的弊端日益凸显。"传统的政府，因其垂直的上下关系、臃肿的治理体系以及事事都要横加干涉，无法适应极速变化的经济、社会、文化环境。"② 面对国家管理模式的失灵，社会治理领域发生了"治道变革"。③ 先是公共管理模式取代

① Beate Kohler-Koch, The Evolution and Transformation of European Governance, in Beate Kohler-Koch and Rainer Eising ed. , *The Transformation of Governance in the European Union*, Routledge, 1999, p. 13.
② 〔法〕阿里·卡赞西吉尔：《治理和科学：治理社会与生产知识的市场式模式》，黄纪苏编译，载俞可平主编《治理与善治》，社会科学文献出版社，2000，第 128 页。
③ 毛寿龙：《现代治道与治道变革》，《南京社会科学》2001 年第 9 期。

国家管理模式，而后公共治理模式又进一步取代公共管理模式。① 在公共治理模式下，集体行动的意志是在多元社会主体广泛参与、民主协商的基础上，自下而上形成的。此时，国家不再是唯一的社会治理主体，而权力也不再仅仅是贯彻国家意志的工具。可以说，传统的权力观念已经无法适应公共治理模式下的社会治理实践。基于此，本文试图通过对传统权力理论进行批判与反思，构建一种与公共治理模式相适应的权力理论，即社会权力理论。

二 传统权力理论及其缺陷

（一）传统权力理论

在汉语中，"权力"一词的古今含义差别巨大。古代汉语中的"权力"以及"权"、"力"等词语仅仅表明一种事实上不对称的权势关系，并不涉及价值问题。② 现代汉语中的"权力"虽然也体现了一种不对称的权势关系，但其背后却隐含着以"主权在民"为核心的现代民主政治理念，即权力来源于权利。可以说，现代汉语中的"权力"是西学东渐的产物。③ 在西方，权力（Power）通常被理解为"一个行为者或机构影响其他行为者或

---

① 参见罗豪才、宋功德《公域之治的转型——对公共治理与公法互动关系的一种透视》，《中国法学》2005 年第 5 期。

② 在古代汉语中，"权"和"力"通常作为单音词使用。"权"有秤锤、权衡、权势等十二种含义，而"力"则有力气、能力、威力等七种含义。其中，"权势""威力"等含义与现代汉语中"权力"一词具有较强的语义关联。参见夏征农、陈至立主编《辞海》，上海辞书出版社，2010，第 1123、1537 页。

③ 严复在翻译英国思想家约翰·穆勒（今译为约翰·密尔）的名著《群己权界论》（今译为《论自由》）时，已经开始将"Power"译作"权力"。例如，"Their power was but the nation's own power"被译作"彼之权力威福，国人之权力威福也"，"the legislative or the executive power"被译作"立法、行政二大权"。此时，"权力"和"权"的用法已经与现代汉语大致相同了。参见〔英〕约翰·穆勒《群己权界论》，严复译，商务印书馆，1981，第 5、9 页。

机构的态度和行为的能力"。① 这一表述指出了权力与影响力之间的相似性，但没有揭示权力的独特内涵。实际上，西方学术界一直将权力理论作为研究的重点，并形成了如下几种主要的权力观。

1. 利益说

该学说从利益出发，将利益的获取作为权力的核心要素。霍布斯认为，利益的争夺是产生战争状态的主要原因之一。② 为了摆脱战争状态，人们只得放弃追逐某些竞争性利益，并将其交由利维坦处理，以期在主权者的庇护下和平地实现自身利益。因此，在霍布斯看来，权力就是"一个人取得某种未来具体利益的现有手段"。③ 而罗素则不仅将权力看作获取利益的手段，更是将权力本身也视为人们的所欲之物。罗素认为，人的欲望是"根本无止境"和"不能得到完全满足的"，④ 特别是当物质欲望得到适度满足之后，"个人与社会所追求的是权力而不是财富"。⑤ 此时，权力本身就是一种利益。此外，博尔丁也将权力理解为"我们能在多大程度上以及怎样获得我们所欲之物"，并以此为标准将权力划分为"威胁权力"、"经济权力"以及"整合权力"。⑥

2. 意志说

该学说从意志出发，将意志的实现作为权力的核心要素。韦

---

① 〔英〕戴维·米勒、韦农·波格丹诺编《布莱克维尔政治学百科全书》，邓正来编译，中国政法大学出版社，1992，第 595 页。
② 霍布斯认为，竞争、猜疑和荣誉是产生战争状态的三大原因，而竞争就是指利益的争夺。参见〔英〕霍布斯《利维坦》，黎思复、黎廷弼译，商务印书馆，1985，第 94 页。
③ 〔英〕霍布斯：《利维坦》，黎思复、黎廷弼译，商务印书馆，1985，第 62 页。
④ 〔英〕伯特兰·罗素：《权力论：新社会分析》，吴友三译，商务印书馆，2012，第 1 页。
⑤ 〔英〕伯特兰·罗素：《权力论：新社会分析》，吴友三译，商务印书馆，2012，第 4 页。
⑥ 〔英〕肯尼思·E. 博尔丁：《权力的三张面孔》，张岩译，经济科学出版社，2012，第 2 页。

伯认为，权力就是"在一种社会关系内部某个行动者将会处在一个能够不顾他人的反对去贯彻自身意志的地位上的概率"。① 简言之，权力就是权力拥有者贯彻自己意志的能力。韦伯重点关注了"支配—服从"型权力关系，并深入探讨了服从行为产生的原因。不过，韦伯认为，无论权力承受者的服从行为是基于理性、传统抑或是情绪，均不影响权力拥有者意志的实现。因此，在韦伯看来，法理型统治、传统型统治以及卡里斯马型统治都是权力的有效形态。卢曼从社会系统理论的角度将权力理解为"排除他伙伴方的不确定性"。② 在卢曼看来，权力拥有者可以通过压缩权力承受者的选择空间，从而简化交往并实现交往的确定性。此时，权力承受者只能在权力拥有者的意志范围内安排自己的交往行为。可见，卢曼与韦伯对权力的理解是一致的。此外，丹尼斯·朗关于权力属性的研究、托夫勒关于权力转移的研究、斯特兰奇关于权力流散的研究以及迈克尔·曼关于人类社会权力关系模型的研究等也采用了意志说。③

3. 交换说

基于社会交换理论，布劳将权力理解为一种特殊的交换关系。

① 〔德〕马克斯·韦伯：《经济与社会》（第一卷），阎克文译，上海人民出版社，2010，第147页。
② 〔德〕尼克拉斯·卢曼：《权力》，瞿铁鹏译，上海人民出版社，2005，第10页。
③ 从他们给权力所下的定义可以看出，三位学者均采用了意志说。丹尼斯·朗认为，权力是"某些人对他人产生预期效果的能力"。〔美〕丹尼斯·朗：《权力论》，陆震纶、郑明哲译，中国社会科学出版社，2001，第3页。托夫勒认为，权力是"有目的性的支配他人的力量"。〔美〕阿克温·托夫勒：《权力的转移》，刘江等译，中共中央党校出版社，1991，第21页。斯特兰奇认为，权力是"一个人或一组人所具备的如下能力，即能够施加影响，造成自己的偏好胜过他人的偏好的后果"。〔英〕苏珊·斯特兰奇：《权力流散：世界经济中的国家与非国家权威》，肖宏宇、耿协峰译，北京大学出版社，2005，第14页。迈克尔·曼认为："在最一般的意义上，权力是通过支配人们的环境以追逐和达到目标的能力。"〔英〕迈克尔·曼：《社会权力的来源》（第一卷），刘北成、李少军译，上海人民出版社，2015，第8页。

布劳认为，社会交往是人类幸福的主要来源。社会交往源于社会吸引，而社会吸引则会产生社会交换。通常，当甲拥有乙所欲之物，且乙也拥有甲所欲之物时，甲乙之间便可以建立一个平衡的交换关系。但是，当甲拥有乙所欲之物，而乙却不拥有甲所欲之物时，甲乙之间的平衡关系就被打破了。此时，乙可以选择暴力夺取、从别处获得或者克服自己的需求，从而避免与甲发生交换关系，也可以选择服从甲，按照甲的意愿行事，并以此作为交换的对价。当乙选择后者时，甲就获得了对乙的某种权力，而甲乙之间的不平衡关系也因甲提供的"单方面的服务"和乙让渡的"单方面的权力"而趋于平衡。① 所以说，"通过向别人提供所需要的服务，一个人建立了对于他们的权力"。② 相应地，"相等力量的相互依赖和相互影响标志着缺乏权力"。③

4. 决策说

该学说以公共政策的制定为切入点，重点分析了权力的行使方式。其中，一维权力观认为，权力的行使方式就是作出决策。米尔斯认为，美国社会的重大决策实际上是由精英制定的。"权力形式上属于'人民'，但动议的权力实际上掌握在小部分人手里。"④ 达尔则认为，美国社会的权力分布是多元的。"领导者的决策也在一定程度上决定于他们所认为的选民偏好。"⑤ 二维权力观则认为，权力的行使方式不仅包括作出决策，还包括不作出决策。所谓不作出决策实际上是指"设置和固化公共议题范围"的

---

① 〔美〕彼得·M. 布劳：《社会生活中的交换与权力》，李国武译，商务印书馆，2012，第 71 页。

② 〔美〕彼得·M. 布劳：《社会生活中的交换与权力》，李国武译，商务印书馆，2012，第 192 页。

③ 〔美〕彼得·M. 布劳：《社会生活中的交换与权力》，李国武译，商务印书馆，2012，第 191 页。

④ 〔美〕查尔斯·赖特·米尔斯：《权力精英》，王崑、许荣译，南京大学出版社，2004，第 399~400 页。

⑤ 〔美〕罗伯特·A. 达尔：《谁统治：一个美国城市的民主和权力》，范春辉、张宇译，江苏人民出版社，2011，第 98 页。

能力。① 那些试图改变现有利益分配格局的议题将会在其被表达或进入决策程序之前被阻止、隐藏或扼杀。② 三维权力观进一步指出，权力的行使方式不仅包括作出决策和不作出决策，还包括控制权力承受者的想法和愿望。"A 可以通过使 B 去做不想做的事情的方式运用权力控制 B，但是，他也可以通过影响、塑造或者确定 B 的真实需要的方式运用权力控制 B。"③ 显然，三维权力理论对权力的理解与葛兰西的"文化领导权理论"④ 和布尔迪厄的"符号权力理论"⑤ 有着一定的相似之处。

（二）传统权力理论的缺陷

上述四种权力理论分别从利益、意志、交换以及决策等维度探讨了权力的内涵，并形成了相对完整的叙事逻辑。相应地，这四种权力理论也分别描绘了不同的权力关系结构（见表 1）。但是，随着社会治理领域的治道变革，传统权力理论的缺陷日益凸显，其解释力也逐渐减弱。具体而言，传统权力理论的缺陷主要体现在如下两个方面。

---

① Peter Bachrach and Morton S. Baratz, "Two Faces of Power," 56 *The American Political Science Review* 4 （Dec. , 1962）: 949.

② 参见 Peter Bachrach and Morton S. Baratz, *Power and Poverty: Theory and Practice*, Oxford University Press, 1970, p. 44。

③ 〔美〕史蒂文·卢克斯:《权力: 一种激进的观点》，彭斌译，江苏人民出版社，2012，第 15 页。

④ 葛兰西认为:"知识分子是统治集团的'管家'，用他们来实现服从于社会领导和政治管理任务的职能，就是:（1）保证广大人民群众'自由'同意基本统治集团所提供的社会生活方向……;（2）执行国家机关的强制作用，'合法地'加强对那些都不积极或消极'表示同意'的集团纪律……"〔意〕安东尼奥·葛兰西:《狱中札记》，葆煦译，人民出版社，1983，第 316 页。

⑤ 布尔迪厄认为:"符号权力是一种通过语言建构给定事物的权力，是一种设定人们的所见所闻的权力，是一种确认和改变关于世界的认知，进而确认和改变对世界的行动以及世界本身的权力。"参见 Pierre Bourdieu, *Language and Symbolic Power*, John B. Thompson ed. , Gino Raymond and Matthew Adamson trans. , Polity Press, 1991, p. 170。

表 1　权力关系结构对比

传统权力理论	权力关系结构
利益说	权力拥有者 ← 利益 ← 权力承受者
意志说	权力拥有者 → 意志 → 权力承受者
交换说	权力拥有者 ← 服从 ← 权力承受者；权力拥有者 → 服务 → 权力承受者
决策说	权力拥有者 → 决策不决策需求塑造 → 权力承受者

资料来源：根据传统权力理论中的权力关系结构归纳。

1. 叙事逻辑：国家—管理

传统权力理论的叙事逻辑是基于"国家—管理"型社会治理模式展开的。首先，国家是权力的唯一拥有者。在传统权力理论中，权力即国家权力。利益说之"利维坦"、意志说之"合法统治"、决策说之"公共决策"，甚至交换说之"不平衡交换"，无一不是在"国家—管理"语境下展开的。① 其次，国家利益是权力的逻辑起点。在传统权力理论看来，权力是为国家利益而生的。利益说之"所欲之物"、意志说之"支配"、交换说之"单方服从"以及决策说之"公共政策的制定"，均可被视为广义上的国家利益，而这些元素则被直接嵌入权力关系之中，成为权力关系

---

① 需要特别说明的是，交换说看似在讨论个人之间的权力关系，但实际上是试图通过对微观权力关系的刻画推导出国家或社会宏观层面的权力关系。正如布劳所言："要从遍布于个体之间的日常交往和他们的人际关系的较为简单的过程推导出支配社区和社会的复杂结构的社会过程。"〔美〕彼得·M. 布劳：《社会生活中的交换与权力》，李国武译，商务印书馆，2012，第 36 页。

产生的基本动因。最后，有效管理是权力的直接目标。为了保证国家利益的实现，权力拥有者必须采取强制、威胁、垄断、欺骗等手段，对权力承受者进行有效管理，进而确保权力承受者的服从。

实践中，"国家—管理"叙事逻辑不可避免地会面临如下几个问题。一是国家与国家代理人的异化。通常，国家通过其代理人具体行使权力。国家代理人本应是国家的附庸，不具有独立地位。然而，在国家垄断权力的情况下，国家代理人成为权力拥有者与权力承受者之间唯一的沟通管道。此时，对于权力承受者而言，国家代理人就是权力拥有者。这样，国家代理人便以一种相对独立的形象出现在权力承受者面前。二是国家利益与代理人利益的异化。一般而言，在权力关系中，代理人是没有独立利益的。然而，当代理人拥有相对独立的地位后，其便获得了以权力拥有者而非国家的名义行使权力的机会，进而也就获得了追求自身利益的可能。三是有效管理与强制手段的异化。通过有效管理维护国家利益是传统权力理论采取的基本进路，而强制手段则只是有效管理的具体方式之一。但是，鉴于强制手段具有简单、直接、高效等特征，其往往成为权力拥有者的优选方案。此时，强制手段实际上已经取代有效管理，成为实现国家利益的主要方式。上述三个问题是"国家—管理"叙事逻辑的必然结果，也是传统权力理论难以摆脱的困境。

2. 分析框架：主体—客体

传统权力理论是在"主体—客体"分析框架下构建权力关系的。一是在权力关系外部，权力本身的客体化。在传统权力理论下，权力是一种可占有之物。通过运用各种政治策略，国家及其代理人可以占有和行使权力。此时，权力不过是国家及其代理人攫取利益的工具。二是在权力关系内部，国家是权力关系的主体，而国家利益则是权力关系的客体。实际上，利益说中利维坦宰制竞争性利益、意志说中统治者获得被统治者的服从、交换说中一方换取另一方的单方服从，以及决策说中决策者控制公共政策的制定议程，均可以被简化为"国家—国家利益"这一权力关系结构范式。三是在权力拥有者与权力承受者的关系中，权力承受者处于完全被动的地位。从"主体—客体"分析框架来看，权力承受者并不直接构成权力关系的一环。其实，权力承受者并非权力关系的客体，而是客体的提供者，并且在传统权力理论的逻辑预设中，权力承受者的被动接受是权力关系有效存在的基本前提。

然而，"主体—客体"分析框架却无法有效回应治道变革后的社会治理实践。首先，国家不再是唯一的权力关系主体。在公共治理模式下，治理主体呈多中心分布。除了国家之外，公民和社会组织等其他社会主体也参与到社会治理实践之中，并在相应的权力关系中获得主体地位。其次，国家之外的社会主体也能够影响权力的行使。在公共治理模式下，国家、公民以及社会组织等社会主体通过协商的方式形成共识，并以此展开集体行动。权力的行使不再是国家的单方意志，而是国家与其他社会主体的合意。最后，国家与其他社会主体之间的合作多于对抗。社会治理以公共利益而非国家利益为目标，也就是说，国家与国家之外的其他社会主体的利益都应当得到保障。那么，国家与其他社会主体之间便不再是零和博弈的关系，而是正和博弈的关系。此时，权力可以被理解为一项各社会主体通过合作实现共同利益的事业。总之，在公共治理模式下，"主体—客体"分析框架的解释力是存疑的。

三　权力理论的叙事逻辑再探

（一）权力的逻辑起点：个人自由

现代哲学实际上是一种主体哲学。自笛卡儿提出"我思故我在"以来，主体（"自我"或"人"）逐渐成为西方哲学反思的核心出发点和基本问题域，而康德的"人为自然界立法"以及"人是目的"等思想则进一步指明西方哲学反思的基本路径和价值取向，即所有的问题都能够（也只能够）从主体——人之中获得答案。同时，在解决所有问题时，主体——人不能仅仅被看作手段，而应当作为最终目的。可以说，自笛卡儿以降，西方哲学的反思是从主体——人出发的，也是以主体——人为最终归依的。"主体性乃是现代的原则。"① 主体哲学的发展对法学研究产生了重大影响。纵观西方法律思想史可以发现，在启蒙运动之前，思想家们的讨论主要集中在法与正义等问题，而在启蒙运动之后，法与自由逐渐成为思想家们讨论的核心主题。② 至于现代法学，则更是以维护和实现个人自由（权利）为其根本使命。③

那么，从法学视角来看，个人自由应当是思考权力问题的逻辑起点。虽然，"自由是一个意义漏洞百出以至于没有任何解释能够站得住脚的词"，④ 但这并不能阻止人们探究自由与权力之间的关系。在伯林看来，自由可以被划分为消极自由和积极自由。消极自由是一种"免于……的自由"（free from），即"不受别人阻止地做出选择的自由"；而积极自由则是一种"从事……的自由"

---

① 〔德〕哈贝马斯：《现代性的哲学话语》，曹卫东等译，译林出版社，2011，第19页。
② 参见严存生《西方法哲学问题史研究》，中国法制出版社，2013，第308～330页、第365～378页。
③ 在法哲学领域，"权利"与"自由"是两个难以清晰界分的概念。一般而言，对于"权利"的理解存在"资格说"、"主张说"、"自由说"、"利益说"、"法力说"、"可能说"、"规范说"以及"选择说"等不同的理论学说。其中，"自由说"揭示了权力的基础和来源，并且与作为现代宪政国家理论基础的社会契约论等思想相契合，因而获得广泛认可。本文亦遵从学界的一般用法，不对"权利"与"自由"这两个概念进行刻意区分，而是根据行文需要，灵活取用。参见张文显《法哲学范畴研究》，中国政法大学出版社，2001，第298～323页。
④ 〔英〕以赛亚·伯林：《自由论》，胡传胜译，译林出版社，2011，第170页。

（free to do），即"成为某人自己的主人的自由"。① 消极自由关涉"控制的范围问题"，其取决于外部限制的范围；而积极自由则关涉"控制的来源问题"，其取决于自我控制的能力。② 麦克勒姆进一步指出，不论消极自由还是积极自由，其中都隐含着另一个因素，即自由的主体。因此，麦克勒姆进一步将自由表述为"x is (is not) free from y to do（not do，become，not become）z"，即主体（x）享有免于阻碍因素（y）的限制去做某事（z）的自由。③相应地，自由与权力之间的关系也可以从主体范围、限制因素以及行为能力三个方面思考。

因此，为维护和实现个人自由，权力的叙事可以从如下三个方面展开：一是扩大主体的范围。通过运用权力确认和保障人人平等原则，进而实现主体之间平等的自由。二是减少对主体行为的限制。通过制定明确的权力运行规范，划分自由与权力的边界，从而尽可能地限缩权力的运行范围和避免权力的越界。三是增强主体的行为能力。通过对权力的配置和运作，为主体的自由行为创造更多有利的条件。概言之，个人自由是权力理论的逻辑起点和最终归宿。

（二）权力关系的参与者：社会主体

由于权力的逻辑起点是个人自由而非国家利益，因此每个人都有参与到权力关系之中以维护和实现自身自由的可能与必要。权力关系并非由国家主导，而是由社会主体共同塑造。实际上，不论是发挥权力对个人自由的促进作用，还是避免权力对个人自由的侵害，均离不开社会主体的共同努力。

---

① 〔英〕以赛亚·伯林：《自由论》，胡传胜译，译林出版社，2011，第180页。
② 张文显：《二十世纪西方法哲学思潮研究》，法律出版社，2006，第445~446页。
③ Gerald C. MacCallum, Jr., "Negative and Positive Freedom," 76 *The Philosophical Review* 3 (Jul., 1967): 314.

一方面，发挥权力对个人自由的促进作用离不开社会主体的共同参与。在实现个人自由时，单个社会主体的能力是有限的。因此，为了最大限度地扩展个人自由，分散的社会主体必须联合起来。通过采取集体行动的方式，社会主体得以借助集体的力量增强自身实现个人自由的能力。社会主体的共同参与产生了权力，而这一权力又进一步促进了社会主体个人自由的实现。正如哈耶克所言："那种作为达到所求目标之能力的权力并不坏，不好的权力是指实施强制的权力，是通过给他人造成损害的威胁迫使其屈从别人的意志的权力。在一个很多人自愿地合作，并为其自身的目的共同工作的大企业里，其领导人的权力不是邪恶的权力。人们依靠在统一领导下的这种自愿合作，可以不同寻常地壮大他们集体的力量，这是一个文明社会强大的一个方面。"①

另一方面，避免权力对个人自由的侵害离不开社会主体的共同监督和制约。权力天然具有扩张性。"在权力未受到控制时，可以把它比作自由流动、高涨的能量，而其结果往往具有破坏性。"② 因此，为了避免权力对个人自由的侵害，必须对权力进行制约和控制。通常来说，有两种主要的权力制约思想：一是以权力制约权力，如洛克、孟德斯鸠等；二是以社会制约权力，如托克维尔等。③ 两种权力制约思想并非相互排斥，而是可以并行不悖的。其中，以社会制约权力得以实现的关键就在于社会主体的共同参与。正如托克维尔在考察美国乡镇自治时所指出的："在美国的乡镇，人们试图以巧妙的方法打碎（如果我可以这样说的话）

---

① 〔英〕哈耶克：《自由宪章》，杨玉生等译，中国社会科学出版社，2012，第192～193 页。
② 〔美〕E. 博登海默：《法理学：法律哲学与法律方法》，邓正来译，中国政法大学出版社，1998，第360 页。
③ 参见严存生《西方法哲学问题史研究》，中国法制出版社，2013，第444～465 页。

权力，以使最大多数人参与公共事务。"① 权力被分割后再交由众多的社会主体分散行使，这样就打破了国家对权力的垄断。并且，"用这种方法分散权威之后，权威的作用便减少了不可抗拒性和危险性，但权威本身并没有被破坏"。②

（三）权力的直接目标：有效治理

多元社会主体的参与增加了权力关系的复杂性。集体行动的一致性是权力真实存在的基本标志，而多元社会主体的参与则带来了"无秩序"的风险。因此，为了确保权力的有效性，必须实现权力关系内部的有效治理。从集体行动的逻辑来看，实现权力关系内部有效治理的基本前提是确立多元参与者之间的共同利益。"当与组织相比，个人的、没有组织的行动能够同样、甚至更好地服务于个人利益时，建立组织显然就毫无意义……当存在共同或集团利益时，组织就能一显身手。"③ 共同利益发挥着团结多元参与者的积极功能。具体到权力关系之中，维护和实现个人自由就是社会主体之间最根本的共同利益，而这一共同利益又可以进一步分解为两个方面，即利用权力促进个人自由和避免权力侵害个人自由。然而，人们往往只关注如何避免权力对个人自由的侵害，却忽视了如何利用权力促进个人自由。也就是说，权力关系中的共同利益并不完整。

人们之所以忽视权力对个人自由的促进作用是因为对权力概念的误读。在法学领域，权力通常被理解为国家权力。④ 由于国家掌握了巨大的社会资源，其所拥有的能量是十分惊人的。"一切有

---

① 〔法〕托克维尔：《论美国的民主》（上卷），董果良译，商务印书馆，1989，第83页。
② 〔法〕曼瑟尔·托克维尔：《论美国的民主》（上卷），董果良译，格致出版社、上海三联书店、商务印书馆，1989，第87页。
③ 〔美〕奥尔森：《集体行动的逻辑》，陈郁等译，上海人民出版社，2011，第6~7页。
④ 参见张文显《法哲学范畴研究》，中国政法大学出版社，2001，第396页。

权力的人都容易滥用权力，这是万古不易的一条经验。"① 可以说，国家权力是个人自由的最大威胁。在此背景下，以维护和实现公民权利为己任的法学学科和法学家自然将关注的焦点集中在国家权力上。"如何控制国家权力"是现代法学（特别是宪法学、法理学）的核心关切，而社会契约论、人民主权说以及分权制衡理论等则是对这一问题的回答。虽然，在有些情况下也会出现"个人权力"、"公民权力"或者"私权力"等用法，但这些用法仅仅是从主客体关系的角度表明个人掌握权力这一客观情况，而不涉及权力本身的性质。② "个人权力"中的"权力"依旧是国家权力，只不过被特定的人占有和控制而已。对于个人而言，法学往往配之以"权利"而非"权力"。

实际上，国家权力的危险之处并非源于其权力属性，而是在于其过于强大。"人们从来不想从根本上打击当局的权力和否定它的权限，而只是把权限的行使分给许多人。他们想以此加强权威而削弱官吏，以使社会永远秩序井然而又保持自由。"③

可以说，权力的直接目标在于通过确立维护和实现个人自由（包括利用权力促进个人自由和避免权力侵害个人自由）这一共

---

① 〔法〕孟德斯鸠：《论法的精神》（上册），张雁深译，商务印书馆，1961，第154页。

② 西方学者在研究权力时，虽然通常会将个人视为权力的主体之一，但是在展开具体研究时却只见国家权力而不见"个人权力"。例如，博登海默先是将权力界定为"一个拥有绝对权力的人试图将其意志毫无拘束地强加于那些为他所控制的人"，然而后文却仅仅在论述政府的权力以及政府权力与法律的关系，"个人权力"不见了踪影。参见〔美〕E. 博登海默《法理学：法律哲学与法律方法》，邓正来译，中国政法大学出版社，1998，第358～363页。而在中国知网使用高级检索，篇名中含有"个人权力"词条的文章仅32篇、含有"公民权力"词条的文章仅14篇、含有"私权力"词条的文章仅13篇，并且其中还有一部分是新闻类文章和政治学等其他学科的文章。可见，中外法学界一般都将权力默认为国家权力。http://kns.cnki.net/kns/brief/result.aspx? dbprefix = SCDB，最后访问日期：2018年8月4日。

③ 〔法〕托克维尔：《论美国的民主》（上卷），董果良译，商务印书馆，1989，第87～88页。

同利益，将社会主体全面团结在权力关系之中，从而确保集体行动的一致性，进而实现多元社会主体的有效治理。

四 权力关系的分析框架重塑

（一）权力与暴力

权力不同于暴力。长期以来，暴力被认为是权力最明显的表现形式。然而，二者却有着根本上的不同。"权力总是需要人数，而暴力到了某种程度甚至无须人数也能施行，因为它依赖的是工具。"[1] 暴力是为了追求特定的目的而采取的手段，其所凭借的是工具和操作这些工具的人。"命令—服从"是暴力运作的基本模型。服从对于暴力能否顺利实施具有关键性作用，而权力则不同。权力来源于共同体的同意，其形成于解决公共生活难题的过程之中。或者说，权力是对公共生活难题的解决，其本身便是目的。无论是所谓的权力拥有者还是权力承受者，其都可以通过权力解决其所面临的问题，进而实现自身的利益。此时，在权力关系之中，权力拥有者与权力承受者具有同等地位。

需要特别注意的是，共同生活是权力产生的必要条件。权力是"人类不仅行动而且一致行动的能力"，[2] 而只有在共同生活中人们才有一致行动的需求。正如阿伦特所言："任何人出于任何原因，把自己孤立起来和放弃了这种共处，就是放弃了权力和选择了无能，无论他的体力有多大，他的理智有多管用。"[3] 只有在共

---

① 〔美〕汉娜·阿伦特：《共和的危机》，郑辟瑞译，上海人民出版社，2013，第105 页。

② 〔美〕汉娜·阿伦特：《共和的危机》，郑辟瑞译，上海人民出版社，2013，第107 页。

③ 〔美〕汉娜·阿伦特：《人的境况》，王寅丽译，上海人民出版社，2009，第158 页。

同体的一致行动中才存在权力，而行动一旦分散开来，权力便消失了。一方面，权力具有潜在性，其作为共同体的潜能而存在，并随着共同体内部结构的变化而变化。另一方面，权力只能现实化而不能物质化。权力依赖人们的共同生活或者说他人的存在，这就决定了权力无法被储藏，而只能在与他人的关系中被实现。将共同生活视为权力产生的必要条件也就意味着将共同体成员的同意作为权力的合法性基础。那么，在具体的权力关系之中，权力承受者也就获得了与权力拥有者一样的主体地位。

通过上述分析可知，在权力关系中，权力承受者并非处于完全被动的地位。相反，权力承受者与权力拥有者都是权力关系的主体。那么，基于主客二分范式形成的"国家—国家利益"分析框架就无法全面展现权力关系的真实形态，因而其解释力是存疑的。

（二）从主客二分到主体间性

在基于主客二分范式形成的权力关系分析框架中，权力拥有者被视为权力关系的主体，而利益、意志、服从或者决策等则被视为权力关系的客体。在这一分析框架中，权力承受者是被忽视的，而通过对权力与暴力的比较可知，在权力关系中，权力承受者应当与权力拥有者具有同等地位。也就是说，权力承受者与权力拥有者都是权力关系的主体。那么，权力关系就应当是在权力拥有者与权力承受者之间展开的，或者说，权力关系应当是一种主体之间的关系。此时，权力拥有者与权力承受者的身份就共同转变为权力关系的参与者，而权力关系也由"主体—客体"关系转变为"主体—主体"关系。

实际上，权力关系分析框架从主客二分到主体间性的转变是对主体哲学反思的必然结果。主体哲学立基于实践理性之上，实践理性是一种人们所共有的、普遍的理性，其并不依赖于个人的特殊体验，而主体哲学对理性的一元化假设与社会实践中理性的多元化事实之间的矛盾使得主体哲学无可避免地陷入困境。哈贝马斯称之为"系统对生活世界的殖民"①，而福柯则称之为"监狱群岛"② 或者"主体的客体化"③。面对主体哲学的困境，哈贝马斯认为可以通过人与人之间的语言交往达成共识。在语言交往行为中，人不再是一个独自面对客观世界的主体，而是主体之间的主体，而福柯则认为人与人之间的差异是无法通过沟通、交往而消弭的，所谓的共识不过是一种乌托邦式的幻想。他认为，个人之间的任何差异最终都将走向对抗，而孤独的自我美学改造才是个人的出路。虽然哈贝马斯与福柯所提出的解决方案不同，但二者都认可多元社会主体的平等地位。这也是从主客二分走向主体间性的理论基础。

（三）后现代的权力观

从主客二分到主体间性的转变给权力的行使带来了很大影响。在通常的理解中，国家权力被视为一种总体性的权力，其强调普遍性而忽视个体性，而当社会主体的多元性被认可之后，国家权力就不得不考虑不同社会主体的特殊性。此时，"国家权力（这也是它强大的原因之一）既是个体化的，也是总体化的权力形式"。④ 对个体性的关注是后现代权力观的核心关切，其又被称为"权力的第四种面相"。⑤ 具体而言，后现代权力观具有如下特征。

一是从权力关系的角度理解权力。传统权力理论认为权力是

---

① 参见〔德〕哈贝马斯《交往行动理论》（第二卷），洪佩郁、蔺青译，重庆出版社，1994，第456页。
② 〔法〕米歇尔·福柯：《规训与惩罚》，刘北成、杨远婴译，生活·读书·新知三联书店，2012，第341页。
③ Michel Foucault, "The Subject and Power," 8 *Critical Inquiry* 4 (1982)：777.
④ Michel Foucault, "The Subject and Power," 8 *Critical Inquiry* 4 (1982)：82.
⑤ 参见 Peter Digeser, "The Fourth Face of Power," 54 *The Journal of Politics* 4 (1992)：977－1007.

一种可被占有之物，而后现代权力观则认为权力是一种关系，其只能被运作而不能被占有。虽然许多权力以机构、组织等形式呈现，但这些只是权力的外在表现形式，而非权力本身。"人们应从权力关系的角度来分析机构，而不是相反。同时，权力关系的基本锚点，即便在机构中得到体现并被固化，但还是应该在机构之外去寻找。"① 同时，权力关系并非一种自上而下或自下而上的线形关系，而是一种复杂的关系网络。每一个参与者都处在这个网络之中，其有可能成为权力拥有者，也有可能成为权力承受者，还可能既是权力拥有者也是权力承受者。

二是认为权力是动态的而非静止的。传统的权力理论认为，权力是主体所拥有的、可以实现特定目的的能力、工具，其能够以一种静态的方式存在，备而不用。但后现代权力观认为："权力只有在行动中才存在。"② 静止状态下的权力并没有发挥任何效用，且权力关系中的参与者根本无法感受到其存在。只有在权力关系中的某一参与者针对另一参与者采取行动时，权力关系的效用才能得到展现，且参与者才会有切实感受。

三是权力关系中的个体是自由的。传统的权力理论认为，在权力关系中，权力的拥有者可以自由地行使权力，而权力的承受者则只能被动地接受，而后现代权力观认为："权力的实施存在于对行为可能性的引导和可能结果的整理。从根本上说，权力不是两个对手的对峙或交锋，而是一个治理问题。"③ 据此，权力就是对可能性领域的治理。也就是说，权力关系中的参与者享有行动的自由，其可以有多种行为可能，而权力就是引导参与者在不同的行为模式之间做出选择。因此，若权力关系中的参与者没有选择自由，而只能做出特定行为，那么，权力则无法发挥任何效用。

---

① Michel Foucault, "The Subject and Power," 8 *Critical Inquiry* 4 (1982)：791.
② Michel Foucault, "The Subject and Power," 8 *Critical Inquiry* 4 (1982)：788.
③ Michel Foucault, "The Subject and Power," 8 *Critical Inquiry* 4 (1982)：789.

可以说，参与者的自由选择是权力得以施展的前提条件。

四是权力关系呈现多中心的形态。传统权力理论将国家或国家机关作为权力关系的唯一中心，其认为国家权力是围绕国家机构建立起来的。实际上，这种认知是建立在将权力理解为可占有之物的基础上的，而所谓权力的中心就是占有权力的主体。但后现代权力观将权力理解为一种关系网络，而每一个参与者都不过是权力关系网络上的一个节点。可以说，每个参与者都能影响权力关系的最终形态，也就都可以被视为中心。

五是权力的行使依赖于对特定知识和技术的策略性运用。传统权力理论认为，权力的行使依赖于对暴力或强制力的运用，但后现代权力观认为，权力的行使更多地表现为对个体性知识和技术的策略性运用。例如，疯人院中医生对精神病人行使权力时就综合运用了"缄默"、"镜像认识"、"无休止的审判"以及"对医务人员的神化"等技术手段，"这些运作不声不响地组织起疯人院的世界、治疗方法以及对疯癫的具体体验"。①

上述后现代权力观的五个特征构成了分析权力关系的新框架。这一框架的形成源于从主客二分到主体间性这一基本哲学范式的转变，并且立基于对权力关系参与者个体性的认可之上。

五　社会权力：一种新的权力理论

（一）社会权力的内涵

通过对权力理论的叙事逻辑和分析框架的重新梳理，一种不同于传统权力理论的新权力理论随之产生。一方面，在叙事逻辑上这种新的权力理论实现了从"国家—管理"向"社会—治理"

---

① 〔法〕米歇尔·福柯：《疯癫与文明——理性时代的疯癫史》，刘北成、杨远婴译，生活·读书·新知三联书店，2012，第228～229页。

的转变；另一方面，在分析框架上这种新的权力理论实现了从国家中心主义的"主体—客体"分析框架向社会多中心的"主体—主体"分析框架的转变。可以说，与传统权力理论相比，这种新的权力理论最大的突破在于实现了从国家到社会的场域转换。鉴于此，这种新的权力理论可以被称为社会权力理论。在社会权力理论看来，权力是指在社会治理实践中，基于维护和实现个人自由的目的，多元社会主体之间自主建立的一种互利型集体行动机制或方案。

实际上，"社会权力"一词并不鲜见。通常，社会权力有如下两种用法。一是社会权力即人类社会的权力。社会学、人类学往往采用此种用法。例如，迈克尔·曼认为："社会是由多重交叠和交错的社会空间的权力网络构成的。"① 权力本就具有社会性，而权力、社会权力以及人类社会的权力实际上具有相同意涵。二是社会权力即社会主体的权力。此种用法在法学、政治学中比较常见。例如，郭道晖认为："社会权力即社会主体以其所拥有的社会资源对国家和社会的影响力、支配力。"② 这种用法基于"国家—社会"二分法，将"所有区别于单纯的国家权力或政府权力的形式"都称为社会权力。③ 上述两种用法只是分别基于权力的存在领域和权力的主体而使用了"社会权力"这一概念，并不涉及对权力本质的反思，因而与社会权力理论中的"社会权力"概念相去甚远。

此外，为了进一步厘清社会权力的内涵，还有必要区分如下几组概念。一是"社会权力"与"社会公权力"。一般而言，社会公权力是指"在国家之外的社会组织以'准公共产品'供给为目的，以社会利益实现为宗旨，对组织成员所产生的影响力与支

---

① 〔英〕迈克尔·曼：《社会权力的来源》（第一卷），刘北成、李少军译，上海人民出版社，2015，第 1 页。

② 郭道晖：《社会权力与公民社会》，译林出版社，2009，第 54 页。

③ 胡水君：《法律与社会权力》，中国政法大学出版社，2011，第 118 页。

配力"。① 实际上，社会公权力就是社会组织对其成员的一种准行政管理权力。社会公权力沿袭了传统权力理论的"主体—客体"分析框架。与国家权力相比，社会公权力只是用"社会组织"取代了"国家"，使其成为权力关系的新主体。可见，社会公权力依旧是建立在传统权力理论之上的。二是"社会权力"与"第四权力"。"1974 年 11 月 2 日，美国联邦最高法院大法官 P. 斯特瓦特（Potter Stewart）在演讲中，根据新闻媒介在现代社会的重要作用，从法学角度提出了'第四权力理论'（the fourth theory）。"② "第四权力"这一概念将新闻媒体这类社会组织与立法机关、行政机关、司法机关等国家机关并立，重点在于强调新闻媒体对立法权、行政权、司法权三权的监督与制约功能。然而，"第四权力"这一概念仅仅扩展了权力主体的范围，并未从根本上突破传统权力理论的"主体—客体"分析框架，因而与社会权力是不同的。三是"社会权力"与"社会力量"。"社会力量"既是一个法律概念，也是一个政治概念。③ 总的来说，社会力量是指"社会资源"。④ "社会力量"这一概念只是表明国家之外的其他社会主体参与社会公共事务的能力，并没有涉及多主体之间的关系。可以说，社会力量并不具有权力属性。总的来说，"社会公权力"、"第四权力"、"社会力量"与"社会权力"都有着显著区别，不可混淆。

（二）社会权力的建构

在社会权力理论下，权力不再是一种国家管理工具，而是一

---

① 徐靖：《论法律视域下社会公权力的内涵、构成及价值》，《中国法学》2014年第 1 期。

② 刘迪：《现代西方新闻法制概述》，中国法制出版社，1998，第 12 页。

③ "社会力量"这一概念既可以作为法律概念使用，如 1997 年 10 月 1 日实施的《社会力量办学条例》，也可以作为政治概念使用，如 2013 年 9 月 26 日发布的《国务院办公厅关于政府向社会力量购买服务的指导意见》。

④ 吴宗宪：《社会力量参与社区矫正的若干理论问题探讨》，《法学评论》2008年第 3 期。

套社会治理方案。在社会治理过程中，"权力依赖"的形成对于治理方案的产生具有十分关键的作用。① 权力依赖包含三个方面的要求：一是在参与主体方面，"致力集体行动的组织必须依靠其他组织"；二是在决策过程方面，"为求达到目的，各个组织必须交换资源、谈判共同的目标"；三是在集体行动方面，"交换的结果不仅取决于各个参与者的资源，而且也取决于游戏规则以及进行交换的环境"。② 作为一套社会治理方案，社会权力的建构也可以从上述三个方面着手。

1. 参与主体

从社会治理的角度来看，判断是否属于社会权力参与主体的标准并非"国家—社会"二分法，而是能否对社会治理方案产生影响。因此，社会权力的参与主体是十分广泛的。一方面，一切"非国家或非政府的社会组织和个人"都可以成为社会权力的参与主体。③ 这就包括了非政府组织、企事业单位、宗教团体、新闻媒体等社会组织以及全体公民。另一方面，国家机构及其组织也可以成为社会权力的参与主体。虽然，国家机构及其组织不再是简单地进行自上而下的单向管理，但其依旧会对社会治理方案产生重大影响，因而不能将其排除在社会权力参与主体之外。

当然，在一个具体的社会权力关系中，参与主体之间还需要形成权力依赖。权力依赖本质上就是资源依赖，即治理目标的实现有赖于参与主体所拥有的资源。反过来说，是否拥有实现特定治理目标所必需的资源就成为能否参与该社会权力关系的关键。

---

① 参见〔英〕格里·斯托克《作为理论的治理：五个论点》，华夏风编译，载俞可平主编《治理与善治》，社会科学文献出版社，2000，第34~35页。
② 〔英〕格里·斯托克：《作为理论的治理：五个论点》，华夏风编译，载俞可平主编《治理与善治》，社会科学文献出版社，2000，第41页。
③ 郭道晖：《社会权力与公民社会》，译林出版社，2009，第77页。

相对而言，如下几种资源在社会治理过程中发挥着比较重要的作用。一是政治资源，即基于一定的政治地位而获得的资源。在现代民主国家，政治资源主要表现为国家机构及其组织基于法律规定而获得的职权。二是经济资源，即"一种可以被直接、迅速地转化为金钱并以财产权的形式呈现的资源"。[①] 一般而言，经济资源包括物质资源和人力资源两种形式。三是文化资源，即通过掌握文化符号而形成的资源。文化资源表现为行为人自身对文化符号的掌握、行为人基于对文化符号的掌握而生产的文化商品，以及行为人所掌握的文化符号被社会大众所接受和认可后形成的影响力。[②] 四是社会资源，即"行动者在行动中获取和使用的嵌入在社会网络中的资源"。[③] 社会资源取决于行动者在特定社会关系网络中的地位，其具有提供信息、直接施加影响、信用担保以及增强认同感等作用。在社会治理中，社会权力参与主体通过提供和分享政治、经济、文化和社会资源，形成权力依赖，并共同致力于社会治理目标的实现。

2. 决策过程

在多元的社会权力参与主体之间形成统一的集体行动意志是社会权力得以有效建构的关键。"在治理关系中，有的组织有可能在某一特定的交换过程中处于主导地位，但不易有哪个机构得以发号施令。"[④] 因此，社会权力的决策过程不可能是命令式的，而只能通过协商和谈判展开。实际上，通过借鉴商谈民主理论的

---

① Pierre Bourdieu, The Forms of Capital, in J. Richardson ed., *Handbook of Theory and Research for the Sociology of Education*, Greenwood, 1986, p. 243.

② 参见 Pierre Bourdieu, The Forms of Capital, in J. Richardson ed., *Handbook of Theory and Research for the Sociology of Education*, Greenwood, 1986, pp. 243 – 248。

③ 〔美〕林南：《社会资本：关于社会结构与行动的理论》，张磊译，上海人民出版社，2005，第24页。

④ 〔英〕格里·斯托克：《作为理论的治理：五个论点》，华夏风编译，载俞可平主编《治理与善治》，社会科学文献出版社，2000，第41页。

"过程模型",① 可以将社会权力的决策过程优化为如下几个步骤。

第一步，实用商谈。即在不考虑价值偏好的前提下，社会权力参与主体基于目的合理性的考量就集体行动方案进行商谈，并从若干备选方案中选择最合理的方案。实用商谈所要解决的是技术问题。"在这些商谈中，结局取决于这样一些论据，它们把经验知识同既有的偏好和所确定的目的相联系，并根据作为基础的准则［Maximen］对各种可选择之决策（它们通常是不确定的）做出判断。"② 此时，信息的全面披露与一定的专家知识是实用商谈得以有效开展的必要条件。

第二步，伦理商谈或谈判。实际上，社会权力参与主体之间的价值偏好往往是多元的，而伦理商谈就是试图通过对"我们"的澄清，揭示共同体的"典范性生活方式"，进而实现对"典范性生活方式"及其背后的价值取向的"主体间确认"。③ 在伦理商谈中，社会权力参与主体基于共同历史传统，可以实现从单数形式的社会权力参与主体向复数形式的社会权力参与主体的转变。不过，基于历史传统而形成的"典范性生活方式"并不一定能够获得所有社会权力参与主体的认可。此时，为了达成集体行动方案，必须在社会权力参与主体之间展开谈判。谈判的过程就是一个利益平衡的过程。因此，通过谈判达成的方案至少应当满足三个条件，即该方案对所有人来说都是最优的、排除了"搭便车者"以及回报大于付出。④

① 参见〔德〕哈贝马斯《在事实与规范之间：关于法律和民主法治国的商谈理论》（修订译本），童世骏译，生活·读书·新知三联书店，2003，第 199～206 页。

② 〔德〕哈贝马斯：《在事实与规范之间：关于法律和民主法治国的商谈理论》（修订译本），童世骏译，生活·读书·新知三联书店，2003，第 196 页。

③ 〔德〕哈贝马斯：《在事实与规范之间：关于法律和民主法治国的商谈理论》（修订译本），童世骏译，生活·读书·新知三联书店，2003，第 196～197 页。

④ 参见〔德〕哈贝马斯《在事实与规范之间：关于法律和民主法治国的商谈理论》（修订译本），童世骏译，生活·读书·新知三联书店，2003，第 203 页。

第三步，道德商谈。经过伦理商谈或谈判所形成的集体行动方案还必须接受正义的检验，即该集体行动方案"是否对所有人都是同等地好的"。① 此时，社会权力参与主体不再仅仅从单数或复数形式的角度思考集体行动方案，而是"设身处地把自己放在每一个成员的处境、世界观和自我理解之中，共同地实践一种理想的角色承当"。② 道德商谈进一步增强了集体行动方案的正当性。

第四步，法律商谈。在法治国家，社会权力参与主体之间形成的集体行动方案还必须与法律体系保持融贯一致。任何违法的集体行动方案都是不可接受的。

过程模型很好地描绘了社会权力的决策过程（见图 1）。"这个过程从实用问题出发，经过达成妥协和伦理商谈的分支到达对道德问题的澄清，最后结束于对规范的法律审核。"③ 在过程模型

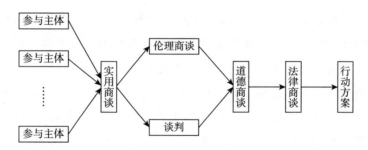

图 1　社会权力的决策过程

资料来源：以"合理的政治意志形成的过程模型"为基础，结合社会权力的特殊性绘制。参见〔德〕哈贝马斯《在事实与规范之间：关于法律和民主法治国的商谈理论》（修订译本），童世骏译，生活·读书·新知三联书店，2003，第 205 页。

---

① 〔德〕哈贝马斯：《在事实与规范之间：关于法律和民主法治国的商谈理论》（修订译本），童世骏译，生活·读书·新知三联书店，2003，第 198 页。

② 〔德〕哈贝马斯：《在事实与规范之间：关于法律和民主法治国的商谈理论》（修订译本），童世骏译，生活·读书·新知三联书店，2003，第 198 页。

③ 〔德〕哈贝马斯：《在事实与规范之间：关于法律和民主法治国的商谈理论》（修订译本），童世骏译，生活·读书·新知三联书店，2003，第 199 页。

中，多元社会权力参与主体的意志得到了充分尊重，集体行动的方案也接受了技术、伦理、道德和法律的四重检验。可以说，基于过程模型的社会权力决策过程是符合社会治理实践需求的。

3. 集体行动

在社会权力决策过程中产生的行动方案是社会权力参与主体的集体行动指南。在传统权力理论看来，权力源自国家。相应地，国家则通过制定法律的方式规范权力的运行。但是，在社会权力理论下，权力源自多元社会主体。社会权力运行的规范应当由多元社会主体的集体意志决定，而非仅由国家决定。实际上，权力运行规范的转变与法观念的转变密不可分。就实在法或人法的创制主体而言，奥斯丁认为，法是由"政治优势者"制定出来的，[①]而所谓的政治优势者就是指掌握国家最高权力的统治者或主权者。凯尔森则认为，共同体与创造共同体的法律秩序是一元的。共同体不仅可以表现为国家，还可以表现为社团等其他实体。相应地，法也就有国家的制定法、社团的章程等多种形式。[②] 从国家到共同体的转变意味着法的形式趋向多元化。同时，作为权力运行规范的法也就不再局限于国家的制定法。在社会权力中，参与主体经过协商而产生的集体行动方案体现了共同体的集体意志，构成了社会权力运行的法规范依据。

此外，在社会权力参与主体的集体行动中，应当避免"公地悲剧"、"囚徒困境"以及"搭便车"等公共治理难题的发生。首先，为了避免"公地悲剧"的发生，社会权力参与主体应当在集体行动方案中明确公共资源的使用方案。"公地悲剧"的产生源于产权不明。"在公地自由开放的社会里，每个人都在追寻自己的

---

① 〔英〕约翰·奥斯丁：《法理学的范围》，刘星译，中国法制出版社，2002，第14页。

② 参见〔奥〕凯尔森《法与国家的一般理论》，沈宗灵译，商务印书馆，2013，第20页。

最大利益，而毁灭则是他们的终点。"① 所以，明晰的公共资源的使用规则对社会权力至关重要。其次，为了避免"囚徒困境"，社会权力参与主体之间应当建立全面、准确、高效的信息沟通机制。"囚徒困境"产生的一个根本原因在于囚徒之间无法进行交流，进而出现"个人理性的策略导致集体非理性的结局"。② 因此，在集体行动过程中，社会权力参与主体之间的沟通交流是十分必要的。最后，为了避免"搭便车"现象的出现，社会权力参与主体应当在集体行动方案中建立合理的利益分配机制。一般而言，"除非一个集团中人数很少，或者除非存在强制或其他某些特殊手段以使个人按照他们的共同利益行事，有理性的、寻求自我利益的个人不会采取行动以实现他们共同的或集团的利益"。③ 因此，为了最大限度地实现社会权力的目标，集体行动方案应当明确排除不劳而获者。

六　社会权力与社会治理

（一）社会权力的价值

社会权力有助于打造共建共治共享的社会治理格局。党的十八大以来，以习近平同志为核心的党中央高度重视社会治理体制创新。党的十八届三中全会首次在党的正式文件中提出"社会治理"的概念，标志着中国共产党社会治理理念的一次飞跃。④ 党的十八届五中全会提出"构建全民共建共享的社会治理格局"，

---

① Garrett Hardin, "The Tragedy of the Commons," 162 *Science* 3859 (1968): 1244.
② 〔美〕埃莉诺·奥斯特罗姆：《公共事务的治理之道：集体行动制度的演进》，余逊达、陈旭东译，上海译文出版社，2012，第 6 页。
③ 〔美〕曼瑟尔·奥尔森：《集体行动的逻辑》，陈郁、郭宇峰、李崇新译，格致出版社、上海三联书店、上海人民出版社，2011，第 2 页。
④ 《中国共产党第十八届中央委员会第三次全体会议公报》，新华网，2013 年 11 月 12 日，http://www.xinhuanet.com/politics/2013 - 11/12/c_118113455.htm。

指明了社会治理的基本路径。① 党的十九大不仅进一步明确"打造共建共治共享的社会治理格局",还全面提出了社会治理体制的基本要点,即"党委领导、政府负责、社会协同、公众参与、法治保障"。② 可以看出,"社会治理新格局正在尝试对传统政府治理结构和权力运行方式进行再造,着力重构政府、社会、市场、民众之间的新型关系,通过协商、合作、互动、共赢的方式,实现资源整合、秩序构建和治理效能提升"。③ 实际上,国家管理向社会治理转变的逻辑与国家权力向社会权力转变的逻辑是高度一致且密切相关的。社会权力理论的提出本就是为了回应公域之治的模式转型,是一种与社会治理模式相契合的权力理论。具体而言,在社会治理中,社会权力的价值体现在如下几个方面。

一是推动共建。共建是新时代社会治理的基本要求。"共建意味着政府部门、市场主体和民间力量在社会治理全过程和各环节清晰的角色定位、明确的权责分工和有效的互动参与。"④ 也就是说,治理主体不再仅仅局限于政府部门,而是包括了政府部门和其他社会主体。实际上,作为社会治理过程中的一种集体行动机制,社会权力本就强调参与主体的多元性。社会权力的参与主体不仅包括国家机构及其组织,还包括非政府组织、企事业单位、新闻媒体等社会组织。社会权力鼓励各参与主体通过提供政治资源、经济资源、文化资源以及社会资源的方式参与到集体行动方案的建构过程之中。社会权力是一项多元参与主体共同创造的事

---

① 《中国共产党第十八届中央委员会第五次全体会议公报》,新华网,2015年10月29日,http://www.xinhuanet.com/politics/2015 - 10/29/c_1116983078.htm。

② 《习近平:决胜全面建成小康社会 夺取新时代中国特色社会主义伟大胜利——在中国共产党第十九次全国代表大会上的报告》,新华网,2017年10月27日,http://www.xinhuanet.com//politics/19cpcnc/2017 - 10/27/c_1121867529.htm。

③ 夏锦文:《共建共治共享的社会治理格局:理论构建与实践探索》,《江苏社会科学》2018年第3期。

④ 刘雅静:《全民共建共享社会治理格局:概念厘清、内生动力与实践进路》,《理论月刊》2016年第11期。

业。可以说，社会权力参与主体的多元性有效地推动了社会治理走向共建的道路。

二是落实共治。共治是新时代社会治理的核心方法。共治要求"治理机制和治理关系发生根本转化，社会组织和公民不再简单是公共治理的客体，而应成为治理主体，进而实现治理主体的'自我统治'，即治理方式的民主化重构"。① 共治不仅要求参与主体形式上的多元性，更要求参与主体切实参与到决策过程之中。最终的治理方案不再是国家的单方面决定，而是多元参与主体共同意志的体现。共治的这一要求与社会权力不谋而合。在社会权力的决策过程中，多元参与主体需要先后进行实用协商、伦理协商或谈判、道德协商以及法律协商，之后才能形成最终的集体行动方案。在这些协商过程中，每一个参与主体的意志都得到了充分的尊重，并且都有可能影响最后的集体行动方案。可以说，贯穿社会权力决策过程的协商程序极大地保障了多元参与主体的治理权利，充分落实了社会治理的共治要求。

三是实现共享。共享是新时代社会治理的根本目标。"社会治理不仅仅是维持社会稳定、化解社会矛盾、协调利益冲突、构建良好社会秩序，还应该是让人民能够共享社会发展成果、共享社会善治后的美好生活。"② 在社会治理中，通过共建、共治创造的治理红利应当由全体参与主体共同分享，而不能仅由个别参与者主体独享。实际上，共享也是社会权力的重要理念。保障和实现每个参与主体的自由本就是社会权力的目标追求。具体来说，在参与主体的集体行动中，社会权力不仅要求各参与主体切实为集体行动做出贡献，还要求各参与主体共同分享集体行动所产生的利益。社会权力参与主体的集体行动方案应当包含公平的利益的

---

① 吴汉东：《国家治理现代化的三个维度：共治、善治与法治》，《法制与社会发展》2014 年第 5 期。

② 曾维和：《共建共享社会治理格局：理论创新、体系构筑、实践推进》，《理论探索》2016 年第 3 期。

分配机制，既要避免各参与主体因无节制掠夺集体利益而陷入公地悲剧之中，又要避免出现不劳而获的"搭便车者"。

（二）社会权力的异化

正如阿克顿勋爵所言："权力导致腐败，绝对权力导致绝对腐败。"① 同样地，在社会治理过程中，社会权力也面临腐败的风险。首先，社会权力可能偏离对个人自由的追求。"基于权力主体的多元性，社会权力自身内部也会有不同的权力归属，并因此形成一定内部分化、甚至对峙。"② 也就是说，社会权力参与主体基于不同的考量，可能放弃对个人自由的追求，转而寻求其他竞争性利益并陷入无休止的内部斗争之中。其次，社会权力参与主体之间可能无法保持平等关系。参与主体地位平等是社会权力决策过程的基本要求，也是协商得以展开的基本前提。但是，这种平等是十分脆弱的。"社会强势群体的社会权力也可能成为侵害社会弱势群体权利的异化力量。"③ 最后，社会权力的治理红利可能无法由全体参与主体共享。社会权力参与主体之间的平等关系被打破之后，强势的参与主体将主导整个决策过程。在这种情况下形成的集体行动方案必然会破坏共享原则，并导致大部分甚至全部的治理红利被少数强势的参与主体所占有。总的来说，社会权力的价值目标、决策过程以及分配机制均存在异化的风险。

为了避免社会权力的异化，必须加强对社会权力的监督。从内部视角来看，社会权力健康运行的关键在于维持参与主体之间的平等地位。一是应当坚持将个人自由作为社会权力运行的逻辑

---

① 〔英〕阿克顿：《自由与权力——阿克顿勋爵论说文集》，侯健、范亚峰译，商务印书馆，2001，第 342 页。
② 马金芳：《社会组织多元社会治理中的自治与法治》，《法学》2014 年第 11 期。
③ 郭道晖：《社会权力与公民社会》，译林出版社，2009，第 231 页。

起点，并树立"每个人的自由平等相容"这一基本的正义观。[①]
二是在决策过程中应当坚持平等协商的基本方法。集体行动方案
应当充分尊重"语内行动约束力"，而不应简单地取决于部分强
势参与主体的个人意志。[②] 三是应当建立符合正义原则的分配方
案。不仅要按照贡献的大小分配治理红利，还应当给予部分弱势
参与主体必要的帮助。从外部视角来看，一方面，社会权力必须
接受法律的约束。社会权力的集体行动方案不得违反法律的强制
性规定。不仅应当尊重参与主体的自由权、财产权等法定权利，
还不得侵害其他社会主体的合法权益。另一方面，社会权力应当
依法接受其他社会主体的监督，如新闻媒体的监督、行业协会的
监督以及其他社会组织的监督等。

七　结语

新时代，社会治理正面临许多新问题、新挑战。当前，我国
社会的主要矛盾已经转化为人民日益增长的美好生活需要和不平
衡不充分的发展之间的矛盾。在这一背景下，如何能够平衡且充
分地满足人民群众日益多元化的利益诉求就成为社会治理无法回
避的核心问题。为了适应新时代的社会治理实践，提倡多中心共
治的社会治理模式取代了传统的国家管理模式。同时，治理模式
的转变意味着权力理论的更新。从国家权力理论走向社会权力理
论，权力理论的发展迎合了社会治理实践的需要。通过对参与主
体、决策过程以及集体行动的重新建构，社会权力理论很好地解
决了参与主体的多元性与集体行动的一元性之间的矛盾。可以说，
社会权力理论全面契合了完善党委领导、政府负责、社会协同、

---

① 参见 John Rawls, *A Theory of Justice*, The Belknap Press of Harvard University Press,
1999, p. 53。

② 〔德〕哈贝马斯：《在事实与规范之间：关于法律和民主法治国的商谈理论》
（修订译本），童世骏译，生活·读书·新知三联书店，2003，第127页。

公众参与、法治保障的社会治理体制的现实需求，有助于打造共建共治共享的社会治理格局。

On Social Power

Wang Quanjun

Abstract: The traditional power theories, including Interest Theory, Will Theory, Exchange Theory and Decision Making Theory, always insist on Sate-Manage narrative logic and Subject-Object analysis framework. However, the traditional power theories cannot adjust to the practical needs in the background of governance model transformation. So, it is necessary to reflect the jurisprudence foundation of power. The narrative logic of power should include the logical starting point of individual freedom, the participants of social subjects and the direct target of effective governance. And the analysis framework of power should change from Subject-Object to Subject-Subject. After clarifying the jurisprudence foundation of power, Social Power Theory is proposed. The Social Power Theory is constituted by participants, decision procedure and collective action. In social governance practice, Social Power Theory is helpful to build a social governance pattern of mutual building, governing and sharing. Of course, the alienation of social power should also be avoided in the process of social governance.

Keywords: Social Power; Social Governance; Individual Freedom; Subject-Subject

2022年第1辑·总第5辑

法律和政治科学
LAW AND POLITICAL SCIENCE

Vol.5, 2022 No.1

政　法

监察委员会外部权力型监督制约的逻辑与路径[*]

监察委员会外部权力型监督制约的逻辑与路径[*]

监察委员会外部权力型监督
制约的逻辑与路径[*]

池　通[**]

【摘　要】"集中统一、权威高效"的监察体制改革逻辑和党政合署体制，使得国家监察权具备特殊的权力形态和权力结构，监察委员会在国家权力结构中拥有更为广泛的组织和行动资源。为防止监察权的滥用与失范，必须设计有效的控权机制。在权力监督制约体系中，来自权力主体外部的权力型监督制约具备外源性、强制性和异体化等特征，能够达成对监察委员会的有效控权。人大及其常委会、审计机关、公安机关、检察机关、审判机关在监察权的监督制约体系中发挥不同的控权功能，可以通过优化权力配置和完善行权机制，形成系统科学的监察权外部控权体系。

【关键词】监察委员会；外部监督制约；权力型路径

＊　本文系江苏省教育科学"十四五"规划项目"中国特色监察法治视域下监察法学教学内容体系研究"（D/2021/01/86）的阶段性成果。

＊＊　池通，法学博士，南京审计大学法学院（监察学院）讲师，监察系副主任，研究方向：法理学、监察法。

美国电影《国家公敌》的最后，主人公罗伯特·迪恩面对强大的国家权力不禁诘问："我们有必要对那些有可能危及国家安全的行为进行监督，可是谁来监督监督者？"迪恩的诘问揭示了国家权力配置中无法回避的监督难题。权力作为一种特殊的社会资源和利益载体，极易被滥用并滋生腐败，优化权力配置并有效治理腐败是政治体制改革中的核心问题。国家监察体制改革的首要价值在于从制度和规范层面对反腐权配置结构进行合理化改造，以强化和优化权力治理。"集中统一、权威高效"的国家监察权也是一把双刃剑，内嵌制约权力和强化权力的双重逻辑，同样需要有效监督，以防失范与腐化。"监察委员会"入宪和《中华人民共和国监察法》（以下简称《监察法》）的颁布实施是新时代政治体制改革、国家腐败治理和法治发展高度契合的产物，"一府一委两院"格局由此形成。随着监察体制改革的纵深推进，"谁来监督监督者"成为国家权力格局改革中备受关注的问题，从学理证成和制度设计双重视角来看，有必要构建对监察权的内外系统型监督制约体系。其中，来自权力主体外部的权力型监督制约具备外源性、强制性和异体化等特征，所以在对监察权监督制约体系的制度探索中，要以宪法对权力配置的结构为逻辑基础，通过完善各监督主体的制度构建，不断优化对监察委员会的外部权力型监督制约机制。

一　监督者的监督：权力治理视域下的赋权与控权

（一）权力腐败与权力治理

对治理及国家治理的研究兴起于 20 世纪 90 年代，随着国家治理现代化理念的提出，对该领域的研究更是掀起了前所未有的热潮。"治理"这一概念的早期含义与权力配置和控制密不可分，"在 17 世纪和 18 世纪，治理是关于王权和议会权力平衡的讨论所涉及的重要内容之一"。① 在现代政治语境下，国家治理的本质在于通过国家职能的充分发挥，缓解社会冲突、协调社会矛盾，目的在于维护政治秩序和保障国家对社会价值的权威性分配。② 但权力作为一种特殊的社会资源和利益载体，具有贪婪的本性，在道德内控机制失效的情况下，极易被滥用并滋生腐败。权力是一把双刃剑，"它既表现为社会所必需的公共诉求和权威性力量，同时也有可能趋向于邪恶的力量"。③ 这就需要对权力进行有效治理，防止权力异化和失范，对腐化的权力进行修复并对权力主体科以惩罚和制裁。

国家治理体系和治理能力现代化中的核心问题之一就是规范权力运行，构建良性的权力运作体系。深化改革是推进中国可持续发展的内在动力，当前深化经济、政治、社会领域的各项改革，必须通过国家权力对各个领域进行结构重组和资源优化配置，权力在推进改革中起着至关重要的作用，规范权力运行与改革成功与否休戚相关。权力治理是从权力设定、配置、调整到运行、监督制约的动态系统过程。权力治理的方式是多元的，从社会规范的角度看，有道德规范的内控和法律规范的约束；从治理的力量属性看，有来自权力和权利的不同进路；从治理主体看，有权力机关、行政机关、司法机关等；从治理场域看，有权力系统的内部治理（权力之间的治理）和外部治理（社会治理）。不管权力治理的视角如何多元，其中最为根本的是权力治理体系的建构和有效运转。"要想使权力始终成为公共利益服务的工具，就应该通过制度来规范权力，通过完善制度，让品行不端者无法拥有权力，

---

① 〔法〕让·皮埃尔·戈丹：《何谓治理》，钟震宇译，社会科学文献出版社，2010，第 4 页。

② 参见徐湘林《转型危机与国家治理：中国的经验》，《经济社会体制比较》2010 年第 5 期。

③ 周祖成：《政治法治化问题研究》，法律出版社，2011，第 2 页。

也让有权者不能滥用权力，以期达到预防和控制腐败的最终目标。"① 这也是国家治理体系和治理能力现代化的内在诉求。

（二）赋权：优化权力治理体系

制度所内嵌的价值具有逻辑先导性，制度设计者对制度的价值预设主导和塑造具体制度的构建，诸如现代国家的立法者会在立法程序启动之前表明立法的价值诉求。亨廷顿认为，"某个国家处于变革时期的腐化现象比该国在其他时期的腐化现象更为普遍"，② 我国在政治经济改革和社会转型时期更需要强化腐败治理。优化权力配置是政治体制改革中的核心问题，反腐体制改革作为政治体制改革的重要组成部分，强化和优化权力治理结构，合理配置反腐权，是实现科学高效反腐的必然要求。

国家监察体制改革的首要价值在于从制度和规范层面对反腐权力配置进行合理化改造，构建高效权威的反腐败国家监察体系，同时也触发了国家权力体系的整体变革与调整。在全面深化改革的背景之下，国家治理的现代转型既是目标诉求又是深化改革的内在需求。从权力结构上确立监察委员会的宪法地位，体现了新时期国家治理转型、腐败治理改革和法治发展的高度契合，国家监察体制改革通过优化权力配置结构和权力治理体系，实现权威高效的监督效能，在国家治理现代化的进程中塑造理性的权力运行秩序，体现了国家监督权在构建现代政治文明国家进程中承载的重要使命。《中共中央关于党的百年奋斗重大成就和历史经验的决议》指出："党领导完善党和国家监督体系，推动设立国家监察委员会和地方各级监察委员会，构建巡视巡察上下联动格局，构建以党内监督为主导、各类监督贯通协调的机制，加强对权力

---

① 李晓明、张华强：《论反腐败的制度建设》，《苏州大学学报》（哲学社会科学版）2011 年第 6 期。

② 〔美〕塞缪尔·P. 亨廷顿：《变化社会中的政治秩序》，王冠华、刘为等译，上海世纪出版集团，2009，第 45 页。

运行的制约和监督。" 建立集中统一、权威高效的国家监察体制，旨在完善党和国家监督体系，对权力实施有效治理，不断推动国家治理体系和治理能力现代化。

（三）控权：实现权力秩序平衡

在现代政治理论中，权力的专属性包含一个基本逻辑：权力即国家权力，其他权力亦来自国家权力的授权。[①] 国家监察权作为重要的国家公权力，也是一把双刃剑，具有制约权力和强化权力的双重功能，同样需要治理。监察权作为中国特色权力治理的有效制度设计，强调监督制约机制就是实现对监察权的规训与治理，使其更好地发挥权力监督和反腐败职能。为实现腐败治理的集中统一、权威高效，监察体制改革创设了刑事和行政手段并用、执纪和执法共融的反腐制度模式，监察法赋予监察委员会"监督、调查、处置"三项职责和"谈话、讯问、询问、查询、冻结、留置"等十五项监察措施。通过集中党内监督和国家监督双向权威性资源的方式设置专责监督机构，客观上极大提升了权力监督的效果，但权力集中本身就容易产生膨胀的风险。[②] 党政合署体制下"集中统一、权威高效"的监察体制改革逻辑使得监察权的权力形态和权力结构有其特殊性，相较于审判机关和检察机关，监察委员会拥有更为广泛的组织和行动资源。如果缺乏有效的监督制约机制，监察权可能走向异化，国家权力结构及其塑造的权力秩序容易出现失衡。通过合理的制度设计实现权力关系配置科学化，保持权力之间某种程度上的平衡，将是监察体制改革启动权力结构重塑后面临的核心任务。当出现权力秩序失衡，如何通过强化监督制约机制重获权力秩序平衡则成为完成这一核心任务的内在

---

① 周尚君：《数字社会对权力机制的重新构造》，《华东政法大学学报》2021 年第 5 期。
② 刘艳红：《程序自然法作为规则自洽的必要条件——〈监察法〉留置权运作的法治化路径》，《华东政法大学学报》2018 年第 3 期。

要求。强化对监察委员会自身监督制约的理性路径，是创设监督者和被监督者在权力态势上基本平衡的制度体系，并通过监督制约机制的运行予以维持。通过强化对监察委员会的监督制约机制，就是为了实现对"监督者的监督"，以保持国家权力结构的动态平衡。

二 监察委员会外部权力型监督制约的制度逻辑

（一）监督与制约：两种不同的控权模式

权力治理不仅关注对权力的监督制约，还关注权力运行的内在问题、权力运作的效果、权力系统和社会其他系统之间关系的调适以及对整个国家治理结构的价值反馈。监督制约权力是对权力的治理，体现为权力设定、配置、调整到运行、监督制约的动态系统过程，权力监督制约侧重于防范权力运行的异化和腐败，进而启动修正和惩处机制。从这个意义上说，权力治理体系是国家治理体系的子系统，而权力监督制约又是权力治理的下位概念。

法治的两个基本价值取向为规制公权和保障私权，监督和制约作为两种控权模式，是规制公共权力和保障个体权益最基本的制度设计。从权力配置方式来看，制约基于对政治权力的过程性分权，将权力分解并交由不同主体行使，使之互相分立、彼此制衡。而监督则基于政治权力的功能性分权，按照职能属性进行专业化分工将国家权力赋予特定政治主体，通过其他主体或权力授予者本身实施权力控制。① 监察体制改革通过修改宪法对不同国家权力类型进行重置，在制约层面，监察权与行政权、司法权处于互动平衡的权力场域；在监督层面，根据不同权力的职能属性设置监察权与其他权力类型之间的监督机制。其中，人大及其常委

---

① 陈国权：《权力制约监督论》，浙江大学出版社，2013，第 29 页。

会作为国家权力机关对其他权力类型只存在单向监督而无互动制约关系。现代法治国家普遍将监督与制约两种机制统合使用，两者交织也成为民主法治国家治理权力的常态机制，在学术表达上，也将两者作为控权体系的整体进行阐述。从不同角度可将权力监督制约界分为不同范式（模式），如"伦理学范式：以道德制约权力，社会学范式：以社会制约权力，政治学范式：以权力制约权力，法学范式：以法律制约权力"，① "权力模式（以权力制约权力），权利模式（以权利制约权力），制度模式（以制度或法律制约权力），混合模式（法律、权利、权力三者协同）"② 等。从权力监督制约的力量来源考察，不外乎来自"权力"和"权利"两个方面，即国家权力体之内的不同权力主体之间的互相监督和国家权力体之外的公民权利的监督。③ 虽然理论上将权力监督制约分为不同范式，但其互相渗透，如"权力型"和"权利型"在国家监督制约体系中同时出现并发挥权力控制合力。现代国家一般采用制约与监督相结合的控权机制，此为实现对权力有效治理的理性选择。

（二）对监察委员会监督制约的制度体系

党的十九届四中全会通过的《中共中央关于坚持和完善中国特色社会主义制度、推进国家治理体系和治理能力现代化若干重大问题的决定》指出："推进纪律监督、监察监督、派驻监督、巡视监督统筹衔接，健全人大监督、民主监督、行政监督、司法监督、群众监督、舆论监督制度，发挥审计监督、统计监督职能作用。以党内监督为主导，推动各类监督有机贯通、相互协调。"基于此，我们可以对如何监督制约监察权的制度构造予以整

---

① 参见喻中《权力制约的中国语境》，法律出版社，2013，第1～10页。
② 参见林喆《权力腐败与权力制约》，山东人民出版社，2009，第257页。
③ 莫负春：《论权力监督和权利监督》，《华东政法学院学报》1999年第3期。

体性分析。从监督主体来看，党内监督处于基础地位，党内监督涵盖内容广泛，体现出权力型与权利型、内部性与外部性兼具的综合特征。① 国家机关监督包含来自国家权力机关（人民代表大会）和行政机关（包括审计机关在内）的监督制约；司法监督包括检察监督和审判监督，这些均为权力型监督。民主监督、舆论监督、社会监督则是权利型监督。

从监督场域看，既有监察委员会的内部监督制约，又有监察委员会的外部监督制约。内部监督制约的具体形态是监督制约主体与客体属于同一个组织或系统，是自我监督。内部监督制约既包括纵向的上下级权力部门之间的监督，也包括横向的权力主体的内部系统监督。如监察委员会通过内设机构的功能分化及上级对下级实施的监督均为内部监督或同体监督。外部监督制约，是指监督主体与客体来自不同的组织或系统，是源于自体之外的监督形式，如人大及其常委会、政协、行政机关、司法机关、人民群众、社会舆论等监督。② 对监察委员会监督制约机制进行体系化

---

① 党内监督的涵盖性广泛，其根源在于党纪对党员规制关系的特殊性。"党纪严于国法"，党纪对党员的要求不仅来自规范层面的外在评价，还来道德准则的内在评价。对于尚未触及法律管辖范围的违纪行为，党内法规都有相应的评价和处理机制。根据《中国共产党党内监督条例》的规定，党内监督既有纪律检查委员会针对党员严重违纪违法甚至涉嫌犯罪的专责监督，具备惩戒性和强制性；也有党员的民主监督，以及监督执行"四种形态"中的第一种形态"经常开展批评和自我批评、约谈函询"，这种监督方式是一种批评督促型监督。从监督场域看，党内监督也可分为内部监督和组织内的外部监督，组织内的外部监督可以解释为："在中国共产党中央委员会的领导下，对党的地方组织、党的基层组织、党组及其成员实施监督，由这个党组织之外负有监督责任的党的组织、机构和人员进行。"如重大问题的报告与请示、信访处理、巡视、舆论监督等，都可归入从外部对党委（党组）进行监督的范围。具体参见崔晗《组织内的外部监督应成为党内监督重要原则》，《学习时报》2016 年 9 月 1 日，第 3 版。由于党内监督具有综合性、多元化特征，涉及的理论和制度问题也较为复杂，囿于篇幅，本文不涉及监察委员会的党内监督问题。

② 参见郭文亮、王经北《同体监督异体化·异体监督实体化——改革和完善我国权力监督机制的路径与对策》，《理论探讨》2010 年第 5 期。

建构，要注重监督和制约的功能互动，遵循宪法对权力分配形成的制约性格局，在此基础上针对各种权力的运作逻辑设置监督手段，行使各自监督职责，形成制约和监督相互渗透的系统型控权模式，最终实现理性控权的价值预设。

（三）"以权力控制权力"和"外部监督制约"的制度逻辑

政治权力总是具有攻击性，没有适当的约束它会自我膨胀，从事物的性质来说，要防止滥用权力，就必须以权力约束权力。①现代法治国家设定的"以权治权"机制具有法定性、程序性、权威性、强制性等内在特征，其优势在于作为监督制约主体的权力机构具备对其监督结果的强制执行能力，且这种强制性力量由国家通过法律机制予以配置并保证其正当性。有学者提出"一种实质改革观"，即"顶层设计以'权力'为视角切入，以被改革的权力为中心，在尊重权力客观运作规律的基础上，检视权力程序中各个环节，找寻其间可能的价值漏洞或风险点并予以弥补或防范，从而实现现代权力在宪法视域下的价值统合和体系建构的目标"。②监察体制改革对国家权力的重新配置体现了这种实质改革观，权力分置制约与具体监督机制的构设是监察体制改革的政治基础，这也暗含了通过权力路径实现权力监督制约的内在需求。从制度现实看，宪法对权力机关、行政机关、司法机关等国家权力的配置为权力型监督制约提供了基本的制度环境。

内部监督制约有其优势，但因其内在利益束缚而容易出现动力机制不足、强制性和权威性缺乏等问题。内部监督的运作逻辑在于决策、执行、监督三项权能集中于同一权力主体，监督机制的效能依赖于内部组织机构的设置和职能分配，体现出同体性和

① 〔法〕孟德斯鸠编著《论法的精神》（上册），张雁深译，商务印书馆，1961，第 154 页。

② 秦前红、底高扬：《从机关思维到程序思维：国家监察体制改革的方法论探索》，《武汉大学学报》（哲学社会科学版）2017 年第 3 期。

内部性的特征。监察体制改革以前，行政监察机关依据《中华人民共和国行政监察法》对同级政府行使监督职能，实质上就是对行政权力的内部监督和同体监督。内部监督的问题也给检察机关行使职务犯罪侦查权带来了制度性困境，检察机关既有自侦权也侦查监督权，对职务犯罪侦查权的监督在制度上存在"同体监督缺陷"。① 监察体制改革的目标之一就是祛除权力体系内部监督制约无法妥适解决的沉疴，外部监督能够在一定程度上克服内部监督和同体监督的缺陷。同体监督异体化、异体监督实体化，不断增强权力外部监督制约机制的有效性应该成为构建中国新型权力监督制约体系的理想路径。

在监察权外部权力型监督制约体系中，各种监督路径均有其独立的制度逻辑。人大监督是国家权力机关对监察机关的监督，具有单向性，不包含相互制约逻辑；审计监督作为一种专业型监督，突出监督的经济监督属性；公安机关、检察机关和审判机关与监察委员会的监督制约关系主要发生在职务犯罪调查处置程序中，呈现出工作配合与监督制约的双重逻辑。需要申明的是，强调对监察委员会进行外部性的权力型监督制约，并不是唯权力论导致的制度倾向和价值偏好，也不意味排斥内控机制和权利型监督。虽然从权力运行规律和既有制度安排看，外部权力型监督制约的确有其优势。单向度的监督制约模式均有其无法克服的缺陷，各种监督制约模式通过合理的制度加以融合才能形成控权合力，从权力运行规律和我国权力配置既有模式看，外部监督与权力型路径的确有其特有优势。

三　"监督型"外部控权：人大监督和审计监督

从监察权的产生看，人大监督监察委员会有其必然性。宪法

---

① 刘计划：《侦查监督制度的中国模式及其改革》，《中国法学》2014 年第 1 期。

权力结构中，人大对监察委员会的监督是上位权力对下位权力的监督，是典型的"监督型控权"。对于审计监督而言，依据宪法和监察法的规定，隶属于人民政府的审计机关与监察机关需要"互相配合、互相制约"，但审计权作为专门性监督权，对监察权的"监督型"控权特征更为明显。

（一）人大监督：增强实质化和有效性

《监察法》规定，国家监察委员会对全国人民代表大会及其常务委员会负责并接受其监督，地方各级监察委员会对本级人民代表大会及其常务委员会和上一级监察委员会负责，并接受其监督。各级人民代表大会代表人民行使国家权力，人大及其常委会对监察委员会的控权模式为单向监督而不包含互动制约，从监督属性看，人大及其常委会对监察委员会的监督属于权力型的外部监督，这种来自国家权力机关的监督处于权力监督体系中的最高位阶。从监督范围看，人大及其常委会的监督内容涉及人事任免、职权行使各个层面。人大监督不力会对其他权力型监督产生支撑乏力的困难，人大监督的形式主义如果蔓延开来，势必导致整个监督体系的疲软甚至崩溃。[①] 由于各种原因，人大监督往往被弱化和虚化。针对监察委员会，有必要通过制度设计增强人大监督的实质化和有效性。要建构合理的人大监督机制，必须以监察委员会的权力属性和职权定位为基础，要尊重监察权的内在特殊性，并遵循国家权力运行内在规律。

首先，厘清人大及其常委会对监察权的监督机理。2018 年 3 月中共中央印发的《深化党和国家机构改革方案》从机构设置上理顺了人大对国家监察机关监督的制度设计，将全国人大内务司法委员会更名为全国人大监察和司法委员会，有效回应了监察体

[①] 汤维建：《人大监督司法的理念与制度的完善——论人大监督司法的价值及其重点转向》，《政治与法律》2013 年第 5 期。

制改革对权力监督体系的重塑。国家监察委员会由全国人民代表大会产生，地方各级监察委员会由本级人民代表大会产生，并对相应层级的权力机关负责。由此可见，监察机关与人大及其常委会的关系，较之行政机关、司法机关与人大及其常委会的关系，在宪法逻辑上是一致的，但在接受人大监督方面却存在差异。人大对行政权的监督包括财政监督、执法检查监督、规范性文件审查监督以及人事任免等。在法律关系上，地方政府虽然负有执行国家法律的义务，但更负有发展地方经济、促进地方公益发展的使命，而这些均要受地方人大监督。"换言之，地方人大对地方政府的监督可以是合法性监督，也可以是进行合目的性监督。地方政府对地方人大具有从属性、执行性。"① 宪法对检察机关和审判机关的定位同为司法机关，司法机关具有更强调国家属性和业务的独立性，所以人大对法检的监督相较于行政机关来讲，具有收缩性和谦抑性。监察权独立于行政权、司法权，专门行使国家权力监督职能。由于监察职能的复合性以及本身业务的独立性，监督机制应包含监督司法权和监督行政权的双重逻辑，并根据监察机关的权力属性做针对性的调整。

其次，增强人大及其常委会对监察权监督的实质化和有效性。《监察法》第 53 条规定了人大及其常委会对监察委员会实施监督的具体手段，主要有"听取和审议本级监察委员会的专项工作报告"、"组织执法检查"和"人大及其常委会会议期间的询问和质询"。《中华人民共和国监察法实施条例》对监督方式和程序予以细化。确立"听取和审议专项工作报告制度"，其考量的因素包括反腐败工作的特殊性、党政体制下的合署办公、监察机关的政治定位等，但在制度实施过程中监察机关不能过度限缩"专项工作报告"的报告范围，要通过立法或法律解释明确纳入专项工作

---

① 韩大元：《地方人大监督检察机关的合理界限》，《国家检察官学院学报》2011年第 1 期。

报告的内容。本级人大常委会针对专项工作报告反馈审议意见后，监察委员会应当按照程序认真办理，并按照要求书面报告办理情况。组织执法检查是人大及其常委会行使立法权的延伸，而询问和质询是人大及其常委会会议期间的监督措施。这两项措施的具体设置都需要在监督法中进行细化，特别要对执法检查的监督效果进行跟踪，增强刚性和实效性。另外，各级人民代表大会及其常务委员会还可通过选举或任免同级国家监察委员会主任、副主任、监察官的方式对国家监察权的行使进行监督。① 从当前地方各级人大及其常委会对监察委员会的监督实践看，基本上都是通过听取工作报告、提出意见和建议的方式来实现监督，总体上比较温和，而很少采用刚性监督手段，如提出质询案、实施专门问题的调查以及提出撤职案等。② 纵深推进监察体制改革的话语背景下，应该围绕监察机关推进监察权运行规范化、法治化、正规化建设情况予以专项监督，健全监督工作机制和方式方法，提高人大及其常委会对监察权监督的科学性、精准性，增强监督刚性和实效。

（二）审计监督：突出专业化和权威性

审计和监察同属于国家监督权，是国家权力监督体系中最关键的两个领域。③ 国家审计机关对监察委员会的监督是一种重要的外部监督机制。从新时代审计监督权的逻辑定位看，可以将审计监督定位为党内监督和人大监督的制度延伸。

审计机关在权力配置体系中属于政府内设机构，审计监督的范围和效能受限明显。党的十九届三中全会审议通过《深化党和国家机构改革方案》，明确提出"组建中央审计委员会"。2018 年 5 月 23 日，习近平总书记在中央审计委员会第一次会议上指出要

---

① 谭世贵：《论对国家监察权的制约与监督》，《政法论丛》2017 年第 5 期。
② 李云霖等：《人大及其常委会监督监察委员会的逻辑与作为》，《湖南科技大学学报》（社会科学版）2020 年第 4 期。
③ 冀睿：《审计权与监察权之关系》，《法学》2018 年第 7 期。

"构建集中统一、全面覆盖、权威高效的审计监督体系，更好发挥审计在党和国家监督体系中的重要作用"。① 中央审计委员会的组建以及"审计全覆盖"的深入推进，为破解审计机关既受控于政府又要监督政府的逻辑悖论提供了有效的制度支撑和法理基础。2021 年修正的《中华人民共和国审计法》第 2 条第 1 款明确规定："国家实行审计监督制度。坚持中国共产党对审计工作的领导，构建集中统一、全面覆盖、权威高效的审计监督体系。"将审计监督纳入党和国家监督体系，实现对公共资金、国有资产、国有资源和领导干部履行经济责任情况等审计全覆盖，这与"国家监察全覆盖的价值诉求"呈现逻辑同构性。

中央及地方各级审计委员会的组建，使审计监督的权威和效能突破了审计机关作为政府内设机构的行政权力框架约束，凸显了新时代审计监督所依托的组织资源和行动能力，同时也强化了审计权作为监督监察委员会重要权力的内在逻辑。监察权同样处于审计监督的覆盖范围，在审计全覆盖和监察体制改革的话语背景下，国家审计要实现自身的独立性和权威性，必须在参与反腐的同时强化对反腐专责机构的审计监督。《监察法》只有第 34 条涉及审计机关，规定了公、检、法及审计机关在发现职务违法或职务犯罪问题线索时应向监察机关移送，但没有涉及审计机关对监察权的监督制约机制。基于审计的经济监督属性，应该围绕专业化和针对性设计其对监察权的监督机制。一是确立权力治理的外部审计监督思路。审计本身作为一种经济权力监控机制，要通过法律确立其对监察委员会运行过程中涉及经济内容的权力监控，并建立明确可行的外部审计监督制度。二是对监察委员会的专项经费预算执行审计监督，加强预算管理、规范预算执行、提高监察委员会对财政资金的使用效益。三是对监察委员会的经费支出

---

① 《习近平主持召开中央审计委员会第一次会议》，审计署网站，2018 年 5 月 23 日，https://www.audit.gov.cn/n4/n19/c122699/content.html。

审计监督，国家审计部门依法对监察委员会实施经费支出审计，分析支出异常的原因，调查是否存在违规行为等。四是对监察委员会主要领导干部履行经济责任情况进行审计监督，在纪律检查委员会和监察委员会合署办公的情况下，贯彻"党政同责、同责同审"的中央改革思路。五是建立审计机关和监察委员会的互动性监督衔接机制。审计机关在行使国家审计监督职权的过程中发现需要移交监察委员会调查处理的线索时应及时移交监察委员会处理。同时，监察委员会在调查案件时涉及国家审计事项的，必要时可移交国家审计机关予以审计，其目的在于及时发现监察委员会由于专业知识欠缺对案件产生的错误研判，不仅能够形成监察权与审计权的反腐合力，而且能够实现国家审计机关对监察委员会履职的具体监督。

四 "制约型"外部控权：职务犯罪调查中的程序性制约

《宪法》第 127 条第 2 款规定："监察机关办理职务违法和职务犯罪案件，应当与审判机关、检察机关、执法部门互相配合，互相制约。"《监察法》第 4 条对此予以重申，该规定体现了以监察机关为主体构建反腐败体系的制度安排。[①] 其中审判机关、检察机关实施的是司法属性的权力型制约，执法部门实施的是行政属性的权力型制约。就职务违法犯罪案件调查而言，主要涉及公安机关、检察机关、审判机关与监察权之间的监督制约问题。

（一）公安机关的制约

在职务犯罪案件调查环节，公安机关的职能定位于对特定调

---

① 朱福惠：《论检察机关对监察机关职务犯罪调查的制约》，《法学评论》2018 年第 3 期。

查措施的保障和执行，其与监察委员会的关系偏向于"配合"立场的解释，这种解释缺乏全面性。根据《宪法》和《监察法》之规定，公安机关作为兼具刑事司法属性的行政执法部门，与监察委员会呈现出配合语境下的监督制约关系，具体体现在监察委员会采取搜查、技术调查、留置、通缉、限制出境等调查措施中。如《监察法》第 24 条规定，监察机关进行搜查时，可以根据工作需要提请公安机关配合。该种配合模式中蕴含着对监察委员会行使搜查权的规范性监督。从监察职能看，监察机关与公安机关的监督制约关系集中体现在技术调查环节和留置程序中，有必要明确公安机关在配合前提下的监督制约规则。

2012 年修改的《中华人民共和国刑事诉讼法》（以下简称《刑事诉讼法》）规定检察机关查办职务犯罪可以启动技术侦查，但要"经过严格的批准手续"并"按照规定交有关机关执行"。有学者提出，由于职务犯罪证据的易失性和职务犯罪的高智能化等特征，烦琐的审批手续并交付其他机关执行，极有可能影响侦查效率，错失最佳侦查时机。[①] 但从技术侦查措施具备高度专业性、公安机关拥有长期的技术积淀以及优化权力监督制约机制等方面而言，《刑事诉讼法》的规定有其内在合理性。《监察法》第 28 条第 1 款延续了这一立法理念："监察机关调查涉嫌重大贪污贿赂等职务犯罪，根据需要，经过严格的批准手续，可以采取技术调查措施，按照规定交有关机关执行。"技术调查交由公安机关执行符合权力制约的制度逻辑，在具体操作上要设计出高效合理的衔接机制，体现制约理念的同时兼顾调查效率。

[①] 从实践来看，检察机关的技术侦查请求通常送交公安机关的技术侦查部门执行（也有少数情况下交由国家安全部门执行），其间需要经过多道审批手续。以某直辖市为例，"首先由区县院案件承办人写出请示报告，主管的反贪局长审核，经检察长同意签发后，报市检察院侦查指挥中心办公室审核，最后报市检察院检察长批准后送市公安机关办理。市公安局再进行审批程序，首先由技术侦查部门审查，再报分管局长审核，最后报市公安局局长批准"。参见缪晓琛《反贪技术侦查的制约因素分析》，《犯罪研究》2015 年第 2 期。

《监察法》第 43 条第 3 款规定："监察机关采取留置措施，可以根据工作需要提请公安机关配合。公安机关应当依法予以协助。"在留置执行过程中，公安机关的配合既突出保障性又涵盖监督制约性，保障性体现在留置期间的警力支持和安全保障。为了实现公安机关的监督制约功能预设，可以设置如下工作机制：在接收留置手续方面，查看留置监察文书等是否符合收置要求；在履行看护职责方面，应贯彻调查讯问与留置看护相分离，保障被调查人必要的休息权；在监督调查人员依法安全文明办案方面，发现监察委员会调查人员存在体罚虐待等侵害被留置人员合法权利的情况，应该立即制止，并向监察委员会案件监督管理部门通报，由法定部门或机关依照《监察法》及相关法律法规、内部规范启动监督问责程序。

（二）检察机关的制约

虽然宪法将人民检察院定位为法律监督机关，但监察体制改革后的检察监督内容已经发生很大变化，"法律监督"的具体职能也相应有所调整。在办理职务违法犯罪案件时，检察机关和监察委员会具有工作机制上的直接关联性，且检察机关具备法定监督机关的制度优势，检察监督应该成为对监察权实施外部控制的关键方式。

宪法权力结构重塑后，如何厘定监察机关与检察机关的关系问题是探讨两者监督制约机制的前提。检察机关是法律监督机关，其职能以国家公诉权为核心，涵盖部分职务犯罪侦查权、对行政权和司法权的监督以及公益诉讼。从宪法确定的检察职能看，不包括对监察委员会行使监察权的监督。监察委员会是行使国家监察职能的专责机关，对所有行使公权力的公职人员进行监督，涉及公权力运行的合法性监督、合理性监督、廉洁性监督以及公职人员的道德操守监督。《宪法》第 127 条、《监察法》第 4 条确定了"监察机关办理职务违法和职务犯罪案件，应当与审判机关、检察机关、执法部门互相配合，互相制约"的原则。由此可见，现行国家权力结构中，监察机关与检察机关同样作为法定监督机关，但两者之间的相互控权逻辑不同，监察委员会监督检察机关公职人员行使职权，监察委员会在办理职务犯罪案件中与检察机关形成双向程序性制约。

为了回应国家监察体制改革，多地检察机关成立了对接监察委员会职务犯罪调查工作的专门办案机构。最高检通过内设机构改革成立了第三检察厅，专门负责办理国家监察委员会移送职务犯罪案件的审查逮捕、审查起诉、出庭支持公诉、抗诉，开展相关审判监督以及相关案件的补充侦查。通过设置专门机构对接监察委员会移送的案件，体现了检察机关对监察委员会的监督制约逻辑。具体实施方面，要按照精细化和专业化的要求，进行监督职能调整和强化人员配置，明确监督边界和运作程序，同时要体现检察权与监察权之间制约的互动性、适度性和程序正当性。在职务犯罪案件调查程序中，检察机关对监察委员会的监督内容包括案件受理、提前介入、强制措施、审查起诉等。案件受理方面，检察机关应当严格依法审查起诉意见书、卷宗材料、证据材料等是否齐备、规范，被调查人是否到案等。对于案卷材料不齐备的，应当及时要求监察委员会补送相关材料，对于被调查人未被采取留置措施且无法联系到案的情况则不予受理。在提前介入方面，检察机关提前介入监察委调查程序旨在推进强制措施适用、审查起诉等环节的合法顺畅。检察机关派员提前介入，应对证据收集、法律适用、强制措施适用等进行审查，在审查基础上对案件的调查方向、证据收集等提出书面意见。但提前介入的检察人员应严格遵守保密规定，不参与和干涉案件调查。在适用强制措施方面，强制措施的决定程序、种类、期限、变更等均由检察机关在受理案件后，按照《刑事诉讼法》规定的条件和程序进行，监察委员会不得干涉检察机关对强制措施的适用。

设置审查起诉环节对监察委员会的制约是整个检察制约的核心。一是证据审查。检察机关应严格依照《刑事诉讼法》的规定审查证据材料，对物证、书证、视听资料等证据存在疑问的，可以要求调查人员提供获取、制作的有关情况。对证人证言等言词证据存有疑问的，可以要求监察委员会予以复核。必要时可以在监察委员会的协助下自行询问。二是非法证据排除。以非法方法收集的证据应当依法予以排除，不得作为案件审查起诉的依据。收集物证、书证等证据材料不符合法定程序，可能严重影响司法公正的，检察机关应当及时要求监察委员会补正或者作出书面解释。对监察委员会的补正或者解释，检察机关应当予以审查。经监察委员会补正或者作出合理解释的，可以作为提起公诉的依据。不能补正或者无法作出合理解释的，对该证据应当予以排除。三是补充调查。对监察委员会移送的案件，检察机关经审查认为属于犯罪事实不清、证据不足，或遗漏罪行、遗漏同案犯罪嫌疑人等情形，需要补充核实的，应当退回监察委员会补充调查，必要时可以自行补充侦查。四是不起诉。对监察委员会移送的案件，检察机关经审查认为有《刑事诉讼法》规定的不起诉的情形的，经上一级检察机关批准，依法作出不起诉的决定。另外，对于证据不足经二次退回补充调查仍不符合起诉条件的，也应当作出不起诉决定。五是建议撤回案件。监察委员会移送的案件具有《刑事诉讼法》规定的不追究刑事责任的情形、犯罪嫌疑人无法到案以及经补充调查后仍然事实不清、证据不足等情形，检察机关经审查，可以建议监察委员会撤回已移送的案件。

（三）审判机关的制约

在国家权力架构中，强调司法权与监察权的权重平衡是实现权力有效监督制约的重要内容。童之伟教授将"国家机关或领导岗位分享的执政党权威性资源加其现有的法定职权"谓为"政法综合权重"，要实现对监察委员会的有效监督制约，"检察院和法院，尤其是法院，其在本级政权体系中所占政法综合权重比必须同监察委员会大致相等"。① 虽然无法对监察权和司法权进行权重的量化比较，但强调两者之间的权力平衡是实现有效监督制约的基础，强化对监察权的审判监督是通向权重平衡的有效路径。

首先，强化"以审判为中心"的司法逻辑。有学者提出，刑事审判制约监察调查的效果不佳，主要原因在于监察权对审判主体的监督威慑、监察程序的规定简陋与调查意见穿透性影响裁判结果。② 强化"以审判为中心"的司法逻辑是解决上述问题的关键。"以审判为中心"是指整个刑事诉讼制度和诉讼活动围绕审判而建构和展开，审判对案件事实认定、证据采信、法律适用、作出裁决起决定性和最终性作用。③ 最高法印发的《关于全面推进以审判为中心的刑事诉讼制度改革的实施意见》进一步规范了"以法院为主导的司法审查尤其是非法证据排除机制，将成为制约国家监察委员会侦查权的主要方式"。④《监察法》在设计监察委员会与检察机关、审判机关的诉讼衔接机制方面，显然遵循了"以审判为中心"的诉讼模式，监察委员会在履行监察职责的过程中，要以审判的证据标准和程序标准作为调查行为的规范和价值导向，进一步规范监察人员调查职务犯罪的取证行为，对以非法方法收集的证据应当予以排除，确保调查所取得的证据符合刑事诉讼证据标准。准确把握案件的定性和严格规范取证程序，做

---

① 童之伟：《对监察委员会自身的监督制约何以强化?》，《法学评论》2017 年第 1 期。

② 魏小伟：《论刑事审判对监察机关职务犯罪调查的制约》，《安徽大学学报》（哲学社会科学版）2021 年第 6 期。

③ 王韶华：《以审判为中心诉讼制度改革的三重意蕴》，《人民法院报》2014 年 12 月 12 日，第 2 版。

④ 施鹏鹏：《国家监察委员会的侦查权及其限制》，《中国法律评论》2017 年第 2 期。

到实体公正与程序公正并重，这样才能避免国家监察委员会成为权力的"利维坦"。①

其次，赋予监察赔偿申请主体司法救济权。《中华人民共和国国家赔偿法》对行政赔偿和刑事赔偿均予以规定，不论是行政机关及其工作人员在行使行政职权时侵犯人身权和财产权，还是公安、检察、法院以及看守所、监狱管理机关及其工作人员在行使职权时侵犯人身权和财产权，受害人均有取得赔偿的权利。《监察法》第 67 条确定了监察委员会及其工作人员的国家赔偿责任。《中华人民共和国监察法实施条例》规定了申请监察国家赔偿的事由与程序，但对赔偿申请受到驳回后的救济机制没有作出规定。下一步应该修订《中华人民共和国国家赔偿法》，增加监察机关国家赔偿责任相关内容，监察委员会所涉国家赔偿问题可参照关于刑事赔偿的程序性规定。对公民、法人和其他组织合法权益造成损害的监察机关为赔偿义务机关，申请人应先向负有赔偿义务的监察委员会提出赔偿请求，在对赔偿事项存有异议的情况下，向上一级监察委员会行使复议救济权。在对复议决定不服的情况下，可以向复议机关同级人民法院赔偿委员会申请作出赔偿决定。人民法院赔偿委员会对当事人赔偿申请的审核，从权力监督的角度看，是在国家赔偿制度框架内赋予当事人申请监察赔偿的司法救济权，是审判机关对监察委员会实施司法监督的重要内容。这里需要注意的是，虽然监察机关与监察对象的关系被视为国家权力系统内部的监督管理关系，政务处分行为不具有可诉性，但若监察赔偿是因监察机关违法或不当行为对监察对象及其他人员和组织的合法权益造成侵害而提出的，则行为具有可诉性。人民法院赔偿委员会的审核程序启动后，应针对申请人提起监察赔偿司法审查的诉求进行书面审查和调查取证，对监察委员会的不当履职行为实施司法监督。

---

① 　江国华、彭超：《国家监察立法的六个基本问题》，《江汉论坛》2017 年第 2 期。

五 结语

"凡属重大改革都要于法有据"，法治逻辑是全面深化改革的基本逻辑。推进反腐败工作规范化、法治化、正规化，前提是纪检监察工作自身运行要规范化、法治化、正规化。从世界范围来看，把权力关进制度的笼子，按照法治思维和法治方式治理腐败，是标本兼治的科学之道，而监察委员会入宪，也意味着监察权的"入笼"。监察体制改革作为国家治理现代化目标中的一项重大政治体制改革，其本身就有法治化的价值蕴含。国家监察权的设置要坚持依法治权和依法控权的基本原则，对监察委员会的监督制约要遵循法治要求。"以权力控制权力"的权力型监督制约模式在客观上能够为权力治理提供权威性资源及刚性的制度保障，但更需要严格遵循法律规则和法律程序，突出主体的法定性、手段的合法性、机制的程序性等法治逻辑。以法治为根本遵循，实现对监察权运行的有效保障和监督制约，除了建构与强化权力型外部监督制约机制外，还应强化党内监督以提升监察机关及监察人员拒腐防变和抵御风险能力，通过合理配置内设机构等方式实现有效内部监督，完善民主监督和社会舆论监督的法治化保障、强化公民权利意识和监督意识、实现对监察委员会的外部监督（如对人民监督员制度进行逻辑转换和机制改造）等，逐步构建系统性、科学化、高效型的监督制约体系，保障监察改革在内的政治体制改革顺利推进，为国家治理现代化提供良性的政治生态。

The Logic and Path of External Power-Based Supervision and Restriction of the Supervisory Committee

Chi Tong

Abstract: The reform logic of supervision system and the party and government office system, with centralized and unified, authoritative and efficient characteristics, make the national supervision power have special power form and power structure, and the supervisory commission has more extensive organization and action resources in the state power structure. In order to prevent the abuse and anomie of supervisory power, an effective control mechanism must be designed. In the power restriction supervision system, the power restriction supervision from the outside of the power subject has the characteristics of exogenous, mandatory and dissimilation, and can achieve effective control over the supervisory commission. The National People's Congress and its standing committee, audit institution, public security organ, procuratorial organ and judicial organ play different power control functions in the restriction and supervision system of supervisory power, and a systematic and scientific external control system of supervisory power can be formed by optimizing the allocation of power and perfecting the exercise of power mechanism.

Keywords: Supervisory Committee; External Constraint Supervision; Power Path

法律命名的词缀化及其造词法

——以"反……法"命名的法律为视角

王凤涛[*]

【摘　要】法律命名呈现出一种词缀化的现象，这集中体现在以"反……法"命名的法律逐渐增多。法律命名的词缀化，既有汉语词汇本身发展规律的原因，也受外来语词汇借用的影响。法律命名的词缀化运用了词法学造词法、句法学造词法和修辞学造词法三种造词法。对词法学造词法的运用体现为词缀造词法，采用的构词方式是"类前缀＋单纯词/复合词/派生词＋类后缀"。对句法学造词法的运用体现为"意译造词法"，采用的意译类型是直译法。对修辞学造词法的运用表征为仿词造词法，采用的仿造形式为"仿中式"。由于所涉造词法的普遍能产性，随着立法进程的加快，法律命名的词缀化趋势将得到进一步强化。

【关键词】法律命名；词缀化；"反……法"；现代汉语；造词法

---

* 王凤涛，法学博士，最高人民检察院法律理论研究人员，研究方向：法理学、司法改革。

一 法律命名的词缀化趋势

人类对事物进行命名是认知的需要，用以把丰富多彩、变幻无穷的世界缩小至可以把握的程度。命名活动从具体到抽象，从抽象再到具体，循环往复，是重要的指号过程。[①] 人类对事物的命名是通过语言符号进行的，[②] 用来描述事物的摹状词就发挥着这样的功能。摹状词是自然语言中比较常见且很重要的一类现象，通常表现为形如"如此这般的……"这样的短语。摹状词一般分为限定摹状词和非限定摹状词。限定摹状词用来指称某一个确定的对象，在英文中一般用"the so and so…"这种形式表示，由于汉语中没有定冠词"the"，所以其结构一般表示为"形容词（组）+通名"，有时也会在这种形式前添加"那个"来强调该限定摹状词的唯一性。限定摹状词分为空限定摹状词和非空限定摹状词。空限定摹状词不能同时满足存在性和唯一性条件；非空限定摹状词能够同时满足存在性和唯一性条件，可以确切地指称某一个对象。非限定摹状词通常用来指称一个不确定的对象，在英文中用"a so and so…"这种形式表示，汉语中往往表示为"一个+形容词（组）+通名"。[③] 与之相对，语言哲学中的名称分为专名（proper names）和通名（general names）。[④] 随着社会的发展和新事物、新思想的不断出现，指称和表达这些新事物、新思想

---

① 参见纳日碧力戈《姓名论》（修订版），社会科学文献出版社，2015，第1页。
② 参见赵宏《英汉词汇理据对比研究》，上海外语教育出版社，2013，第31页。
③ 参见冯艳《自由摹状词理论研究》，人民出版社，2012，第1~2页。
④ 相应地，语言逻辑中的词项包括单称词项（singular terms）和普遍词项（general terms），一般认为，单称词项仅仅适用于表示一个对象，普遍词项则适用于表示多个对象。参见张存建《自然种类词项指称理论研究》，经济科学出版社，2017，第1页。

的新词语也随之出现。在新词的产生过程中，派生构词手段发挥着十分重要的作用。① 汉语中很多作为词根的语素，构词位置相对固定，原来的实在意义逐渐虚化，产生了某些附加意义，② 逐渐演化为词缀。汉语的词类一般没有形态标志，只有一部分词具有可辨认词性的形态标志，前缀和后缀就是辨认汉语名词词性的两种标志。③ 现代汉语中加前缀构成的词多数是名词，动词、形容词比较少，其他的词类更少见。④ 由此构成的名词可以分为普通名词（如字典、专家、空气）、专有名词（如中国、长城、《红楼梦》）、集体名词（如人类、河流、树木）和抽象名词（如原则、意识、品质）四类。⑤ 法律命名使用的就是专有名词，每一部法律的名称都是唯一的和专有的。

法律作为一种特殊的公文，法律命名与一般公文命名有一些相似的规则，如应当准确、简要地概括公文的主要内容，表明发文机关的名称和公文种类。⑥ 但不同种类的事物有不同的命名方式，每种命名方式都有特定的命名规则即词义结构。⑦ 法律命名通常包括三个要素：一是反映法的适用范围的要素，二是反映法的内容的要素，三是反映法的效力等级的要素。⑧ 在法律命名的过程

---

① 参见孙新爱《对现代汉语词缀问题的几点思考》，《燕山大学学报》（哲学社会科学版）2007 年第 3 期。

② 参见占勇《现代汉语词缀的再思考》，《温州大学学报》（社会科学版）2009 年第 3 期。

③ 参见刘月华、潘文娱、故骅《实用现代汉语语法》（第三版），商务印书馆，2019，第 41～45 页。

④ 参见任学良《汉语造词法》，中国社会科学出版社，1981，第 34 页。

⑤ 参见刘月华、潘文娱、故骅《实用现代汉语语法》（第三版），商务印书馆，2019，第 41～45 页。

⑥ 参见刘愫贞主编《法律语言：立法与司法的艺术》，陕西人民出版社，1990，第 103～106 页。

⑦ 参见王希杰《汉语词汇学》，商务印书馆，2018，第 188 页。

⑧ 参见周旺生《立法学》（第二版），法律出版社，2009，第 465 页。

中存在词缀化的命名趋势，① 以"反……法"命名的法律数量逐渐增加，已成为法律命名的重要方式。现行有效的法律采用这种命名方式的有：《中华人民共和国反不正当竞争法》（1993 年 9 月 2 日通过，2017 年 11 月 4 日修订，2019 年 4 月 23 日修正）、《反分裂国家法》（2005 年 3 月 14 日通过）、《中华人民共和国反洗钱法》（2006 年 10 月 31 日通过）、《中华人民共和国反垄断法》（2007 年 8 月 30 日通过，2022 年 6 月 24 日修正）、《中华人民共和国反间谍法》（2014 年 11 月 1 日通过）、《中华人民共和国反恐怖主义法》（2015 年 12 月 27 日通过，2018 年 4 月 27 日修正）、《中华人民共和国反家庭暴力法》（2015 年 12 月 27 日通过）、《中华人民共和国反食品浪费法》（2021 年 4 月 29 日通过）、《中华人民共和国反外国制裁法》（2021 年 6 月 10 日通过）、《中华人民共和国反有组织犯罪法》（2021 年 12 月 24 日通过）、《中华人民共和国反电信网络诈骗法》（2022 年 9 月 2 日通过）等 11 部法律。在以"反……法"命名的这些法律中，"中华人民共和国"表明法的适用范围；"反不正当竞争""反分裂国家""反洗钱""反垄断""反间谍""反恐怖主义""反家庭暴力""反食品浪费""反外国制裁""反有组织犯罪""反电信网络诈骗"表明法的内容；"法"表明法的效力等级。法律命名的词缀化已经成为命名规则中的惯常现象。

在接下来的一节，我们将探寻法律命名词缀化的形成原因，剖析现代汉语的自身发展趋势和外来语词汇的影响两个因素在法律命名词缀化中所扮演的角色。在第三节和第四节循着法律命名词缀化的形成因素，分别考察词缀造词法和句法造词法与法律命

---

① 从构建现代法学概念的语言学角度看，用汉语表达西方政法概念的语言学方法之一，就是用后缀法构造新词。参见王健《晚清法学新词的创制及其与日本的关系》，载何勤华、屈文生、崔吉子主编《法律翻译与法律移植》，法律出版社，2015，第 321 页。

名词缀化之间的词法关联。在第五节通过比对原型词和仿造词之间的语素变化，阐释法律命名词缀化所运用的修辞造词法。在此基础上，通过全面解构法律命名的词缀化现象，把握法律命名的词缀化规律，以更好地推动法律命名的科学化、更有效地满足法律命名的立法需求、更准确地预测法律命名的立法趋势。

二　法律命名的词缀化何以形成

语言学界的传统观点认为，西方语言的构词以派生为主，跟词根相对的是词缀；汉语的构词以复合为主，跟词根相对的是"根词"，即既能单用又能构词的语素。[①] 用语素合成词被看作汉语构词的主要手段，通过添加前后缀的方式构成新词的派生法，在汉语构词法中被认为是微不足道的。[②] 虽然现代汉语合成词主要采用复合法，词缀数量较少，但不能由此得出派生法在汉语中构词能力不强的结论。[③] 现代汉语与古代汉语中的外来语词汇相比，突破了单纯表示对等概念的静态形式，将外来语词汇的成分语素化和词缀化，形成了很强的构词能力。[④] 词缀是历史中形成的，是词汇意义逐步虚化的结果。汉语词缀大多是从实词虚化而来的，只是其词汇意义并未完全消失，还有些词缀则是由于受外来语的影响形成的。[⑤] 现代汉语词缀化的发展趋势和外来语词汇的借用，在法律命名的词缀化过程中扮演着怎样的角色呢？

[①] 参见吕叔湘《汉语语法分析问题》，商务印书馆，2005，第 80 页。

[②] 参见姚汉铭《论新词语的文化分布、产生途径及成因》，《曲靖师专学报》1990 年第 4 期。

[③] 参见占勇《现代汉语词缀的再思考》，《温州大学学报》（社会科学版）2009 年第 3 期。

[④] 参见贾泽林、王继中《现代汉语类词缀的形成及其与外来词的关系探究》，《云南师范大学学报》（对外汉语教学与研究版）2010 年第 2 期。

[⑤] 参见王希杰《汉语词汇学》，商务印书馆，2018，第 162 页。

　　汉语词缀化的起源时间可追溯到上古时期。① 上古名词的前面往往有类似前缀的前附部分，例如"有－"。它经常出现在国名、地名、部落名的前面，如"有虞""有扈""有仍""有莘""有熊""有卑"等。除了"有－"之外，还有"于－"和"句－"，如"于越""句吴"。到了汉代，产生了一个新的前缀"阿－"。唐代又出现了来源于形容词"老"的前缀"老－"，用于人和动物两方面。② 在古代汉语中，③ 除了"有－""阿－""老－"这三个有代表性的前缀，常用的前缀主要还有"其－""言－""于－""第－"。④ 汉语后缀的产生和发展也可以追溯至上古时代。"子"字在上古时代已有后缀化的迹象。魏晋以后到了中古时代，后缀"－子"已经很发达，逐渐普遍应用起来，具有了构成新词的能力。后缀"－儿"的起源比后缀"－子"晚些。"儿"用作后缀是从唐代开始产生的，从"小儿"的意义发展而来，这种用法一直传到后代。除了"－子"和"－儿"之外，比较常见的后缀是"－头"。后缀"－头"大致产生在南北朝，宋元以后用得更加普遍。⑤ 在古代汉语中，除了"－子""－儿""－头"这三个有代表性的汉语后缀之外，常用的后缀主要还有"－若"

① 王力将公元 3 世纪以前（五胡乱华之前）列为上古汉语（3、4 世纪为过渡阶段），将公元 4 世纪到 12 世纪（南宋前半）列为中古汉语，公元 12、13 世纪为过渡阶段。参见王力《汉语史稿》，中华书局，2004，第 43 页。

② "阿－"最初用作疑问代词"谁"的前缀，而"阿谁"被认为有可能是从"伊谁"变来的。"伊谁"在《诗经·小雅·何人斯》里就已出现——"伊谁云从，维暴之云"。到了汉代以后，"伊谁"变成了"阿谁"。"阿－"从此不但可用作人名和亲属称呼的前缀，也可用作人称代词的前缀。参见王力《汉语语法史》，商务印书馆，2005，第 4～8 页。

③ 吕叔湘认为："以晚唐五代为界，把汉语的历史分为古代汉语和近代汉语两个大的阶段是比较合适的。至于现代汉语，那只是近代汉语内部的一个分期，不能跟古代汉语和近代汉语鼎足三分。"参见吕叔湘《近代汉语指代词》，学林出版社，1995，序。

④ 参见袁慧《古代汉语、现代汉语词缀探析》，《船山学刊》2000 年第 4 期。

⑤ 参见王力《汉语语法史》，商务印书馆，2005，第 9～15 页。

"－然""－如""－尔""－焉""－乎""－而""－其"
"－居"。① 由此可见，汉语的词缀化进程从上古时期已经开始。
而汉语借用外来语现象在先秦时已出现。外来语词汇是从外族语
言里借来的词。② 汉语词汇中的有些外来语词汇并非现代才有的，
而是在漫长的历史进程中，在部落、部族、民族各阶段，跟其他
不使用汉语的部落、部族或民族进行文化接触时，随着新事物的
传入，经过长期积累形成的。先秦时代的外来语，如"剑""轻
剑""轻吕""径路"；汉代的外来语，如"狮子""师子""琉
璃""璧流离"；魏晋以后的外来语，如"刹那""夜叉""金
刚"。汉语词汇里的外来语词汇虽然经历了长期积累，但各个历史
时期的增量并非均衡分布，从先秦到现代是不断增加的。从历史
上看，增加最多的时期是从汉魏以迄隋唐的佛经翻译时代，汉语
词汇增加了大量从梵语汲取来的新词。其次是现代，从不同民族
语言里汲取的大量新词丰富了汉语词汇。③ 但借用外来语词汇跟借
用外来语词缀是两个概念，借用外来语词汇并不必然意味着借用
外来语词缀，两者是一种包含与被包含的关系。在古代汉语中，
汉语的词缀化与借用外来语并没有表现出太多的相关性，汉语本
身的发展规律和借用外来语可以看作汉语词汇演化进程中的两条
路径，汉语本身的词缀化趋势在汉语的词缀化进程中发挥着举足
轻重的作用。在现代汉语中，词缀法是现代汉语里具有较强生命
力的构词类型，借用外来语词汇一开始只是为现代汉语提供一些
新词缀，加速汉语词缀化的发展，④ 后来随着中西跨文化交流的增

---

① 参见袁慧《古代汉语、现代汉语词缀探析》，《船山学刊》2000 年第 4 期。
② 参见黄伯荣、廖序东《现代汉语》（增订六版）上册，高等教育出版社，
2017，第 245 页。
③ 参见孙常叙《汉语词汇》（重排本），商务印书馆，2006，第 312~315 页。
④ 这种观点的理由有三：一是古汉语、近代汉语已经出现了词缀的现象；二是
实词的虚化、语法化即词缀化是各种语言发展的自然趋势；三是英语借词进
入现代汉语后，常被重新分解而成为很有生命力的词缀。参见吴东英《再论
英语借词对现代汉语词法的影响》，《当代语言学》2001 年第 2 期。

多，外来语特别是英语的词缀化在汉语词缀化中扮演的角色得到进一步发展。① 汉语词汇中很多以派生法构成的新词语，与印欧语形态构词法的影响是分不开的。② 在这个意义上，外来语词汇的借用在现代汉语词缀化的过程中发挥特定作用是客观事实。因此，尽管现代汉语本来就有词缀化现象，但外来语词汇的借用使得现代汉语词缀化趋势更加明显，汉语的相应词汇量也迅速增加。③ 法律命名的词缀化作为现代汉语词缀化在立法领域的表现形式，与现代汉语的词缀化分享着相似的生成逻辑，是现代汉语词汇自身发展规律对法律命名的词缀化的影响和外来语词汇借用对法律命名的词缀化的作用的共同结果。在现代汉语中，法律命名的词缀化虽是汉语本身的发展规律和外来语借用交叉作用的结果，但借用外来语词汇对词缀化的影响是有所侧重的。外来语特别是印欧语对汉语的影响主要是在词汇方面，而且最终进入汉语词汇系统的外来语词汇数量也是有限的。④ 汉语词汇里的外来语词汇很少完全保存其原有形态，而是遵循汉语的内部规律，经过"汉语化"以后被吸收进来。在词的形式上表现为：语言系统是汉语的，书写形式也是汉

---

① 参见刘英凯《汉语与英语的共有词缀化趋势：文化顺涵化的镜像》，《深圳大学学报》（人文社会科学版）2000 年第 1 期，第 96 页。例如，汉语前缀（类前缀）"非 –""不 –"以及后缀（类后缀）"– 家""– 者""– 主义""– 性""– 化"等，这些新的汉语词缀都是受英语的影响产生的。参见 Tsao, Feng-fu, "Anglicization of Chinese Morphology and Syntax in the Past Two Hundred Years," 4 *Studies in English Literature and Linguistics* (1978)。"非 –""不 –"就分别源于英语前缀"non-/ir-/in-/un-/de-""il-/un-/dis-/im-/dis-/ir-"。参见郭鸿杰《从形态学的角度论汉语中的英语借词对汉语构词法的影响》，《上海交通大学学报》（哲学社会科学版）2002 年第 4 期。

② 参见姚汉铭《论新词语的文化分布、产生途径及成因》，《曲靖师专学报》1990 年第 4 期。

③ 例如，汉语前缀（类前缀）"反 –"（counter-）、"多 –"（multi-）、"不 –"（un-/non-）、"微 –"（micro-）等和后缀（类后缀）"– 主义"（-ism）、"– 化"（-fy）、"– 巴"（-bar）等，这些源于英语的词缀进入汉语后，在汉语里获得了很强的构词能力，丰富了汉语的词汇量。参见李新星《后殖民主义语境下英语对汉语的影响》，《山东师大外国语学院学报》2002 年第 4 期。

④ 参见王希杰《汉语词汇学》，商务印书馆，2018，第 323 页。

语的。① 借用和翻译外来语词汇而来的汉语词缀，是外来语词汇影响汉语词汇的一种具体表现方式。由于词缀在现代汉语中的构词能力并不弱，② 作为汉语词缀重要来源的外来语词缀，对于法律命名词缀化的影响不应小觑。因此，在现代汉语中，汉语本身的词缀化趋势和借用外来词的影响在法律命名的词缀化进程中呈现出交相呼应的状态。

三　法律命名的词缀化和词缀造词法

传统语法学分为句法和词法两大部分，后来又发展出横跨句法和词法的词法学。③ 词法学包括造词法和构词法。造词法研究用什么材料和方法创造新词，构词法研究词的内部结构形式。造词法和构词法是纲与目的关系。造词法体系包括词法学造词法、句法学造词法、修辞学造词法、语音学造词法和综合式造成法。词法学造词法、句法学造词法都必须分析词的内部结构，但修辞学造词法、语音学造词法不存在构词法的问题，因为那些词的内部或者不必分析结构形式（修辞学造词法），或者分不出结构形式（语音学造词法），也就没有构词法的问题。在造词法体系中，词法学造词法是运用语法学中词法学的手段和变化形式创造新词。④以"反……法"命名的法律，首先运用的就是词法学造词法。

汉语的词从构造上可以分为单纯词、缩合词和合成词三类。单纯词是由一个语素构成的。缩合词是由表示事物的全称短语（词组）缩减成几个语素，再按原来的次序组合成的词。由于缩合词也称简称，这种构词法又称为"简称构词法"。合成词是由

---

① 参见孙常叙《汉语词汇》（重排本），商务印书馆，2006，第 316 页。
② 参见占勇《现代汉语词缀的再思考》，《温州大学学报》（社会科学版）2009年第 3 期。
③ 参见马彪《汉语语用词缀系统研究——兼与其他语言比较》，中国社会科学出版社，2010，第 1 页。
④ 参见任学良《汉语造词法》，中国社会科学出版社，1981，第 2 ~ 4 页。

两个或两个以上的语素构成的。构词法就是研究语素构成合成词的方法。汉语的合成词由重叠法、派生法和复合法三种方法构成。重叠法运用重叠构词语素的全部或一部分的方式构成合成词。在合成词中，具有词汇意义的语素称作词根语素，不具有实在词汇意义而只用来构词的语素称作词缀语素（也称附加语素）。由词根语素加词缀语素构成词的方法称派生法，① 也称派生造词法、附加造词法、词缀造词法（简称派生法、附加法、词缀法），用派生法构造的词即派生词。② 在派生法中根据构词的位置，词缀可分为前缀、中缀和后缀。汉语里地道的词缀并不多，前缀有"阿－""第－""初－""老－""小－"等；中缀有"得"（看得出）、"不"（看不出）等；后缀有"－子""－儿""－巴""－者""－们""－然"等。有不少语素在语义上还未完全虚化，有时候还以词根的形式出现，例如"人员""专家""各界""物品""器物""器具""物件"等，虽然它们可以算作前缀和后缀，但与地道的前缀和后缀相比词义虚化得还不彻底，只可以称为类前缀和类后缀。类前缀有"可－""好－""难－""准－""类－""亚－""次－""超－""半－""单－""多－""不－""无－""非－""反－""自－""前－""代－"等；类后缀有"－员""－家""－人""－民""－界""－物""－品""－具""－件""－种""－类""－别""－度""－率""－法""－学""－体""－质""－力""－气""－性""－化"等。③ 类词缀多于词缀是汉语的一个特点。④ 在这些类词缀中，类前缀"反－"和类后缀"－法"是其中的重要组成部分。类词缀主要是由词根语素虚化而来，与传统词缀相比，

---

① 参见刘月华、潘文娱、故铧《实用现代汉语语法》（第三版），商务印书馆，2019，第 10～12 页。
② 参见王希杰《汉语词汇学》，商务印书馆，2018，第 161 页。
③ 参见吕叔湘《汉语语法分析问题》，商务印书馆，2005，第 40～41 页。
④ 参见王洪君、富丽《试论现代汉语的类词缀》，《语言科学》2005 年第 5 期。

它还保留了实在的词汇意义。① 类前缀"反 - "来源于动词"反"。"反"字通常包括：反对、翻转、回转、反抗、违反、反省、反求、回报、报复、反复、类推、反而、反切等含义。② 以"反……法"命名的法律，在第 1 条均设置了立法目的条款，③ 从直接立法目的表述来看，④ 类前缀"反 - "包含了制止、反对、

---

① 参见孙新爱《对现代汉语词缀问题的几点思考》，《燕山大学学报》（哲学社会科学版）2007 年第 3 期。

② 参见陈至立主编《辞海（第 2 卷）》（第七版），上海辞书出版社，2020，第1079 页。

③ 《中华人民共和国反不正当竞争法》第 1 条："为了促进社会主义市场经济健康发展，鼓励和保护公平竞争，制止不正当竞争行为，保护经营者和消费者的合法权益，制定本法。"《反分裂国家法》第 1 条："为了反对和遏制'台独'分裂势力分裂国家，促进祖国和平统一，维护台湾海峡地区和平稳定，维护国家主权和领土完整，维护中华民族的根本利益，根据宪法，制定本法。"《中华人民共和国反洗钱法》第 1 条："为了预防洗钱活动，维护金融秩序，遏制洗钱犯罪及相关犯罪，制定本法。"《中华人民共和国反垄断法》第1 条："为了预防和制止垄断行为，保护市场公平竞争，鼓励创新，提高经济运行效率，维护消费者利益和社会公共利益，促进社会主义市场经济健康发展，制定本法。"《中华人民共和国反间谍法》第 1 条："为了防范、制止和惩治间谍行为，维护国家安全，根据宪法，制定本法。"《中华人民共和国反恐怖主义法》第 1 条："为了防范和惩治恐怖活动，加强反恐怖主义工作，维护国家安全、公共安全和人民生命财产安全，根据宪法，制定本法。"《中华人民共和国反家庭暴力法》第 1 条："为了预防和制止家庭暴力，保护家庭成员的合法权益，维护平等、和睦、文明的家庭关系，促进家庭和谐、社会稳定，制定本法。"《中华人民共和国反食品浪费法》第 1 条："为了防止食品浪费，保障国家粮食安全，弘扬中华民族传统美德，践行社会主义核心价值观，节约资源，保护环境，促进经济社会可持续发展，根据宪法，制定本法。"《中华人民共和国反外国制裁法》第 1 条："为了维护国家主权、安全、发展利益，保护我国公民、组织的合法权益，根据宪法，制定本法。"《中华人民共和国反有组织犯罪法》第 1 条："为了预防和惩治有组织犯罪，加强和规范反有组织犯罪工作，维护国家安全、社会秩序、经济秩序，保护公民和组织的合法权益，根据宪法，制定本法。"《中华人民共和国反电信网络诈骗法》第 1条："为了预防、遏制和惩治电信网络诈骗活动，加强反电信网络诈骗工作，保护公民和组织的合法权益，维护社会稳定和国家安全，根据宪法，制定本法。"

④ 立法目的目的所居层次之不同为标准，可以分为直接目的与间接目的。直接目的是不经过中间环节所达到的结果，间接目的系由直接目的所引起的其他目的。参见刘风景《立法目的条款之法理基础及表述技术》，《法商研究》2013 年第 3 期。

遏制、预防、防范、惩治等含义。类后缀"－法"来源于名词"法"。"法"字通常表示：国家制定或认可并由国家强制力保证其实施的行为规范的总和；方法，办法；标准，规范；效法；守法；法术；国际单位制电容单位"法拉"的简称。① 与之相应，类后缀"－法"可以构成表示"法律"（如宪法、刑法、刑事诉讼法）、"方法"（如速成法、合成法、构词法）和"见解"（如想法、说法、看法）② 等三种含义的名词。以"反……法"命名的法律，类后缀"－法"就是运用的"法律"这重含义。

汉语的派生词构词法，包括前缀（类前缀）＋单纯词/复合词，单纯词/复合词＋后缀（类后缀），前缀（类前缀）＋单纯词/复合词/派生词＋后缀（类后缀），单纯词/复合词＋派生词，以及词根与中缀结合等五种主要类型。③ 以"反……法"命名的法律采用的就是"类前缀'反－'＋单纯词/复合词/派生词＋后缀'－法'"的命名方式。类前缀"反－"和类后缀"－法"与"单纯词/复合词/派生词"组合构造了一系列新词。"反－"（类前缀）＋"不正当竞争"（复合词）＋"－法"（类后缀）构成"反不正当竞争法"，"反－"（类前缀）＋"分裂国家"（复合词）＋"－法"（类后缀）构成"反分裂国家法"，"反－"（类前缀）＋"洗钱"（单纯词）＋"－法"（类后缀）构成"反洗钱法"，"反－"（类前缀）＋"垄断"（单纯词）＋"－法"（类后缀）构成"反垄断法"，"反－"（类前缀）＋"间谍"（单纯词）＋"－法"（类后缀）构成"反间谍法"，"反－"（类前缀）＋"恐怖主义"（派生词）＋"－法"（类后缀）构成"反恐怖主义法"，"反－"（类前缀）＋"家庭暴力"（复合词）＋"－法"

---

① 参见陈至立主编《辞海（第2卷）》（第七版），上海辞书出版社，2020，第1053页。
② 参见刘月华、潘文娱、故韡《实用现代汉语语法》（第三版），商务印书馆，2019，第35~45页。
③ 参见陈治安《英汉词缀法构词比较》，《四川外语学院学报》1991年第1期。

（类后缀）构成"反家庭暴力法"，"反-"（类前缀）＋"食品浪费"（复合词）＋"-法"（类后缀）构成"反食品浪费法"，"反-"（类前缀）＋"外国制裁"（复合词）＋"-法"（类后缀）构成"反外国制裁法"，"反-"（类前缀）＋"有组织犯罪"（复合词）＋"-法"（类后缀）构成"反有组织犯罪法"，"反-"（类前缀）＋"电信网络诈骗"（复合词）＋"-法"（类后缀）构成"反电信网络诈骗法"。因此，以"反……法"命名的法律，首选运用的就是词法学造词法中用词根语素加词缀语素构成词的词缀造词法。

四　法律命名的词缀化与"意译造词法"

词汇借用是各种语言中的普遍现象，大多数语言都有从其他语言中借用的词汇。语言的借用，语音和语法的借用比较难也比较少，最多最常见的是相互借用词汇。① 外来语词汇有两种：一种是直接从其他民族的语言借来，基本上照样适用，这是借词。借词基本上保存了外来语词汇原有的语音形式，把其他语言的词直接照搬过来。另一种是经过汉语的翻译，用汉语的造词材料和方法将其改造成汉语的新词，这是译词。译词只是汲取外来的新概念，用汉语的造词材料和方法重新创造的新词。换言之，前者是借用别人的，后者是我们自己创造的。② 引进外族有而本族没有的词语（即借词和译词）的方法，不外乎是采用或交叉采用音译、

---

① 参见王希杰《汉语词汇学》，商务印书馆，2018，第302页。
② 由于这种借词是用汉语音节来表述原词，人们通常将其称为"音译"。但有观点认为，"音译"的称谓并不十分妥当，因为这种借词是用汉字的音节来对照记音的，基本上是原词的音节（有省略或增加个别音节的），是汉语语音化了的外来语词汇，并没有将其翻译成和它相当的汉语词汇，本身没有翻译的性质，不能叫作"译"。参见孙常叙《汉语词汇》（重排本），商务印书馆，2006，第316、318、324页。

意译和借形三种。① 音译和借形属于借词，意译属于译词。音译直接借用他语言的词音词义，② 在翻译外来语词汇时完全译音，由此形成的词是音译词。音译词进入汉语词汇以后是一种特殊词汇，模拟外来语词汇的声音而不是客观事物的声音，每个词都有意义，不像"单纯拟声式"的词那样无意义可言。③ 借形有两种类型，一种是字母式借形词，通称为字母词，即直接用外文缩略字母（主要是拉丁字母和希腊字母）或与汉字或者数字组合而成的词，它并非音译而是原形借词；还有一种是借用日语中的汉字词，是由日语直接借用汉字创造的，汉语借回但不读日语音而读汉字音，称为汉字式借形。④ 意译则是从其他语言中借用新概念、新词义，运用汉语固有的词素和汉语的造词法（主要是句法造词法）来构造新词，由此产生的新词，新在词义和内容而非形式，概念是外来的但形式（词素和造词法）是汉语的。⑤ 从意象和结构上看，意译可以分为直译法、添字法、减字法、拐弯法和杜撰法五种类型，⑥ 在外来语词汇的借用和翻译过程中，往往是以一种方法为主或交叉运用几种方法。

从法律名称的中英译文看，⑦ 以"反……法"命名的法律：《中华人民共和国反不正当竞争法》译为"Anti-Unfair Competition Law of the People's Republic of China"，《反分裂国家法》译为"Anti-Secession Law"，《中华人民共和国反洗钱法》译为"Anti-

---

① 参见黄伯荣、廖序东《现代汉语》（增订六版）上册，高等教育出版社，2017，第 245 页。

② 参见王希杰《汉语词汇学》，商务印书馆，2018，第 306 页。

③ 参见任学良《汉语造词法》，中国社会科学出版社，1981，第 259 页。

④ 参见黄伯荣、廖序东《现代汉语》（增订六版）上册，高等教育出版社，2017，第 246～247 页。

⑤ 参见王希杰《汉语词汇学》，商务印书馆，2018，第 307 页。

⑥ 参见王宗炎《词儿的义译》，载张岂之、周祖达主编《译名论集》，西北大学出版社，1990，第 70 页。

⑦ 法律的英文名称参见北大法宝，http://www.pkulaw.cn/，最后访问日期：2022 年 4 月 28 日。

Money Laundering Law of the People's Republic of China"，《中华人民共和国反垄断法》译为"Anti-Monopoly Law of the People's Republic of China"，《中华人民共和国反间谍法》译为"Counterespionage Law of the People's Republic of China"，《中华人民共和国反恐怖主义法》译为"Counterterrorism Law of the People's Republic of China"，《中华人民共和国反家庭暴力法》译为"Anti-domestic Violence Law of the People's Republic of China"，《中华人民共和国反食品浪费法》译为"Anti-food Waste Law of the People's Republic of China"，《中华人民共和国反外国制裁法》译为"Anti-foreign Sanctions Law of the People's Republic of China"，《中华人民共和国反有组织犯罪法》译为"Anti-organized Crime Law of the People's Republic of China"，《中华人民共和国反电信网络诈骗法》译为"Law of the People's Republic of China on Combating Telecom and Online Fraud"。由此可见，现行有效的以"反……法"命名的 11 部法律中，8 部将类前缀"反－"译为"Anti-"，2 部将类前缀"反－"译为"Counter-"（"反间谍法"译为"Counterespionage Law"，"反恐怖主义法"译为"Counterterrorism Law"）。① 而汉语类后缀"－法"，一律译为"Law"。②

在借用和吸收外来语词汇形成的表达方式中，前缀（类前缀）增加得比较多，这些新增加的前缀（类前缀）都是由词变来

---

① 法律名称译名的一个基本原则是准确性，而保持译名统一性，既便于查找也有助于提高法律的准确性。参见王建《法律法规翻译研究》，法律出版社 2020，第 302 页。但从以"反……法"命名的法律的译名看，法律名称中的同一个词级的译名却并不完全相同。

② 我国法律名称中的类后缀"－法"的英文名称几乎均译为"Law"，虽然"Law"可用于表述具有法律效力的规范性文件，英美法系的法律名称一般不作为中心词使用。英语单词"Law"是一个宽泛的概念，对应的是汉语中"法"的上位概念，与汉语中的"法律"意思大致相当。以中英法律位阶的对比为基础，汉语法律名称中的类后缀"－法"，对应的英语单词应为"Act"或"Code"。参见陈小全、强凤华《法律位阶与汉语法律名称的英译》，《中国翻译》2012 第 5 期，第 98 页。

的。词变成词缀的关键是词义虚化以至完全失去词汇意义，表示新的语法意义同时具备新的语法功能。一些还处在发展中的词缀，词汇意义已经虚化但尚未完全消失。① 现代汉语不只是被动接受外来的对译词缀，还主动把外来词重新分解成语素，其中一些分解了的语素逐渐虚化而成为很有生命力的词缀。② 英语前缀基于意义可以划分为九类：一是表达否定的前缀，如"a-""dis-""in-"（变体"il-""ir-""im-""un-""non-"）；二是表达反向或表缺的前缀，如"de-""dis-""un-"；三是表达贬义前缀：如"mal-""mis-""pseudo-"；四是表达程度的前缀，如"arch-""co-""extra-""hyper-""macro-""micro-""mini-""out-""over-""sub-""super-""sur-""ultra-""under-"；五是表达方向态度的前缀，如"anti-""contra-""counter-""pro-"；六是表达方位的前缀，如"extra-""fore-""inter-""intra-""super-""tele-""trans-"；七是表达时间的前缀，如"ex-""fore-""post-""pre-""re-"；八是表达数的前缀，如"bi-""di-""multi-""semi-""demi-""hemi-""tri-""uni-""mono-"；九是其他前缀，如"auto-""neo-""pan-""proto-""vice-"。③ 现代汉语受外来语词汇影响而产生的新兴词缀，如类前缀"多 –""反 –""微 –"，类后缀"– 主义""– 性""– 化"等，④ 对译英语前缀产生的汉语类前缀"反 –"具有代表性。⑤ 有观点认为，汉语类前缀"反 –"是从表达方向态度的英语前缀"anti-""contra-"

---

① 参见任学良《汉语造词法》，中国社会科学出版社，1981，第 33 页。
② 参见吴东英《再论英语借词对现代汉语词法的影响》，《当代语言学》2001 年第 2 期。
③ 参见 R. Quirk et al. , *A Comprehensive Grammar of the English Language*，London and New York：Longman Group Limi ted，1985，pp. 1539 – 1557。
④ 参见谢耀基《现代汉语欧化语法概论》，光明图书公司，1989，第 40 ~ 41 页。
⑤ 参见张翠敏《汉语新词语词缀化趋势特点及心理基础刍议》，《华北电力大学学报》（社会科学版）2005 年第 3 期。

"counter-"等词翻译过来的。① 但这三者的含义和用法又不完全相同。"anti-"（ant-）是希腊语源的英语前缀，原是介词，意思相当于"against"或"opposing"，表示"反对；相反；制止，防（止）"。② "anti-"最早出现在直接进入英语的希腊单词中时，是只能与词根结合的原生词缀，现在成为英语中非常活跃的介词性派生前缀，能与许多名词缀合，构成相应的形容词或名词。③ "anti-"表示"反对"时与名词、形容词结合构成的词，用以描述人或事物是原名词或形容词表示或描述的事物的反对者。例如，说某人"anti-war"表示此人"反对战争"，"anti-colonialism"指"反殖民主义"。"anti-"表示"制止"时与名词、形容词结合构成的词，用于描述制止或摧毁另一事物的事物。例如，"anti-depressants"表示"抗抑郁药"，"anti-tank weapon"表示"反坦克武器"。④ "counter-"作为英语本族语的前缀大约出现在 15 世纪，始于拉丁词"contra-"，前身是古法语词"countre"。"counter-"的基本含义也是"against"，意思相当于"opposite""in return"等，表示"（与……）相反；反，逆；对应，相当"。⑤ "counter-"除了在少量法语借词中与词根结合之外，基本上是派生词缀，可以与名词、动词及少量形容词相缀合。当与名词结合时主要起修饰名词的作用，一般不改变词基单词的词性。⑥ "counter-"与名

① 参见刘艳平《〈现代汉语词典〉和〈汉语水平语法等级大纲〉词缀比较——兼论对外汉语教学词缀、类词缀的范围》，《云南师范大学学报》（对外汉语教学与研究版）2009 年第 5 期。

② 参见《朗文当代高级英语辞典：英英·英汉双解》（第五版），外语教学与研究出版社，2014，第 88 页。

③ 参见李平武《英语词缀与英语派生词》，外语教学与研究出版社，2016，第 106~107 页。

④ 参见〔英〕约翰·辛克莱主编《构词法》，刘万存译，商务印书馆，2020，第 12~13 页。

⑤ 参见《朗文当代高级英语辞典：英英·英汉双解》（第五版），外语教学与研究出版社，2014，第 552 页。

⑥ 参见李平武《英语词缀与英语派生词》，外语教学与研究出版社，2016，第 136~137 页。

词、动词等结合时构成的新名词、动词，表示或描述与另一行动或活动相对立的行动或活动。例如，"counter-measure"表示为减弱某一行动或形势产生的影响而采取的行动，说某一事物"counteracts"另一事物就表示前一事物通过反作用来减少后一事物的影响。新构成的词的写法往往要用连字符号，但部分较为常见的新构词则写成单个的词。① 前缀"contra-"原是拉丁介词，意为"against"或"opposite"，表示"反，防（止）"，② 主要出现在直接引进英语的拉丁词中，是只与拉丁词根缀合的原生词缀，但有时与"contra-"缀合的词基恰好是英语中的拉丁介词，在这种情况下也可以把它看作派生词缀。③ "countra-"构成的词，表示人与人、物与物之间的对立关系或相互产生的反作用。④ 因此，虽然汉语类前缀"反－"可以从表达方向态度的"anti-""contra-""counter-"等不同的英语前缀翻译过来，但由于三者在词意和用法上存在差别，因此在将以"反……法"命名的法律名称中的汉语类前缀"反－"译为英语时，还应当考量和兼顾它们之间的细微差异。

汉语类后缀"－法"（法律），在英语中没有与之对应的后缀，英语表示"－法"（法律）时，常用的单词包括"Law"（法律）、"Act"（法、法案）以及"Code"（法典）。在英美法系中用"Law"为法律命名的情况很少，即便有的法律名称（如 The Australian Family Law 1975，英国 Criminal Law Act 1967）中包含"Law"，但"Law"在其中均用作定语而非中心词。"Act"指由议

① 参见〔英〕约翰·辛克莱主编《构词法》，刘万存译，商务印书馆，2020，第29页。
② 参见《朗文当代高级英语辞典：英英·英汉双解》（第五版），外语教学与研究出版社，2014，第526页。
③ 参见李平武《英语词缀与英语派生词》，外语教学与研究出版社，2016，第134页。
④ 参见〔英〕约翰·辛克莱主编《构词法》，刘万存译，商务印书馆，2020，第29页。

会或国会制定的法律，就效力而言主要表示基本法性质的法律。① "Code" 指法典型的法或基本法。② 因此，在将以"反……法"命名的法律名称中的汉语类后缀"－法"译为英语时，应当选择与该立法的效力最相匹配的词汇。由于意译词属于句法学的范畴，采用意译的方法通常不作为一种独立的构词类型。③ 但为了形象地概括意译在汉语造词中的作用，可将这种由意译产生新词的现象拟称为"意译造词法"。以"反……法"命名的法律，在对外来语的借用和翻译的过程中采用的是"意译造词法"中的直译法。

五 法律命名的词缀化及仿词造词法

修辞是根据对自然和社会的认识调整语言，④ 对语言进行综合的艺术加工。在内容确定的情况下，修辞着力探讨选用什么样的语言材料、采取什么样的修辞方式、追求什么样的表达效果三个问题。⑤ 修辞与造词密切相关，修辞活动不仅运用现有的词且参与全部的造词活动，能够指导和制约造词活动并创造新词。⑥ 用修辞方法造词是造词法高度发达的一种表现，它将文学上的艺术手法和造词法密切结合在一起，是句法学造词法的进一步发展。⑦ 几乎所有修辞方式，如语义双关、反语、仿拟、婉曲、对偶、对比、

---

① 参见王建《法律法规翻译研究》，法律出版社，2020，第 303～304 页。
② 参见陈小全、强凤华《法律位阶与汉语法律名称的英译》，《中国翻译》2012 第 5 期。
③ 参见任学良《汉语造词法》，中国社会科学出版社，1981，第 259 页。
④ 参见陈望道《关于修辞》，载陈望道《修辞学发凡 文法简论》，宗廷虎、陈光磊编，复旦大学出版社，2015，第 330 页。
⑤ 参见黄伯荣、廖序东《现代汉语》（增订六版）下册，高等教育出版社，2017，第 168 页。
⑥ 参见王希杰《汉语词汇学》，商务印书馆，2018，第 139 页。
⑦ 参见任学良《汉语造词法》，中国社会科学出版社，1981，第 237 页。

借代、夸张、顶真、回环、拈连、反复、比喻等都同词汇有关，①都有可能参与造词活动。

在修辞方式中，仿拟作为一种重要的修辞方法，通过模仿、模拟某种现成的词、句或语调以表达某种意思。它包括仿词修辞、仿句修辞和仿调修辞三种情形，② 其中最常见的是仿词修辞。③ 作为一种日益盛行的修辞方式，仿词修辞是为了达到好的效果，更换现成词语的某个词素或词，临时创造出新的词语的修辞方式。④ 与之相应，仿词造词则是为指称新事物、新现象，根据事物的某一特征更换语言中原有的词的部分词素，仿造新词的造词法。仿词修辞与仿词造词在形式上存在诸多相似之处：原型词和仿造词之间都包含相同的词素和不同的词素；原型词和仿造词之间结构都是相同的；原型词和仿造词的意义都是有联系的；某些仿词修辞现象可以转化为仿词造词。但两者又属于不同的现象：仿词修辞属于修辞现象，仿词造词属于词汇现象，因而两者有明显的区别。仿词修辞是临时修辞用法，形成的词是"偶发词"，仿词造词的着眼点是增加语言中的新词；仿词修辞形成的"偶发词"要与原型词格式相对照才能被理解，而仿词造词创造的新词可以不受具体语言环境的限制而单独使用，使用者也不必追根溯源寻求它赖以产生的格式；仿词修辞创造的新词只是为了适应特定的题旨情景的需要，这种新词多数不能进入现代汉语词汇成为新词，而仿词造词创造的新词经过一段时间的使用和人们约定俗成的过程，一般可以成为新词进入现代汉语词汇。⑤ 仿词造词的过程是对词语功能和意义

---

① 参见黄伯荣、廖序东《现代汉语》（增订六版）下册，高等教育出版社，2017，第 171 页。

② 参见吴宗渊《关于拈连、仿词与仿拟》，《宁夏大学学报》（社会科学版）1981年第 2 期。

③ 参见王希杰《汉语词汇学》，商务印书馆，2018，第 143 页。

④ 参见何明延《仿词简论》，《当代修辞学》1982 年第 1 期。

⑤ 参见刘兰民《仿词造词法初探》，《广西社会科学》2005 年第 11 期。

的唤醒，是挖掘其能产性的有效途径，① 已成为汉语新词增加的主要渠道之一，大量新词就是运用这种造词法创造出来的。② 仿造出的新词在没有相应词表达的情况下，其使用在某种程度上填补了词汇的空缺。③ 由于仿词是仿造，新词在意义上并非本来就和旧词相辅相成，因而并非同时产生，④ 而是存在一定时间差的。

仿词造词依据仿拟结构的不同，可以划分为三种类型。一是仿前式，即仿造词仿拟原型词的结构更换原型词的前一个词素，而后一个词素不变的方式。这种方式在仿词造词法中占多数。二是仿后式，即仿造词仿拟原型词的结构替换原型词的后一个词素，而前一个词素不变的方式。⑤ 三是仿中式，即仿造词仿拟原型词的结构替换原型词结构中间的一个或几个语素，而前后语素保持不变的方式，⑥ "反……法" 就是采用这种仿词造词法。以 "反……法" 命名的法律，如果将最早命名的 "反不正当竞争法" 视为原型词，那么 "反分裂国家法"、"反洗钱法"、"反垄断法"、"反间谍法"、"反恐怖主义法"、"反家庭暴力法"、"反食品浪费法"、"反外国制裁法"、"反有组织犯罪法" 以及 "反电信网络诈骗法" 都可以看作仿造词。与原型词 "反不正当竞争法" 相比，这些仿造词是在保持 "反不正当竞争法" 一词的类前缀 "反 –" 和类后缀 "–法" 不变的前提下，将词根 "不正当竞争" 分别替换为 "分裂国家"、"洗钱" "垄断"、"间谍"、"恐怖主义"、"家庭暴力"、"食品浪费"、"外国制裁"、"有组织犯罪" 和 "电信网络诈

① 参见尚春光、汤红莲《仿词造词研究》，《辽宁工程技术大学学报》（社会科学版）2005 年 3 期。
② 参见刘兰民《仿词造词法初探》，《广西社会科学》2005 年第 11 期。
③ 参见查仲云《修辞造词法在新词语中的体现》，《烟台教育学院学报》2004 年第 1 期。
④ 参见任学良《汉语造词法》，中国社会科学出版社，1981，第 236 页。
⑤ 参见刘兰民《仿词造词法初探》，《广西社会科学》2005 年第 11 期。
⑥ 参见李艳艳《浅谈仿词造词产生的原因》，《齐齐哈尔大学学报》（哲学社会科学版）2009 年第 4 期。

骗"而实现的。与此同时，"反分裂国家法"、"反洗钱法"、"反垄断法"、"反间谍法"、"反恐怖主义法"、"反家庭暴力法"、"反食品浪费法"、"反外国制裁法"以及"反有组织犯罪法"等这些仿造词一旦产生，又会变成新的"原型词"，分别成为被其后出现的仿造词——"反洗钱法"、"反垄断法"、"反间谍法"、"反恐怖主义法"、"反家庭暴力法"、"反食品浪费法"、"反外国制裁法"、"反有组织犯罪法"以及"反电信网络诈骗法"所仿造的对象。

仿词造词的原型词和仿造词之间的语义关系包括相关、相对或相反三种情形。相关关系的原型词与仿造词在语义上彼此关联，互相牵扯；相对关系的原型词与仿造词之间的语义关系彼此对立；相反关系的原型词与仿造词之间的语义关系彼此相反，非此即彼。① 以"反……法"命名的法律，原型词（或仿造词）"反不正当竞争法"、"反分裂国家法"、"反洗钱法"、"反垄断法"、"反间谍法"、"反恐怖主义法"、"反家庭暴力法"、"反食品浪费法"、"反外国制裁法"、"反有组织犯罪法"以及"反电信网络诈骗法"之间的语义关系，既非对立也非相反，而是彼此关联。在这些法律名称中仿拟词与原型词都是同类事物，同属一个范畴，利用同类事物的相关性进行联想而仿拟出新词，② 共同构成了以"反……法"命名法律的词汇库。但仿造词与原型词的关系不是单向的而是双向的，它们之间互相制约、互相影响。仿造词的构造受原型词的制约，仿造词的意义受原型词的影响。与此同时，仿造词一旦构成，又会将自身的结构和意义反射给原型词，使原型词的意义发生变化，使人们按仿造词的特点重新理解原型词。③ 因此，以"反……法"命名法律，除了应当考察原型词对仿造词

---

① 参见刘兰民《仿词造词法初探》，《广西社会科学》2005 年第 11 期。
② 参见邓彦君《仿词造词法及其在新时期得以广泛运用的原因》，《重庆科技学院学报》（社会科学版）2009 年第 8 期。
③ 参见薛玲《仿词的构成及其对原词的影响》，《云南师范大学学报》（哲学社会科学版）1998 年第 2 期。

含义的制约和影响外，还应当关注仿造词对人们如何理解原型词可能产生的作用和影响。

新词语产生的主要原因在于社会生活中的新事物、新观念和新概念层出不穷，而它们大多是在已有事物、观念、概念基础上产生的，与之存在各种各样的联系。事物之间的这种联系表现在新旧词语之间的关系上，即它们之间存在一定的相似性和相关性。① 新词缀与汉语中原有的词或词组组合构成新词，在组合时受到的限制较少，这种构词方式很灵活，能产性也很强，描述社会生活中的新现象更方便。② 类词缀主要与双音节和多音节词搭配，③ 从而打破了汉语原来以双音节为主的构词模式，构成了大量的三音节或三个以上音节的新词，且具有超强的造词潜能。④ 作为词缀造词产品的派生词有的特别长，这些派生词的长度理论上几乎可以是无限的。⑤ 以"反……法"命名的法律，按音节结构，四音节的有反洗钱法、反垄断法、反间谍法；六音节的有反分裂国家法、反恐怖主义法、反家庭暴力法、反食品浪费法、反外国制裁法；七音节的有反不正当竞争法、反有组织犯罪法；八音节的有反电信网络诈骗法。而意译造词法将外来语词汇意译为现代汉语词汇，一旦该词汇演化为现代汉语中的类词缀，在造词上就成为一个开放的

---

① 参见李仕春《汉语构词法和造词法研究》，语文出版社，2011，第 42 页。

② 参见孙新爱《对现代汉语词缀问题的几点思考》，《燕山大学学报》（哲学社会科学版）2007 年第 3 期。

③ 词缀通常只能与单音节词（语素）或部分双音节搭配。参见刘艳平《〈现代汉语词典〉和〈汉语水平语法等级大纲〉词缀比较——兼论对外汉语教学词缀、类词缀的范围》，《云南师范大学学报》（对外汉语教学与研究版）2009 年第 5 期。

④ 参见孙新爱《对现代汉语词缀问题的几点思考》，《燕山大学学报》（哲学社会科学版）2007 年第 3 期。

⑤ 现代汉语最常见的词的形式是双音节，三音节词和四音节词都较少。五个以上音节的组合很难被认可为词。这类超长的派生词，大多是言语的词，很难进入语言的词汇系统。五个以上音节的言语词往往经过音节压缩之后才逐步被认可而保持下来。参见王希杰《汉语词汇学》，商务印书馆，2018，第 164 页。

结构。由于仿词造词法是利用同类事物相关性的联想产生新词，只要涉及的同类事物具有相关性就可能仿拟出新词，这种造词法的造词潜力也是巨大的。鉴于以"反……法"命名的法律所运用的三种造词法均具有较强的造词能力，可以预见，以这种方式命名的法律还将陆续产生，法律命名的词缀化趋势将得到进一步强化。

The Affixation of Legal Naming and Its Lexical Creation
—From the Perspective of the Law Named"Anti-...Law"

Wang Fengtao

Abstract: Legal naming shows a trend of affixation, which is embodied in the gradually increase in the number of laws named"Anti-... Law". The formation of the affixation of legal naming is not only due to the development trend of Chinese vocabulary itself, but also affected by the borrowing of foreign words. The affixation of legal naming uses three word-making methods: morphology, syntax and rhetoric. The use of morphological morphology is the affix morphology, and the word formation adopted is"class prefix + simple word/compound word/derived word + class suffix". The use of syntactic word creation is embodied as"free translation to create words", and the type of free translation used is literal translation. The use of rhetorical morphology is characterized as imitating word morphology, and the imitation form adopted is the style of imitating the middle part. Due to the universal productivity of the word-making method used, the affixation of legal naming will be further strengthened with the acceleration of the legislative process.

Keywords: Legal Naming; Affixation; "Anti-... Law"; Modern Chinese; Lexical Creation

2022年第1辑 · 总第5辑

法律和政治科学
LAW AND POLITICAL SCIENCE

Vol.5, 2022 No.1

治　理

软化压力：基于公安打击电信网络诈骗犯罪的"过程—事件"分析

孙少石[*]

【摘　要】压力型体制往往外化为专项行动，它所引起的政府行为的系统性调适，是动态、深层理解政府运作机理的视角与线索。在打击电信网络诈骗犯罪的专项行动中，上下级公安机关围绕"典型案例"，暗中减压、制作"案件"，最终完成指标，考核过关。表面上看，这意味着压力型体制被暗中逐步消解，但深层次看，这是在配套措施不到位的情况下，片面施加压力，基层公安进行的反弹和抵制。因此，压力型体制被软化反映的问题实质是，如何对制度或资源进行结构性重组以应对新型治理问题。

【关键词】压力型体制；电信网络诈骗犯罪；策略互动；"过程—事件"

---

* 孙少石，法学博士，西南政法大学行政法学院讲师，研究方向：法学理论、法律社会学。

一　背景：压力型体制与专项行动

有别于理想中按部就班、有条不紊的科层制常态，疾风骤雨的专项行动显然是一个异常。但正如只有在返观内照中才能理解自己的底色，由专项行动引起的政府行为的系统性调适，是动态、深层理解政府运作机理的视角与线索。唐皇凤、冯仕政、周雪光等学者借助专项行动，已经从多个角度积累了丰富的、用以描述和把握政府运作规律的学术成果。[①] 但是，我们要看到，他们的这些研究基本着眼于宏大叙事，讨论政府行为的模式变动往往是将政府作为一个整体加以呈现的，这导致在无形中错失了从政府具体机制入手剖析专项行动的视角。当然，从另一个角度来看，这为聚焦个案的经验研究预埋了知识背景与拓展伏笔。

随着跨学科研究的兴起，执法作为法学和行政管理的交汇地带，自然而然地进入法学研究的问题视野。同样围绕着专项行动，但立足于对现实问题的近距离观察，法学也在贡献智识。于龙刚、刘杨、印子等人以基层公安、乡镇食品药品监督管理所和国土执法为例，分别考察了基层政府专项行动的实践形态、与科层制的融合关系，以及乡土社会关系对专项行动的影响。[②] 他们的工作，如陈柏峰所言，要通过对具体执法行为的经验性研究，对隐藏在幕后的、塑造执法行为的政府组织关系、制度条件、资源结构、

---

① 参见唐皇凤《常态社会与运动式治理——中国社会治安治理中的"严打"政策研究》，《开放时代》2007 年第 3 期；冯仕政《中国国家运动的形成与变异：基于政体的整体性解释》，《开放时代》2011 年第 1 期；周雪光《中国国家治理的制度逻辑：一个组织学研究》，生活·读书·新知三联书店，2017，第 123～156 页；等等。

② 参见于龙刚《基层执法中的专项行动：原因、实践及后果——以公安专项行动为例》，《湖北社会科学》2016 年第 8 期；刘杨《"专项治理"科层化的实践机制与制度前景——以鄂中 X 镇食品药品监督管理所的执法工作为个案》，《法商研究》2017 年第 1 期；印子《乡村土地执法中的共谋与竞争》，载苏力主编《法律和社会科学》（2017 年第 1 辑），法律出版社，2017；等等。

社会背景等中观、宏观因素进行系统性的理解，[①] 即所谓"以小见大，由表及里"。虽然从研究材料的易得性以及认知的循序渐进的角度看，将基层治理作为执法研究的经验基础无可厚非，但是如果考虑到政府的层级结构，那么专项行动实际上对政府各个层级都会产生影响，而不仅仅是基层这个单一维度，从这个意义上讲，执法研究有拓展的必要。

再深入既有的研究之中加以梳理。专项治理总是与"压力型体制"相伴随，[②] 在很大程度上，这个概念已经框定我们对这一问题理解的视角。基于压力型体制，又衍生出其他从不同侧面刻画政府行为的分析概念，如"目标管理责任制""锦标赛体制""层层加码"等，[③] 它们构成了理解中国政府自上而下布置、分解、压实任务的解释系统。但是我们又要承认，下级政府作为相对独立的利益主体，并不总是机械地、不折不扣地执行上级政府的任务，而往往是在形式上完成指标，但又不过分影响自身利益之间寻求一个适度且微妙的平衡，因此，变通等非正式的制度行为在政府运作过程中就不可避免。[④] 当然，严格地说，这还只是在逻辑上进行推论，因此仍然需要结合具体的经验场景，识破并呈现政府行为和政策特征，求得验证。[⑤]

[①] 陈柏峰：《事理、法理与社科法学》，《武汉大学学报》（哲学社会科学版）2017 年第 1 期。

[②] 荣敬本等：《从压力型体制向民主合作体制的转变》，中央编译出版社，1998，第 28~35 页。

[③] 参见王汉生、王一鸽《目标管理责任制：农村基层政权的实践逻辑》，《社会学研究》2009 年第 2 期；周飞舟《锦标赛体制》，《社会学研究》2009 年第 3 期；周黎安等《"层层加码"与官员激励》，《世界经济文汇》2015 年第 1 期。

[④] 参见王汉生等《作为制度运作和制度变迁方式的变通》，应星等编《中国社会学文选》（上），中国人民大学出版社，2011；周雪光《中国国家治理的制度逻辑：一个组织学研究》，生活·读书·新知三联书店，2017，第 196~236 页。

[⑤] 这是来自既有研究的启示：针对政府更加迂回、深藏的变通行为，未来的研究应该在政策变通的微观基础和相关政策的技术特征上做文章。参见刘骥、熊彩《解释政策变通：运动式治理中的条块关系》，《公共行政评论》2015 年第 6 期。

本文的立意正是建立在以上思路的整理之上：问题意识仍然来自专项行动，但专项行动只是背景，它聚焦的是在专项行动的影响下，条线部门上下之间的行为互动，更具体地说，它们是如何在正式制度的外观下，通过策略性的"合作"，最终完成指标考核过关的。但是，本文还不满足于指出现象，更试图追问：如何从组织关系和制度设施的角度，解释在专项行动中发生这样的现象的原因，并将这一解释放在更大的视野格局中寻求对政府行为的反思性理解。

作为一篇经验研究的文章，本文经验素材的背景源于公安系统从 2015 年 10 月掀起的打击、治理电信网络诈骗犯罪的国家层面行动，而微观基础则来自笔者 2017 年在 A 省 B 市的田野工作。以 B 市为枢纽，向下调查区县公安的打击行动，向上与 A 省公安厅连接，用解剖麻雀的方法，打通公安这一条线系统在地方层面的制度关联。

之所以选择对公安机关打击、治理电信网络诈骗犯罪的专项行动展开讨论，是因为意识到电信网络诈骗犯罪的特性，即它对于公安机关来说，不仅是全新的，而且是复杂和艰难的挑战。2015 年前后，电信网络诈骗犯罪频发。诈骗犯借助现代通信技术手段，来无影、去无踪，跨地区、跨国界，无所忌惮。公安机关的侦查活动面对这一新型犯罪陷入被动，立案数以每年 20% ~ 30% 的速度迅猛增长。根据公安部的统计，2014 年，电信网络诈骗造成的财产损失约 107 亿元，2015 年达到 222 亿元。[①] 除了直接的财产损失，一连串非预期的社会事件也接踵而至：有的受害者因为"养老钱""救命钱"被骗而倾家荡产、跳楼自杀，有的企业因为资金被骗而破产倒闭，甚至引发群体性事件。时任公安

[①]《数据：去年中国电信诈骗导致群众损失 107 亿元》，人民网，2015 年 7 月 12 日，http://mobile.people.com.cn/n/2015/0712/c183008 - 27290426.html；《2015 年全国电信诈骗立案 59 万起 造成损失 222 亿》，中国青年网，2016 年 10 月 2 日，http://news.youth.cn/sh/201610/t20161002_8711928.htm。

部副部长李伟在一次会议上谈到电信网络诈骗的危害，将其上升到"给国家安全和社会稳定带来极大隐患"的程度。① 在这样的态势下，国务院于 2015 年 6 月批准建立由公安部牵头、23 个部门和单位组成的部际联席会议制度，同年 10 月，第一次联席会议召开。在这次会议上，联席会议召集人、时任公安部部长郭声琨要求在全国范围内组织、发动专门针对电信网络诈骗犯罪的专项行动。② 由于打击对象的特殊性，可想而知，这场专项行动对地方的压力与基层公安的实际办案能力之间势必形成尖锐的紧张关系。因此，这对研究压力型体制下地方政府的应对之策，无疑是一个难得的观察机会。

最后，对本研究运用的方法做简要说明。由于本研究聚焦的是政府层级之间具有策略意味的、非正式的互动，因此它无法诉诸正式的制度文本，而只有通过深入具体的场景去感受，并进而建构问题。③ 虽然从理论上讲，问题始终无法脱离制度结构的塑造，但究竟是怎样的制度结构以及具体是何种塑造——"致知"——却不是事先圈定或一目了然的，而必须首先"格物"，也就是说，本研究的起点在于事件以及和事件相关的一系列关系，通过关系之间的牵线搭桥，将事件进行拉伸，从单一事件/关系过渡为一组事件/关系，④ 而从另一个角度来看，这个分析展开的过

---

① 李伟：《在打击、治理电信网络新型违法犯罪专项行动电视电话会议上的讲话》，公安部，2015 年 10 月 30 日，http://www.gov.cn/xinwen/2016 - 02/26/content_ 5046321. htm。

② 《郭声琨在国务院打击治理电信网络新型违法犯罪工作部际联席会议第一次会议上强调坚决打击治理电信网络新型违法犯罪 切实维护人民群众合法权益》，人民网，2015 年 10 月 10 日，https://politics. people. com. cn/n/2015/1010/c1001 -27682880. html。

③ 常人方法学主张，要系统性地"破坏"原有生活"想当然"的常识结构。参见李猛《常人方法学 40 年：1954～1994》，载李培林、覃方明主编《社会学：理论与经验》（第 2 辑），社会科学文献出版社，2005。

④ 李猛：《日常生活中的权力技术：迈向一种关系/事件的社会学分析》，硕士学位论文，北京大学，1996，第 1～8 页。

程又与政府系统的条线结构相暗合。这就是所谓的"过程—事件"分析方法。① 因此，研究方法的选择不是任意的，也不是基于研究者的主观偏好，而是立足于对所要研究问题自身需要的方法的判断。

二 异常：受害者维权，但警察在哪里？

研究从 2016 年 B 市公安局刑侦支队发给 A 省公安厅刑侦局的专项行动报告开始。在这份报告中，刑侦支队列举了专项行动第一年 B 市侦破的典型案例，摘录如下。

> 4 月 29 日，C 县成功破获"2015.11.16"青岛金海岸交易中心炒原油套现特大电信诈骗案，打团伙 1 个，抓获嫌疑人 9 名，冻结涉案资金 390 万元。
>
> 8 月下旬，C 县辗转征战 2 省 4 市 3 区，行程跨域数千公里，历时 13 天艰苦工作，成功为事主陈某追回全部被骗现金 295 万元。
>
> 10 月下旬，在市公安局统一指挥和部署下，市局刑侦、网安、治安支队联合 D 县刑侦大队，历时 2 个月悉心经营、捋线追踪，辗转征战广东深圳、辽宁沈阳、四川成都，以及

---

① 关于"过程—事件分析"的研究策略，参见孙立平《"过程—事件分析"与当代中国农村国家农民关系的实践形态》，载王汉生、杨善华编《农村基层政权运行与村民自治》，中国社会科学出版社，2001。关于"过程—事件分析"在法律社会学早期的应用，参见强世功《"法律"是如何实践的》，载王铭铭、王斯福主编《乡土社会的秩序、公正与权威》，中国政法大学出版社，1997；赵晓力《关系/事件、行动策略和法律的叙事》，载王铭铭、王斯福主编《乡土社会的秩序、公正与权威》，中国政法大学出版社，1997；苏力《穿行于制定法与习惯之间》，载苏力《送法下乡：中国基层司法制度研究》，中国政法大学出版社，2000。关于"过程—事件分析"与"结构—制度分析"之辨，参见谢立中《结构—制度分析，还是过程—事件分析？——从多元话语分析的视角看》，《中国农业大学学报》（社会科学版）2007 年第 4 期。

江苏南京等地，行程往返数千公里，一举摧毁采用非法技术手段获取腾讯计算机 QQ 信息系统数据，侵害公民个人隐私信息，并利用网络非法贩卖从中获利的特大网络犯罪团伙，成功告破目前全国最大的非法获取计算机信息系统数据案。

11 月 25 日，E 县通过悉心经营、缜密侦查，辗转广东、深圳等地，历时 21 天，成功破获全国首例"支付宝"会员被诈骗案。①

作为上呈的专项行动报告，它的意义是多重叠加的。首先是在向上级公安汇报本地"战果"，但这种汇报的过程并不是机械的，汇报的这些案子都是经过精挑细选的，用人们常说的话："拿得出手。"所以它其实还透露了 B 市公安局自己对这一年专项行动开展的评价。更深层次地看，正是基于这一面向上级部门自我评价的事实，这份报告也折射了上下两级公安机关就完成任务情况的好坏所进行的相互试探和博弈，在这个意义上，它不仅是专项行动打防工作的结果，也是上下级公安关系的产物。因此，这份报告值得思考的显然不在于它表面上写了什么，而在于什么因素使它以这种方式呈现。

如果这个思路是有道理的，那么接下去的工作就是顺藤摸瓜，以这份报告为线索，深入它列举的案子及其侦办过程之中，将静态、封闭的报告还原为若干事件前后衔接的动态流程。为避免行文臃肿，下文以 C 县"2015.11.16 案"着重讨论。②

通常我们理解的电信网络诈骗犯罪往往是这样的形态：诈骗犯冒充熟人或者公检法，漫天撒网地打电话，如果有人上钩，钱汇入诈骗犯的账户以后，诈骗嫌疑人迅速洗钱、提现、销毁电话

---

① B 市公安局刑侦支队：《关于开展打击、治理电信网络新型违法犯罪专项行动工作的情况报告》，2016 年 11 月 29 日。

② 本文出现的人名均为化名。

卡，由于警察难以查到诈骗犯的确切位置，侦查也就陷入死胡同。但 C 县的这个案子却非常不同：事后来看，诈骗犯是光明正大地开着公司。

2015 年 11 月 16 日，一个叫张群的女人到 C 县公安局报案，她说自己在一个叫作"青岛金海岸国际商品交易中心"（以下简称"金海岸"）的投资平台上炒现货原油，被骗 16 万元。原来在 10 月下旬，张群接到一个电话，电话里的人告诉她在金海岸做现货投资，回报率相当可观。"2015 年的股票市场不是很好吗？周围的朋友都赚了钱，我也抱着试一试的心理。但是我们作为公务员，上班时间是不能看股市的。然而金海岸这种现货模式不一样，不管白天还是晚上，工作日还是休息日，它随时都可以交易。"（张群；访谈）所以，在 2015 年 10 月 29 日，张群在金海岸开了户，在 11 月 10 日入金 20 万元开始交易。但是，张群在金海岸上买涨买跌的操作，并非出于她个人的判断，而是来自入金时，投资平台指派的一个名叫"王浩"的分析师。

11 月 10、11 日，也就是交易的前两天，在"王浩"的指导下，张群一共赚了 6 万元，但是到了 12、13 日，情势兵败如山倒，两天时间亏损将近 8 万元，而更让张群不解的是，当她把交易清单打印出来，才发现金海岸的手续费高得出奇，每一手不管盈亏，一律扣 700 元，"比其他平台差不多高出一倍"（张群；访谈），而她一共交易了 120 手。也就是说短短两天时间，亏损加上手续费，张群的账户蒸发了 16 万余元。

"我当时吓坏了，哪里有这种事情！我的老公薛为才觉得不对头，坚持要去报案。我们到派出所以后，值班民警说做原油投资的多得很，他们民警都有五六个在搞，确实有这么大的风险，这是正常的现象。"（张群；访谈）

但是警察这样的回应并没有彻底打消张群、薛为才两人的疑虑。"金海岸后来给我们的答复是由于巴黎恐怖袭击影响了原油行情，导致忽然下跌，但是我在 13 号 22 时就结束了交易，但当时巴黎事件还没有发生。"（张群；询问笔录）一方面是公安的不以为意，一方面是事件的疑窦丛生，张群、薛为才二人只好自己在网上大量地检索相关的信息线索，寻找办法。歪打正着中，薛为才在 QQ 上接触到一群与张群经历相仿的人，这些人在形形色色的交易平台上投资过原油、沥青、贵金属等，最后也都是血本无归，他们在网上彼此以"难友"相称，组建了一个带有维权性质的 QQ 群。在 QQ 群中，这些人倾诉自己的经历，相互取暖，但主要是在这里学习、分享如何在这些交易平台把钱返还回来的经验，而促使公安或者其他政府部门介入他们的投资事端就是最主要的办法之一。

经过一段时间在"难友群"中的蛰伏，张群和薛为才渐渐地摸清了门道，他们决心发起第一次投诉。11 月 26 日，他们把投诉材料交到了青岛市大宗商品行业协会。在这份材料中，张群是这么写的："本金已亏损那么多，我家现在债台高筑，倾家荡产，一家人吃不好睡不好，处于极度忧虑之中。损失后我在家人的帮助下，终于知道了：这一切都是一场骗局。"很快，到了 12 月 3 日，金海岸派人与他们签订了一份以关怀补偿慰问金的名义分两次共支付 64000 元的协议，但是在张群看来，自己签约是被迫的，而且不管怎么说，还有 10 万元没有着落，所以事情也不会像协议商定的那样——"投诉方签署并收取关怀补偿慰问金后，不得再通过其他渠道方式投诉被控方以及交易中心"——画上句号。

随着接触到的"难友"越来越多，张群和薛为才竟然遇上了同样在金海岸投资的人，相似的经历促使他们走得更近了。为了交流起来更加密切，他们主动形成了一个专门针对金海岸的 QQ 群。到了 2016 年 3 月，趁全国"两会"期间，他们再次前往青岛维权。一行人到达青岛后，写了十多张控诉书，贴在衣服上。"退一万步说，最后一招我们只有用极端的方式，去政府上访了，谁叫这个公司是在你青岛注册登记的？"（薛为才；访谈）后来，在青岛市城阳区商务局一个科长的协调下，金海岸陆陆续续给这些人打了尾款。在 3 月 24 日，张群的账户收到了 99000 余元。整个事件就此结了。在访谈中，张群、薛为才说如果第一次金海岸就把 16 万元全部支付到位，他们绝对不会再去维权。

这是从受害者的角度描述的 "2015.11.16 案" 的全过程。但稍微细想，我们会感到某种异常：这是刑事案件？警察做了什么？复盘整个过程，我们几乎没有发现警察的身影。在访谈过程中，张群、薛为才提及的与警察有关的工作仅仅是 C 县公安局开具的、他们在第二次维权时带上的受案回执书，尽管在他们看来，公安局已经足够负责了，毕竟一直还有人料理、过问他们的维权过程："说穿了，这种原油期货的网络诈骗对很多地方的公安都是新事物，对于这种诈骗，公安机关自己都没有谱。人家都是有政府批文的，看起来都是正儿八经的公司，公安局经过那么长的时间也没有拿到对方的证据，当然只有靠我们来帮他们提供线索了。"（张群；访谈）

一位江阴市公安局的警察谈起他的办案经历可以佐证张群上面的话："像我们办过的西班牙江苏商会的会长被骗 300 万元的案子，最后一分钱都没有拿到——资金早就转移了。但如果当初他不通过公安，直接去公司闹，他反倒有可能拿到。所以现在有些公安机关对这种案子的态度都是先让受害者自己去维权。"

三 隐秘：特定诈骗犯罪的行为模式

我们不难发现，这个案子周围有许多疑点：为什么某些当事人说公安机关有时是 "没有谱" 的？为什么是 "先让受害者自己去维权"？既然是一个犯罪，为什么公安机关没有采取行动？而对这些问题的回答，都必须首先解释另一个问题：这个犯罪到底是什么形态。因此，我们还必须进一步拉近焦距，揭示犯罪的行为模式，追问它的隐秘性。

张群、薛为才等人之所以直奔青岛，根据在于金海岸营业执照的颁发单位是青岛市工商行政管理局。但是他们不知道，也不可能知道金海岸主要的营业场所其实是在安徽省合肥市，只不过在青岛留下几个工作人员。他们更不可能知道，和他们这些投资者直接接触的并不是金海岸这家公司本身，而是金海岸的代理商，具体到张群的案子里，是一家名叫"安徽新融鸿"的商贸公司（以下简称"新融鸿"）。而实际上，像新融鸿这样的代理商，金海岸还有几十个。金海岸与这些代理商的关系，在它们内部称为"交易平台"与"会员单位"，是一种众星拱月的组织结构。会员单位自身也在向下发展组织，设立了名称各异的小分队，甚至建立业务片区。下面用图1予以说明。

会员单位首先向交易平台交纳一笔保证金，取得代理商资格，然后就可以以交易平台的名义开展现货交易。会员单位的第一个动作是"开发客户"。由专人在网上购买股民的电话号码，然后由话务员漫天撒网地询问，[①] 试探这些人有没有做过投资、投资是否顺利、对现货原油是否了解，如果感受到客户动了心思，他们就会将其拉入一个包括由话务员假扮的赚了钱的客户的 QQ 群中。像张群这样的客户"听"着 QQ 群里有板有眼的交流，如坠云中，也就对投资摩拳擦掌。

客户一旦入金，话务员的工作也就结束，分析师登场，这就启动了第二步。在张群的案子里，那个自称"王浩"的分析师其实用的是假名，他是新融鸿的股东之一。张群投资的这 20 万元进入的是新融鸿在金海岸开的账户，如前所述，张群每操作一笔，

---

① 有必要做一些补充说明：这些话务员基本上都是毕业不久的大学生，"他们搞不清楚公司的情况，看着这么大的公司、这么多的人打电话，觉得大不了就是一种推销"。（C 县公安局警察；访谈）

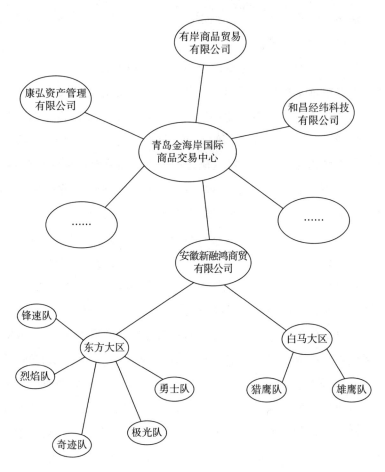

图 1 交易平台与会员单位的关系结构

资料来源：本文作者自行整理。

就默认产生 700 元的手续费，这笔费用根据交易平台和会员单位的约定，大体按照三七开的比例在它们之间进行分配，会员单位占大头，而交易平台有众多的会员单位，它其实是坐地生财。赚客户手续费的收入，交易平台和会员单位将之称为："刷单"。

　　但是在张群的案子里，她曾两天亏损了 8 万元，从事后的侦查来看，这笔钱最后全部归会员单位所有，这背后的行为模式，就是这个犯罪的关键。由于客户的钱与会员单位一开始的保证金是在同一个资金池里，而会员单位之间资金池相互独立，因此，客户与会员单位的资金其实就在资金池里此消彼长，一方赚钱以另一方亏损为前提，因此客户与会员单位实际上是一种对赌关系，而既然是对赌，胜负的关键就取决于信息掌握程度。

一个分析师在讯问笔录中交代："当时我带客户操作，是从'金十数据'里去找数据提供给客户。如果按照那个数据提供给客户，90%都是正确的，如果提示'利多'，就叫买涨，客户就能赚钱，如果提示'利空'，就叫买跌，他同样能赚钱。"（胡程；讯问笔录）但问题是，会员单位为什么要向客户提供正确的信息？客户赚的钱就是会员单位赔的钱，除非放长线钓大鱼，非但从来不会提供正确的信息，相反，理性的做法是喊反单，即分析师根据情势判断应当买涨时，却建议客户买跌；应当买跌时，却建议客户买涨。这种反向操作被他们称为"杀金"或者"杀头寸"：先让客户尝点甜头，然后手起刀落，几天时间就足以让客户赔得干干净净，过程中的血腥甚至让个别分析师自己都良心不安。

汤某也是新融鸿分析师的一员，他回忆自己喊单的一个例外："我对四川张某胜印象深，因为我帮他赚了钱。张某胜的儿子需要看病，我出于善心就背着王某文发正确信息给他，后来他赚了十万元。这件事被王某文知道了，把我狠狠地骂了一顿。"（汤颂；讯问笔录）

对于像张群这样缺乏起码的投资常识、只能对分析师言听计从的人来说，会员单位基本上是一"杀"一个准，但是如果遇到稍微懂行的，"杀金"或许就起不了多大作用了。但这也不意味着会员单位无计可施，它还有杀手锏——与交易平台勾结，在后台修改汇率，直接影响盘面价格。由于交易平台掌握着最高权限账号，它可以登录后台查看客户投资的全部数据，包括做单方向，因此就可以针对具体的客户，在保证与国际原油走势大体一致的前提下，人为地修改特定某个时点的汇率，使得个别点位的油价与实际不符。

假设一个客户 8 时的开仓点是 2.7，他预期是看涨，截至 12 时，收盘点为 4，而且从交易平台这一期间数据的趋势来看，与国际油价走向也是一致的，这显然意味着客户预测正确，应当赚钱。但是交易平台可以通过下调汇率，例如在 9 时这个时刻，使当时盘面跌到 0.8 这个点位，就会使设定平仓线是 1 的这个客户不足以承受盘中波动而平仓出局，换言之，9 时以后即便涨再多也与他无关了。

我们还可以深想一层：一旦经过了这样的波动，客户会认为如果当初自己再多投一些钱，使得平仓线更低一些，也许就能避免在盘面跌到 0.8 的时候被平仓，从而赚到从 9 时到 12 时涨起来的钱。所以只要条件允许，他就会在下一轮向平台投入更多的资金。但是按照汇率调整的逻辑，不管客户投入多少钱，交易平台总是可以让盘面价格跌破平仓线（见图 2）。通俗地说，客户面对的是"出老千"的暗局，客户的投资和亏损相互强化，直到钱被全部榨干为止。这是整个骗局最为险恶，也是最难令外人想象之处。

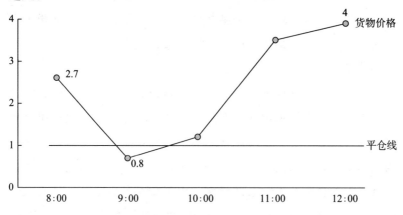

图 2 交易平台通过修改汇率，影响盘面价格，
人为地使客户平仓出局

资料来源：作者自行整理。

但也正是因为难以想象，呈现在客户眼前的只是市场价格的随机波动，在分析师难以把握原油行情瞬息万变的情理之中，这些客户尽管并不坦然，但也自然地将这些理解为"投资失败"，因此，报案无从说起。这就是为什么尽管后来 C 县公安局查到的新融鸿客户有 400 人之多，但是发向全国的、最后收回的受害者证据材料的协查请求只有 25 份。受害者这种懵然无知，刺激、助长了会员单位、投资平台的肆无忌惮的行为。C 县公安局发给 B 市公安局刑侦支队的材料中写道：从调取的银行交易记录来看，新融鸿从金海岸分得的赃款高达 2100 余万元。[①] 再查阅讯问笔录，诈骗犯供述交易平台的高层月收入最多时竟然有 70 余万元。C 县公安局负责此案的警察连连感慨，这是足以让冒充公检法的骗子自愧不如的犯罪手法。

四　策略："典型案例"的生成逻辑

之所以这样细致地描述，目的正是说明局外人确实无法一眼看穿，在张群一开始报案时，警察的反应迟钝、冷淡也就并不奇怪了。但又正因如此，我们才更要追问：C 县公安局后来是如何将其识破的？它又是怎么一路"逆袭"，发展成为"典型案例"的？

这源自一个偶然。据办案警察回忆，在 A 省公安厅，他碰巧听说另一个市的警察谈及在 2013 年侦办的一个案件，[②] 两案相似，这才启动了立案程序。但是这只能说明 C 县公安局的警察意识到

---

① C 县公安局：《关于"2016.4.20" C 县特大电信诈骗案侦办情况的报告》，2016 年 7 月 25 日。

② 这个案子的案情大致是：2013 年 11 月 25 日，方某某报案，称其在 2013 年 10 月，通过一家公司操作现货买卖，在分析师的指导下一共亏损了 139 万余元，怀疑遇到了假冒的现货公司。在公安部、A 省公安厅的领导和部署下，此案侦破，涉及全国 15 个省、自治区、直辖市，涉案资金为 8000 余万元。

了这个案子的诈骗性质，却不能说明为什么他们选择将这个案子作为重点突破的对象，甚至不能解释这个案子的告破原因，毕竟在这个案子以外，还有大量的电信网络诈骗案有待侦查，而从外观上看，它们的犯罪模式都是人们熟悉的，按照通常的理解，对这些案子开展侦查才更合乎情理。

如果说这样的办案有违常理，那么在逐一调查这份发给公安厅的报告中列举的其他案子以后，发现这样的办案方式并非孤例。报告中的第二件案子的办案警察是这么说的："这个 200 多万，5月就被骗了，受害者一直以为自己是投资失败。到了 8 月，这个人跟我的一个同学吃饭，在酒桌上聊到我们公安局最近破了一个现货诈骗案。他半信半疑地跑到公安局来问自己是不是被骗了。不用说了，全国都一样。我马上飞深圳帮他冻结账户。"（C 县公安局警察；访谈）两起现货诈骗案，警察并不需要像通常侦办电信网络诈骗那样在全国范围内大面积地追踪线索，而是直奔公司所在地。

而第三、第四件案子，甚至主要犯罪嫌疑人就在 B 市本地：腾讯、支付宝两大互联网公司凭借各自的技术手段，发现了两起与自己利害攸关的案件，同时监测到作案人使用的 IP 地址就落在 B 市。于是向 B 市公安局报案，线索也提供给了 B 市公安局，所以警察要做的只是按图索骥，在本地将人抓捕，再向其他省市拓展战果。

就像王朔说的那样："将光辉人物伟大历史事件放到日常生活中——那就真相毕露且妙趣横生了。"[①] 一旦刨根究底，也就解构了 B 市公安局的这份报告书：从侦查成本的角度看，这四个案子的共性是一目了然的——线索简单、明了，警察几乎可以在不需要耗费多少侦查资源的前提下完成打击任务，战果唾手可得。这与已有的关于基层公安在专项行动中的行为方式的发现是一致的：

---

① 王朔：《知道分子》，北京十月文艺出版社，2012，第 211 页。

避难就易。① 从一般的原则来说，警察这种行为方式受制于也服从于以完成任务指标为重心的专项行动的逻辑，但这样的解释大而化之，它省略、忽视了在特定场景下，行动主体复杂而微妙的互动博弈，也就失去了基于这样的互动与场景的关系引发的针对制度环境的深层思考，因此有必要继续以"过程—事件"为分析思路，延伸打击犯罪这一事件，将其与汇报战果勾连起来，合成一组更大的叙事。

（一）考核：暗中减压

2015年，电信网络诈骗犯罪的严峻程度已经直逼国家可以容忍的底线，公安部挂帅，再一次发动专项行动。与其他年份不同，这一轮行为不再笼统地将电信网络诈骗视为"盗抢骗"的一类，而是将其直接突出。在中央层面，公安部根据社会态势，在战略方向上部署全国公安的打防格局，调整资源的分配方式，现阶段要向电信网络诈骗犯罪倾斜，因而就可以理解为什么公安部设定的目标只是总体的"两升两降"，即抓获违法犯罪嫌疑人数量明显上升、破案数明显上升、发案数明显下降、人民群众财产损失明显下降，公安部没有、也不应对具体的执行细节进行管控，这部分工作是下沉给地方层面逐级完善落实的。

然而，对于省一级公安机关来说，打击电信网络诈骗的工作如何摆布，至少在专项行动之初，它也无所适从。因为一直以来，公安都是将"电信网络诈骗"纳入"诈骗"进行的统计，省级公安并不确切地知道如果将其单独作为一个专项行动，各地可以接受的任务基数究竟是多少，相应地，依托于任务基数向地市级分解任务的工作模式就无法开展，这就导致目标设定的权力再一次

---

① 于龙刚：《基层执法中的专项行动：原因、实践及后果——以公安专项行动为例》，《湖北社会科学》2016年第8期。

下沉，[①] 交到更贴近基层、信息掌握更充分的地市层面。因此，地市公安成为专项行动实际的枢纽。

尽管如此，地市公安却不可能任性地、不顾现实地推动专项行动，对它的现实约束来自两个既相互支撑、但又有内在张力的方面。第一，打击电信网络诈骗犯罪已经成为当下刑事侦查的首要任务，在压力型体制之下，各地必须交出战果，而所谓各地，落实到操作层面，其实也就是区县公安，在现有的刑侦体制安排下，它们承担着几乎全部的刑事侦查任务，所以，地市必须、也只有给区县布置任务，才能完成对它自己、也是对整个公安系统的救赎。第二，作为区县公安直接的上级部门，地市非常清楚、也理解区县公安应对电信网络诈骗的能量。"存在畏难情绪。……在目前警力少、任务重的情况下，各参战单位往往选择回避。"[②] 对于资源捉襟见肘的区县公安来说，只要启动对电信网络诈骗的侦查，都必然意味着前期巨大的经费、警力投入，暂且不论有无结果，这已经对属地治安管控形成了阶段性松弛，也就埋下了不容低估的治理风险。一荣俱荣，一损俱损，地市公安不应当、也不可能为了督促区县打击电信网络诈骗，让区县以及自己牺牲更大的甚至全局性的利益。因此，表面上把控专项行动节奏的地市公安要像走钢绳的杂技演员一样，在督促区县公安机关上交战果和不给区县公安施加过大压力之间，小心翼翼地寻找平衡。

以 B 市为例，针对 2016 年制定的各区县打击电信网络诈骗犯罪的任务基数，除了经济状况略好的两个区县分别要求抓 5 人、3 人，其余区县的任务均为抓 2 人。坦率地说，对于电信网络诈骗这种团伙犯罪，布置这样的任务基数是相当保守的。这种保守不仅仅体现在基数上，而且还体现在如何认定基数上。我们将刑侦

[①] 关于目标设定权与控制模式的关系，参见周雪光、练宏《中国政府的治理模式：一个"控制权"理论》，《社会学研究》2012 年第 5 期。

[②] B 市公安局刑侦支队情报大队：《关于对通讯网络新型诈骗案件的分析报告》，2016 年 4 月 19 日。

板块的其他考核与打击电信网络诈骗做一个横向比较，可以看出，其他任务是否完成依赖并取决于市公安局、法院、检察院的认定，但电信网络诈骗是例外，它以是否刑事拘留为准（见表 1），也就是说，战果认定权完全掌握在区县公安局自己手里。从另一个角度，我们可以看到，B 市公安局主动降低战果认定的门槛，无形之中给区县公安减轻了考核难度，而且它倾向性地只关心办案数量，对办案质量的要求则相当宽松。在 B 市公安局刑侦支队，一位警察这么说："我们也规定各个区县要去办，但没有强求它们一定要破多少，因为那确实有些强人所难，其他案子已经把区县的兄弟们压得不行了。但大家还是要尽力去搞这类案子。刑侦板块的考核，有的比较硬，比如对杀人案件的考核，但对电信网络诈骗案件的考核要相对灵活一些。"（B 市公安局警察；访谈）

表 1　B 市公安局对区县公安局的考核指标与认定依据

考核指标	认定依据
破案数上升率	市局指挥中心
起诉案件上升率	检察院起诉书
起诉人数上升率	检察院起诉书
侦办跨区域系列团伙案件	检察院起诉书
重刑率	法院判决书
追缴被盗抢机动车	被盗抢汽车信息系统
打击电信网络诈骗犯罪	以是否刑事拘留为准

资料来源：本文作者的第一手调研资料。

区县公安显然从考核中领会了上级公安的意图，并从中受益。回到"2015.11.16 案"，办案警察是这么说的："我们一开始只是想帮张群把钱追回来，虽然后来知道了判例，而且和检察院、法院做了沟通，可是去抓人的时候心里还是不踏实。但毕竟专项行动期间只要涉嫌犯罪，刑拘就算数，也就顾不上最终能不能处理得了了，所以就壮着胆子先试一试。当时如果考核依据是其他，

比如逮捕或者起诉，我们就比较吃力了，上下左右很多悬浮不定的事情不好把握。"（C 县公安局警察；访谈）

（二）办案：趋利执法

已有的政府行为研究发现，对于实际负责政策落地的区县一级会有条件地"违反"中央政策，如果政策执行成本过高，为了维护自身利益，它们会在执行中选择以较低的成本、在形式上完成上级交办的任务，[1] 有学者将这种现象概括为"选择性应付"[2]，这一逻辑在警察执法领域的延伸，则被称为"趋利执法"或"选择性执法"。[3]

吕德文注意到对于治安案件，巡警大队或派出所倾向于办理聚众赌博、卖淫嫖娼这一可以创造经济收益的类型，而对于大多数的案件，例如邻里纠纷、打架斗殴、小偷小摸，则积极性不高。不仅仅是治安案件，对于刑事案件，除了领导重视的硬性任务以外，区县的刑警大队乐于办理的也往往是有利可图的案件。吕德文将问题的结构性因素归结为：经费压力迫使警察从执法潜在收益的角度反推自己当下是否执法，以及在多大程度上将其推进。其中隐含的判断是：警察不是机械地按照考核方案中布置的各项任务逐一、均匀地用力地执法，而是后果主义导向、有选择地采取行动，上级的绩效考核只是他们考虑的诸多因素之一。[4]

从这个逻辑出发，不难理解为什么长期以来，区县公安普遍不愿意侦办电信网络诈骗案件，非不为也，实不能也。这种犯罪

---

① 王林生：《中国地方政策决策研究》，华南理工大学出版社，2005，第 164 页；魏姝：《府际关系视角下的政策执行——对 N 市农业补贴政策执行的实证研究》，《南京农业大学学报》（社会科学版）2012 年第 3 期。
② 杨爱平、余雁鸿：《选择性应付：社区居委会行动逻辑的组织分析——以 G 市 L 社区为例》，《社会学研究》2012 年第 4 期。
③ 吕德文：《警察"趋利执法"是如何发生的》，《南风窗》2015 年第 6 期。
④ 这与苏力分析的基层法院的法官行为逻辑是相通的，参见苏力《送法下乡：中国基层司法制度研究》，中国政法大学出版社，2000，第 178～183 页。

依托互联网，呈现出的是超常规、大幅度的跨空间特征，侦破难度非同一般，破案成本极高。一位有过侦查经验的警察这样说："一接触，短则两三个月，长则半年，还不一定看得到初步结果，而到底有无结果也是未知数。"（B市F区公安分局警察；访谈）而耗费相当的时间、精力、经费侦办其他类型的案子却可以立竿见影。由于激励不够，电信网络诈骗的侦办逐渐被边缘化，进而这一现象趋于固化。

而专项行动，在某种意义上，就是通过自上而下的压力冲击这一固化的制度，但是，从受力者，即基层的角度，一项长期以来唯恐避之不及的工作，在其他外部条件不变的情况下，却突然加码成为一项被单独考核的任务，区县公安的勉强、抵触可想而知。一方面，他们不能像过去那样对电信网络诈骗视而不见，但另一方面，他们又不能只瞄准电信网络诈骗这一项工作。除了电信网络诈骗，刑事侦查涉及的考核还包括：命案、扫黑除恶、涉枪犯罪、刑侦缉毒、打拐、追逃和其他侵犯财产类犯罪。就算退一步，只打击电信网络诈骗，以B市为例，2016年全市立案1365件，一律侦办显然不切实际，警察必须权衡在给定资源的前提下，手中众多的电信网络诈骗案件中哪一件"回报率"可能更高，值得他去投入资源。换言之，"选案子"不可避免。

但问题在于，警察是以什么标准"选案子"。在长期实践中，警察其实已经相当熟悉电信网络诈骗的各种套路，通过这些套路，大致可以判断诈骗犯来自哪些地方，是团伙作案还是散兵游勇，这些人的反侦查能力是强是弱，并最终预测这个案子在目前条件下可能的办案进度、成本收益。一般而言，选取"冒充公检法""猜猜我是谁"之类精心布局的难办案件作为打击重点，警察是要面临巨大压力的。

但是，还有一些诈骗犯罪，虽然有别于人们对电信网络诈骗通常的理解，但仅仅因为其在犯罪手法上也触碰了通信或互联网，似乎能和"电信网络诈骗"这个概念沾边，而且从初查的线索来看，也并不复杂，那么从完成考核任务的角度，势必会选择这些吹糠见米的犯罪，并且把它们作为电信网络诈骗来打击处理。"办任何案子，公安机关都要考虑办案成本，就说徐玉玉案，被骗了9000 多块钱，公安最后办下来，怎么也花了上百万吧。现在的电信诈骗，一初查，银行卡、电话卡都是假的，而且骗子动不动就在境外，一个县级公安机关随随便便搞得定？我们这个案子比较特殊，信息全是真的。你也可以说他们是非法经营、赌博了，但是话务员、分析师和受害者之间的对话是假的，专项行动打的就是电信诈骗，我们就套在诈骗罪上面了。"（C 县公安局警察；访谈）

站在市公安局的角度，对于区县公安的这种"短平快""捏软柿""捡现成"的行为有时也很难给予过多干预和负面评价，因为办案数量毕竟是对区县公安的重要考核标准之一。

（三）汇报："制作"案件

当我们对犯罪本身及其侦办流程有了透彻的了解以后，这份专项行动报告就不再那么平面和简单了，似乎只描述案件，并且是"典型案件"，相反，它可以视为一个"索引性表达"，[①] 在其背后深藏着大量基于案件且关于公安机关如何完成工作指标的未言明信息，也就是说，在显而易见的盘面上却有着另一番深意。

从某种意义上讲，汇报是上级公安机关对下级的战果检查验收的方式之一。为了确保这些战果能够顺利地被上级验收，不出纰漏，下级公安机关有意采取各种应对策略来隐瞒、扭曲、模糊信息以过关。这样的非正式行为大量地出现在不同的政府层级、

[①] 李猛：《常人方法学 40 年：1954～1994》，载李培林、覃方明主编《社会学：理论与经验》（第 2 辑），社会科学文献出版社，2005，第 115～118 页。

职能部门和问题场景中，① 这份报告也不例外。

　　它列举的案子无疑都是有事实根据的，而且突出的那些事实与过程也是客观的，但是，问题的关键并不在于呈现事实本身，而在于如何对这些事实进行摆布，要通过这些材料，化腐朽为神奇地表现本地专项行动中的成绩。比如电信网络诈骗犯罪的特征之一在于在空间上高度离散，侦查基本都需要跨省，这一点无疑要充分表现在"典型案例"之中，不仅要跨——"行程往返数千公里"——更重要的是还要突出数量上的多、跨度上的广——"辗转多地"。再比如，电信网络诈骗作为一种与通信技术高度关联的新型犯罪，它包含的罪名远不仅仅是诈骗，还衍生出其他与互联网相关的犯罪，如非法获取计算机信息系统数据罪、非法获取公民个人信息罪，如果汇报的是这样的案子，不仅紧扣专项行动的主题，也向省公安厅暗中传递多警种协同作战的信息；以及要突出这些案子的意义——"全国最大""全国首例"。至于这些案子是怎么发生的、线索是如何取得的，则不可能进入汇报的视野。这就使得原本一件小案，至少是不难办的案子，因为事理逻辑的排列重组，② 升华为更高级层面的案子。在这个意义上，我们或许可以说，区县公安局侦办的电信网络诈骗案是一回事，市公安局向省公安厅汇报的案子又是另一回事。

　　但是省公安厅真的不知道吗？在 A 省公安厅，负责全省打击电信网络诈骗的警察说："我也不是非要底下去办大案要案，那不现实，但是你哪怕去办一起给我看看，我现在先不管你办的到底是大的还是小的，是真的还是假的。"（A 省公安厅警察；访谈）

---

① 周雪光：《基层政府间的"共谋现象"——一个政府行为的制度逻辑》，《社会学研究》2008 年第 6 期；艾云：《上下级政府间"考核检查"与"应对"过程的组织学分析——以 A 县"计划生育"年终考核为例》，《社会》2011 年第 3 期；倪星、王锐：《从邀功到避责：基层政府官员行为变化研究》，《政治学研究》2017 年第 2 期。

② 赵晓力：《关系/事件、行动策略和法律的叙事》，载王铭铭、王斯福主编《乡土社会的秩序、公正与权威》，中国政法大学出版社，1997。

即使是省公安厅，它也被专项行动的数量逻辑所左右，只能默许基层公安的做法，而这根源于公安部"两升两降"的压力。通盘来看，对于打击电信网络诈骗，办案质量让步于办案数量这条主线贯穿了地方公安上下，查处的只是一些边边角角的案子，从完成任务的角度，这似乎无可指摘，但代价就是，在这一阶段，公安机关应对网络犯罪的侦查水平和能力并没有得到实质性的提升。

五　结语：压力型体制的软化及追问

受到孔飞力的启发，解读政府公文："要么把它们当作关于外在现实的描述，要么将它们视为文件作者政治需要的反映。"[1] 即把一个文本看作一组事件最终沉淀的产物，而围绕在这一组事件的周围，是不同利益主体互相博弈的过程，这与"过程—事件"的分析思路具有内在的相通性。本文以 B 市公安局发给 A 省公安厅的专项行动报告为切入口，将"过程—事件"在若干前后关联的场景里次第铺展，呈现的是在专项行动的压力下，不同层级公安自身和相互之间是如何行为、互动以降低压力，求得考核过关的。从这一点来说，它发现了公安打击电信网络诈骗犯罪过程中的一些不得已的行动策略，论证了压力型体制内生的自我消解缺陷。[2]

尽管研究社会的科学，总是不可避免地要发掘隐秘，有时甚至是"统治者不愿看到被揭露的隐秘"，[3] 但如果只是停留在揭示现象的层面，仍然是不够的，我们需要借助公安机关打击电信网络诈骗犯罪这一事件，进一步追问压力型体制这种自我消解的更

---

① 〔美〕孔飞力：《叫魂：1768 年中国妖术大恐慌》，陈兼、刘昶译，上海三联书店、生活·读书·新知三联书店，2014，第 273 页。
② 周尚君：《地方法治竞争范式及其制度约束》，《中国法学》2017 年第 3 期。
③ 〔法〕皮埃尔·布尔迪厄、汉斯·哈克：《自由交流》，桂裕芳译，生活·读书·新知三联书店，1996，第 53 页。

一般化意义。表面上看，公安机关这种趋易避难的行为反映的是执行力的薄弱，也正是如此，似乎才更加证明了压力型体制的必要性和正当性，顺理成章的对策就是诉诸更严苛的加码手段和考核机制敦促、监督基层公安。这种将治理目标临时性地嵌入考核方案的操作，已经构成运动型治理的缺省设置。在 B 市公安局调研时，刑侦支队副支队长说到如何调动区县"参战"，他的建议是，将打击电信网络诈骗犯罪与区县公安局的"一票否决"挂钩。

但是，这种屡试不爽的行政管理机制的实践效果正在为基层治理研究反思并质疑。① 片面强调高指标，脱离基层的实际执行能力，而又缺乏必要的上下沟通机制，这不是以特例的形式出现在公安机关打击电信网络诈骗犯罪之中，而是弥散在基层政府不同部门、不同领域的普遍现象，套用一句话：压力型体制不能解决所有问题，某种意义上，它就是问题本身。再具体到公安机关打击电信网络诈骗犯罪的问题上，在几乎全部的侦查办案任务压力都施加给区县公安的前提下，进一步加码电信网络诈骗这一新型犯罪，应当与之配套的情报、科技、侦查手段却又无一落实，基层当然会对压力进行不动声色的反弹和抵制。因此，公安机关在打击电信网络诈骗犯罪过程中的所作所为，并不是基层执行力有无或多寡的问题，而是一个涉及制度或资源的结构性重组的问题。

随着外部环境的变化，治理对象的跨界性、复杂性、混沌性日益凸显，正如电信网络诈骗犯罪，它集成了金融、通信等多个领域的资源，治理工作已经超出了公安这一单一系统的组织、调动、整合、管理能力。这对政府治理能力、管理水平提出了与传

---

① 朱新峰：《县级目标管理责任制探疑》，"落实科学发展观推进行政管理体制改革"研讨会暨中国行政管理学会 2006 年年会论文；董强、李小云：《农村公共政策执行过程中的监督软化——以 G 省 X 镇计划生育政策的落实为例》，《中国行政管理》2009 年第 12 期；欧阳静：《策略主义：桔镇运作的逻辑》，中国政法大学出版社，2011，第 90～103 页；艾云：《上下级政府间"考核检查"与"应对"过程的组织学分析——以 A 县"计划生育"年终考核为例》，《社会》2011 年第 3 期。

统工作模式具有结构性差异的要求，意味着我们要突破传统的、靠压力型体制驱使基层以近乎蛮干的方式推动治理工作的思维定式。而至于这样要求的具体内涵和政府相应的制度变革，已经超出了本文主旨，需后续研究推进。在这个意义上，本文也融入了"过程—事件"，它是索引链上的一环。

Softening Pressure: Based on the "Process-Event" Analysis of Public Security Organ Cracking Down on Telecom Network Fraud Crime

Sun Shaoshi

Abstract: Pressure system is often externalized into special action, and the systematic adjustment of government behavior caused by it is the dynamic and deep understanding of the perspective and clue of government operation mechanism. In the fight against telecommunications network fraud crime in the special action, the upper and lower levels of public security organs around the "typical case", through strategic "cooperation", secretly decompression, profit law enforcement, production of "case", finally fulfilled their quota and passed the examination. On the surface, this means that the pressure system is gradually dissolved in secret, but on the deeper level, it is the backlash and resistance of grassroots public security organs by one-sided pressure under the condition that supporting measures are not in place. Therefore, the softening of the pressure system reflects the essence of the problem is how to restructure the system or resources to cope with the new governance problems.

Keywords: Pressure System; Telecom Network Fraud Crime; Strategic Interaction; "Process-Event"

数据泄露中"风险与焦虑"损害认定问题

汪 鑫[*]

【摘　要】数据驱动与移动互联技术正在不断改变人们的生活与生产方式，在不断增进整体社会福利的同时，数据泄露等负面产品也相伴而来，从而引发诸多新的挑战。其中，数据泄露导致的"风险与焦虑"损害认定问题已成为理论界莫衷一是的问题。较之传统的损害类型，其具备潜在性和无形性的特质。因此，被侵权人与法院在损害的证明和认定问题上陷入泥淖。放眼国际，虽然欧盟于立法上承认新型损害并支持救济，但是成员国依然采取宽严不一的司法认定标准；素来强调"实质损害"的美国法院逐渐降低数据泄露领域的"损害"认定标准，从而衍生出"迫近"标准和"客观可能性"标准。揆诸国内，在"风险"损害认定问题上，司法实践可以考虑借鉴"客观可能性"标准。在"焦虑"损害认定问题

---

* 汪鑫，上海对外贸易大学 2019 级民商法硕士研究生在读，研究方向：民商法、数据法学。

上，立法或司法实践可以考虑适当降低精神损害赔偿的"严重性"标准。

【关键词】 风险与焦虑；损害认定；客观可能性；救济

一　引言

如今的我们已然沉溺在数字的汪洋大海之中，无厘头的垃圾短信、骚扰电话已成为日常生活无法或缺的部分。在数字时代，由于数据不受时间和空间的限制而可以被立刻获取，因此数据采集的便捷性导致数据泄露的风险性增加。① 2013 年至 2016 年，美国雅虎公司（Yahoo）发生三次数据泄露事件，总计有 30 亿用户的信息受到影响。在雅虎被提起的集体诉讼案件中，和解的赔偿金数额更是高达 1.175 亿美元。② 2017 年 Horizon Healthcare Services 公司的数据泄露案件，涉及 83.9 万人的个人数据。③ 2017 年美国发生的 Equifax 数据泄露案涉及 1.45 亿人的数据信息和近乎 3.29 亿美元的财产。④ 安德玛公司（Under Armour）于 2018 年 3 月宣布，其子公司减肥宝（MyFitnessPal）的 1.5 亿用户信息被泄露。⑤ 2019 年 5 月，澳大利亚图形设计工具网站 Canva 导致 1.39 亿用户信息被

---

① 参见 Kenneth J. Arrow, "Economic Welfare and the Allocation of Resources for Invention," in *The Rate and Direction of Inventive Activity*: *Economic And Social Factors*, Princeton University Press, 1962, pp. 609, 615。

② 《雅虎就数据泄漏事件达成新和解协议》，"金融界"百家号，2019 年 4 月 10 日，https://baijiahao.baidu.com/s? id = 1630443249617176593&wfr = spider&for = pc。

③ In re Horizon Healthcare Servs. Inc. Data Breach Litig., 846F.3d 625, 15（3d Cir. 2017）.

④ David J. Bier, "Integrating Integrity: Confronting Data Harms in the Administrative Age," 99 *B. U. L. Rev.* 1799（2019）: 1816, 1817.

⑤ 《安德玛运动品牌 1.5 亿用户数据泄露》，"E 安全"网易号，2018 年 4 月 1 日，https://www.163.com/dy/article/DEA9HKP405128DFG.html。

泄露。① 著名的美国社交平台脸书（Facebook）也屡屡被曝出丑闻，例如其 2021 年被披露存在 5.35 亿用户的数据被泄露。② 根据我国国家互联网应急中心编写的《2020 年中国互联网网络安全报告》，APT（高级持续性威胁）组织常采用钓鱼邮件等形式以新冠肺炎疫情等社会热点话题对包括中国在内的部分国家频频攻击。2020 年电子商务、互联网企业、医疗卫生等众多行业机构遭受数据盗窃的数量累计达至 3000 多起。微信小程序等引发的数据安全风险大幅增加，未采取防护措施的小程序数量占比甚至超过 90%。③ 此外，2020 年 1 月，中国电信也被曝超 2 亿条用户信息曾被出售。④ 2020 年搜狐网等网站报道新浪微博涉嫌泄露 5.38 亿用户数据并在暗网出售。⑤ 2021 年滴滴网约车、豆瓣、小红书等承载大量用户数据的 App 更是因涉嫌泄露用户数据而被我国有关部门约谈。数据泄露不仅关涉个人利益、群体利益，更关涉社会公共利益。因此，数据泄露事件愈加受到政府和社会公众的关注。

所谓数据泄露，是指采集、储存、处理以及传输中的个人数据尤其是敏感数据的丢失或被盗、更改、被破坏以及其他未经授

---

① 《2019 年的 12 大数据泄露事件》，"网络安全快报"百家号，2019 年 12 月 6 日，https://baijiahao.baidu.com/s? id = 1652154866699533859&wfr = spider&for = pc。

② 《Facebook 爆出史上最大丑闻，数据帝国崩解危机引爆》，"DeepTech 深科技"百家号，2018 年 3 月 21 日，https://baijiahao.baidu.com/s? id = 1595512047102035386&wfr = spider&for = pc。

③ 《国家互联网应急中心（CNCERT）发布〈2020 年中国互联网网络安全报告〉》，国家互联网信息办公室网站，2021 年 7 月 21 日，http://www.cac.gov.cn/2021 - 07/21/c_1628454189500041.htm。

④ 《中国电信超 2 亿条用户信息被卖 售价低至 0.01 元/条》，新浪科技，2020 年 1 月 3 日，https://tech.sina.com.cn/roll/2020 - 01 - 03/doc-iihnzhha0079019.shtml；陈德武、陈亚华、姜福乾等侵犯公民个人信息案，浙江省台州市中级人民法院（2019）浙 10 刑终 692 号刑事裁定书。

⑤ 《微博数据疑似大规模泄露 5.38 亿条用户信息在暗网出售?》，"搜狐科技"百家号，2020 年 3 月 19 日，https://baijiahao.baidu.com/s? id = 1661582739704971142&wfr = spider&for = pc。

权的访问或公开，从而损害这些数据的机密性、完整性以及可用性的行为。① 数据泄露的发生导致本应由个人控制的个人数据被第三方获取和处理，从而造成对数据主体的利益侵犯。数据泄露可发生于多个数据处理环节且发生原因多样，诸如第三方数据盗窃者的盗窃行为、数据公司采取的安全措施不当以及人为错误等原因。数据公司作为数据存储和管理的一方，若安全保护措施缺位，将导致数据主体面临潜在的数据盗窃和难以撤回的风险等损害。② 以损害是否有形为标准，数据泄露侵权造成的损害呈现出三种类型：一是传统的财产损害，即金融数据被盗窃而产生的账户金额损失等；二是传统的非财产损害，常见的形式是名誉权等人格权受到损害；三是新型的非财产损害，即对未来损害产生的"风险与焦虑"损害。"风险与焦虑"损害实质上是"风险"损害与"焦虑"损害的组合，"风险"损害是指数据泄露产生之后，数据主体的身份数据、银行账户、医疗保险等数据日后被冒用等侵害可能性的增加；而"焦虑"损害是指数据主体在知晓自身数据被泄露之后产生的对未来损害发生的担忧和忧虑，此乃精神上的不利益，即精神损害。"风险与焦虑"损害的潜在性和无形性，引发了"风险与焦虑"损害是否符合可以被认定为"损害"的纷争。

目前，依据《个人信息保护法》第 69 条的规定，数据主体可以依据因数据侵权遭受的财产与非财产损害请求救济。以"损害"存在为前提的条件与我国《民法典》侵权责任编第 1166 条

---

① 参见 Article 4（12）of EU General Data Protection Regulation（GDPR）；Clara Kim，"Granting Standing in Data Breach Cases：The Seventh Circuit Paves the Way Towards a Solution to the Increasingly Pervasive Data Breach Problem，" 2016 *COLUM. BUS. L. REV.* 544（2016）：546。

② "The Standard for Biometric Data Protection，" 7 *J. L. & Cyber Warfare* 61（2018）：63.

的规定一脉相承。① 数据主体若想获得救济，则必须证明其利益遭受损害。因此，"风险与焦虑"损害的认定是无论如何也绕不开的话题。

二 "风险与焦虑"损害的纷争与证成

（一）"风险与焦虑"损害的理论纷争

数字时代的背景下，个人遭受的"风险与焦虑"损害似乎与一般"法律上的损害"难以贴合。一般认为，"损害"是指个人、实体或社会的利益减损，就个人而言，其意味着受害人身体完整性、智力敏锐度、精神稳定性、正常社交能力以及财产等利益的减损。② 自德国学者克里斯蒂安·蒙森（Mommsen）提出"差额说"以来，大陆法系国家普遍认可任何人身或者财产上的不利益，只有在法律上被认为具有补救的可能性和必要性时，才产生民事责任。只有那些具有可赔偿性（ersatzfaehiger）的损害，才属于损害赔偿法意义上的损害，即"法律上的损害"。③ 与此同时，在以美国为代表的英美法系国家，也主张"损害"必须是具体的、特定的以及实际的和迫近的，而非具备投机性和假设性的。无可非议的是，传统的"损害"一般均需要构成二点：一是"损害"必须是实际存在的不利益，可以称之为"确定性"；二是"损害"必须具备可赔偿性。因此，传统损害侧重于损害的确定性和可赔偿性。

---

① 《民法典》第1166条规定："行为人造成他人民事权益损害，不论行为人有无过错，法律规定应当承担侵权责任的，依照其规定。"

② Daniel J. Solove & Danielle Keats Citron, "Risk and Anxiety: A Theory of Data Breach Harm," 96 *Texas Law Review* 737 (2018): 747.

③ 程啸：《侵权责任法》，法律出版社，2015，第216页。

　　然而，数据泄露催生出的"风险与焦虑"损害夹杂着潜在性和无形性的特质，与传统损害显得"格格不入"。恰是"风险"损害的潜在性和"焦虑"损害的无形性，导致部分学者认为"风险与焦虑"损害非"法律上的损害"，因而不具备可赔偿性。

　　但是，随着损害概念扩张的国际趋势，以及学者对"风险社会"中个人权益保障的深入研究，也有愈来愈多的国内外学者认为应当将"风险与焦虑"损害纳入"法律上的损害"的范畴。Clara Kim 指出目前美国以第七巡回法院和第九巡回法院为代表，部分法院支持新型损害在符合一定的条件时可以获得赔偿。[①] Jason S. Wasserman 也认为未经授权的第三方获得数据时，数据主体已经遭受了损害。[②] 在国内，田野教授指出由于数据泄露侵权等相关侵权案件的高发性和个人数据的特殊性，司法实践应当有条件地认可"风险性"损害。[③] 其同时指出，"风险与焦虑"损害可以将寻找利益差额作为损害认定的切入点，通过类型化方法将风险予以细分，从而更好地将风险性"损害"与传统"实质损害"相融合。[④] 解正山教授也指出，"风险与焦虑"损害已经是数据泄露损害中的常态，但是我国司法实践对该问题的关注不足，导致数据主体的权益难以得到有效保障。[⑤]

　　持支持观点的学者的出发点主要为二：一是"风险社会"下"风险与焦虑"损害逐渐成为更加突出和更具有普遍性的问题；

---

① Clara Kim，"Granting Standing in Data Breach Cases：The Seventh Circuit Paves the Way Towards a Solution to the Increasingly Pervasive Data Breach Problem，" 2016 *COLUM. BUS. L. REV.* 544 （2016）：594.

② Jason S. Wasserman，"Stand in the Place Where Data Live：Data Breaches as Article Ⅲ Injuries，" 15 *Duke J. Const. L. & PUB. POL'y Sidebar* 201 （2020）：205.

③ 田野：《风险作为损害：大数据时代侵权"损害"概念的革新》，《政治与法律》2021 年第 10 期。

④ 田野：《风险作为损害：大数据时代侵权"损害"概念的革新》，《政治与法律》2021 年第 10 期。

⑤ 解正山：《数据泄漏损害问题研究》，《清华法学》2020 年第 4 期。

二是一定条件下的"风险与焦虑"损害实质上已经是具有确定性的即时损害，而非纯粹的未来损害。

（二）"风险与焦虑"损害的证成

"风险与焦虑"损害实质上并非数字时代的新鲜产物，特别是在侵权责任法领域，也早已有前车之鉴。首先，针对"风险"损害，人类社会和法律体系对其早已不再陌生。自工业革命以后，"风险社会"的概念频频出现在人们眼前，法律为保障人的权益，侵权法上也逐渐有限地认可"风险与焦虑"损害，从而救济和避免因疾病和其他物理损害而导致的机会损失。[①] 其中，最具有代表性的是在环境侵权、有毒侵权和医疗损害侵权等侵权领域。在环境侵权领域，有法院认为疾病增加的风险可以构成损害。其中，我国司法实践中也已经存在通过对"潜在风险"损害的认可而对损害给予救济的实例。[②] 此外，在医疗损害侵权领域，也有判例认可支持由于药剂师和医生的过错导致患者日后患病风险增加可以构成损害。[③] 例如，在 *Petriello v. Kalman* 案中，由于医生的过失，原告在未来患肠梗阻的风险大幅增加，而法院最终认可了此种风险构成损害，并判决被告给予原告赔偿。[④] 类似的情形在有毒侵权领域也并不鲜见。因此，支持者认为数据泄露侵权造成的"风险"损害并不存在法律上无法调和的障碍。

更值得注意的是，大数据时代作为"风险社会"的"新版本"和"加速器"，使得人们经受的风险元素更加多元。如今，

[①] Daniel J. Solove & Danielle Keats Citron, "Risk and Anxiety: A Theory of Data Breach Harm," 96 *Texas Law Review* 737 (2018): 749.

[②] 解正山：《数据泄漏损害问题研究》，《清华法学》2020 年第 4 期；参见（2015）甘民初字第 45 号民事判决书；参见（2017）云 01 民初第 2299 号民事判决书和（2020）云民终第 824 号民事判决书。

[③] Daniel J. Solove & Danielle Keats Citron, "Risk and Anxiety: A Theory of Data Breach Harm," 96 *Texas Law Review* 737 (2018): 774.

[④] *Petriello v. Kalman*, 576 A. 2d 474 (1990): 477.

人们的生活已无法脱离 App 和互联网等技术，社会的发展也已经无法割裂信息的收集和处理。因此，在以信息化处理为常态的当下，如何分配风险成为关键。① 正如乌尔里希·贝克在《风险社会：新的现代性之路》中所述，风险社会的主要矛盾是风险损害的缓解与分配。② 而将满足一定条件的风险视为可赔偿的损害，则是侵权法视角下实现风险分配的具体方式和路径。③

其次，针对"焦虑"损害，其困境更多的是对于其能否达到精神损害的程度的担忧。"焦虑"损害实质上是一种精神上的不利益，在可赔偿性的问题上，法律一般都采取较为谨慎的态度。一般而言，仅有在法律规定明文规定的情形下，权益主体才享有获得赔偿的可能。例如，侵害健康权、名誉权等造成精神损害时，此类实际存在的不利益才具备法律认可的可能。相较之下，数据主体遭受的对未来风险的焦虑和不安似乎难以被认定为精神损害。④ 但是，数据时代数据的发布、转载成本极低，而对于数据主体的伤害却难以估量。例如，在 Ashley Madison 案中，提供交友服务的社交网络平台因为遭到黑客攻击而泄露数据，不少用户因为担心自己的不良倾向与行为被公之于众而焦虑不已，甚至有人自杀。大数据时代，每个人都知晓数据的重要性和部分数据的私密性，也知晓数据泄露将产生的巨大危害。为了数据产业的发展，法律的确不能以一刀切的形式要求数据公司给予精神损害赔偿，但是，面对符合一定条件的精神损害，法律也不能视而不见。"焦虑"损害的无形性导致损害在客观上的衡量和判断存在困难，但不应当成为杜绝精神损害赔偿的理由。

---

① 田野：《风险作为损害：大数据时代侵权"损害"概念的革新》，《政治与法律》2021 年第 10 期。

② 〔德〕乌尔里希·贝克：《风险社会：新的现代性之路》，张文杰、何博闻译，译林出版社，2018，第 48 页。

③ 田野：《风险作为损害：大数据时代侵权"损害"概念的革新》，《政治与法律》2021 年第 10 期。

④ 参见解正山《数据泄漏损害问题研究》，《清华法学》2020 年第 4 期。

三 "风险与焦虑"损害认定的现实困境

（一）"风险"损害难以被界定为"实质损害"

"风险"损害具备的潜在性，导致其缺乏"确定性"的特征，从而与传统的"损害"愈发偏离。依据传统"损害"的概念特征，这些损害应当是已经发生的"实质损害"，也称为"事实损害"，往往是指当下及时发生的特定、具体的损害。正如上文所述，各国的立法和司法实践普遍支持"损害"必须符合"实质损害"的构成要件，即损害必须具备及时性。只有当损害已经发生，法院才能考虑"损害"的范围和程度等更加详细具体的问题。

由此，引发"风险"损害与传统的"实质损害"之间的冲突。此前，较多法院更偏向于承认在未来某一时刻侵权人利用被侵权人的数据造成客观的确定的损害。然而，由于损害的发生过于久远，原告必然会面临诉讼时效和举证等诸多难题。① 同时，鉴于近年来数据泄露损害的数量大幅增加，理论界纷纷反思是否应当对"实质损害"的内涵价值作出新的解释。不少法官和学者均指出，数据盗窃者对于数据的盗窃都是以日后冒用他人的身份、利用他人的账号信息为目的的，因此，未来损害发生的可能性不容忽视。正如美国法院的法官在雷米亚斯上诉案的判决中所述："潜在损害的危险是存在发生的合理可能性的，因为欺诈和盗窃身份信息是盗窃者盗窃数据的最大诱因。"② 由此看来，所谓的"风险"损害似乎已成必然。

---

① Daniel J. Solove & Danielle Keats Citron, "Risk and Anxiety: A Theory of Data Breach Harm," 96 *Texas Law Review* 737 (2018): 763.

② *Remijas* v. *Neiman Marcus Group*, *LLC*, 794 F. 3d 688 (7th Cir. 2015).

然而，认可"风险"损害，即对损害潜在性的认可。有学者和法官担心此种引导会形成不良的社会风气。在数据泄露侵权领域，将"风险"作为损害客体进行保护，无疑在引发滥诉风险的同时，也会助长投机倒把之风。因此，"风险"损害不仅在内涵价值上与"实质损害"存在冲突，而且涉及背后社会价值的衡量。

反观国内的司法实践，法院对于"风险"损害的认定情形也有所不同。部分法院对于"风险"损害的认定采取传统的"实质损害"的认定标准，认为只有在造成具体的损害时，才具备救济的合理性。例如，在 2020 年刘瑞博与乐元素科技（北京）股份有限公司（以下简称"乐元素公司"）隐私权纠纷案中，原告刘瑞博主张乐元素公司未经同意采集信息侵犯个人隐私权，而要求被告赔礼道歉并承担精神损害赔偿的侵权责任。本案中，法院认为原告主张的精神损害赔偿成立的前提应当是证明其存在损害，而原告无法证明存在个人生活安宁遭到破坏等损害，因此法院无法支持原告的诉讼请求。① 此外，在李立彬与中国保险监督管理委员会隐私权纠纷案中，法院认为虽然被告具备侵犯原告隐私的可能性，但是原告未提交充分的证据。② 上述案件中，法院对原告关于损害的举证要求较高。

此外，另一部分法院也在判决理由中透露出支持"风险"损害为"法律上的损害"的立场。例如，2017 年庞理鹏诉北京趣拿信息技术有限公司（以下简称"趣拿公司"）、中国东方航空股份有限公司（以下简称"东航公司"）隐私权纠纷案（以下简称"趣拿案"）。在该案中，庞理鹏在去哪儿网以他人手机号订购机票，但却收到东航公司的客服短信。庞理鹏以趣拿公司和东航公司泄露其个人信息导致其隐私权遭到严重侵犯为由，请求法院裁定被告赔偿精神损害抚慰金 1000 元。本案中，原告并未举证证明

① （2020）京 01 民终第 8911 号民事判决书。
② （2016）京 02 民终第 3276 号民事判决书。

趣拿公司和东航公司存在泄露个人信息的行为。鉴于原告和被告之间的信息技术知识地位的不对等，二审法院采用高度盖然性标准，认为东航公司和趣拿公司存在泄露庞理鹏个人隐私信息的高度可能。因此，法院认为东航公司和趣拿公司侵犯了庞理鹏的个人信息，判决二公司向庞理鹏赔礼道歉并进行公告。[①]本案中，数据主体虽然尚没有遭到现实的损害，但是法院认可了数据泄露对数据主体造成的非财产损害。此外，在凌某某诉北京微播视界科技有限公司隐私权、个人信息权益网络侵权责任纠纷案中，法院认可互联网"对个人信息的消极利用会给信息主体带来人身和财产受到侵害的风险，对个人信息的积极利用会给使用者带来利益"。[②]在周裕婵诉广东快客电子商务有限公司、东莞市易得网络科技有限公司网络侵权责任纠纷案，孙某某诉中国联合网络通信有限公司上海市分公司侵犯隐私权纠纷案等案件中，法院均逐步降低对"风险"损害的认定标准。法院认为，"个人信息的私密性是其重要内容，只要有未经许可向第三人披露他人个人信息的事实存在即可构成侵害，就侵害的成立而言无须考虑第三人究竟给原告带来的是利益还是损害，私人信息为第三人所知本身即为损害"。[③]

由此观之，"风险"损害的"实质性"内涵是其损害认定的关键。着眼于司法实践，"风险"损害虽然已经受到法院的重视，但是"风险"损害究竟能否界定为"法律上的损害"，以及判断和量化的标准为何，均是尚未明晰的问题。

（二）"焦虑"损害难以符合精神损害的"严重性"要件

"焦虑"损害不仅由于无形性而存在难以量化的困境，其派生于"风险"损害还导致其面临更加复杂的问题。首先，"焦虑"

---

① （2017）京01民终第509号民事判决书。
② 凌某某诉北京微播视界科技有限公司隐私权、个人信息权益网络侵权责任纠纷案，（2019）京0491民初第6694号民事判决书。
③ （2019）粤03民终3954号民事裁判书。

损害的无形性导致其在客观上的衡量和判断存在困难。传统法律上的损害类型主要为财产损害和非财产损害。财产损害由于具备明显的客观性，一直以来存在较少的认定争议。非财产损害囊括了所有涉及人但与财产无关的损失，即不能用金钱来衡量的个人生活价值内容的伤害。[①] 因此非财产损害由于其无形性的特征，导致其在认定上会存在诸多争议和难题。更有甚者，如斯卡利亚大法官在鲁坚案中所述，损害应该是时间和空间上的有形、直接、具体和现实的，而没有诸如"精神损害"之类的非实体损害。[②] 目前，理论界和实务界对于非财产损害采有限承认的态度。曾世雄先生认为非财产损害有广义与狭义之分，广义的非财产损害是指心理上的一切不利益（包括痛苦、不适、不方便），而狭义的非财产损害存在于痛苦这一层级。[③] 纵观损害赔偿法的发展历史，非财产损害需法律特别规定才可获赔。[④] 王泽鉴教授指出台湾地区"民法"采《德国民法典》的立法例，所称损害包括财产损害及非财产损害，"非财产损害"于法律所定情形，始得请求金钱赔偿。[⑤] 王利明教授也指出，任何人身或财产上的不利益，只有在法律上被认为具有补救的可能性和必要性时，才产生民事责任。[⑥] 此处的损害一般为客观上的损害，即任何物质利益或精神利益的非自愿丧失，而绝非当事人认为的主观损害。[⑦] 因此，非财产

---

① 〔德〕埃尔温·多伊奇、汉斯－于尔根·阿伦斯：《德国侵权法——侵权行为、损害赔偿及痛苦抚慰金》，叶名怡、温大军译，中国人民大学出版社，2016，第 229 页。

② 参见 Hein, 551 U. S. at 619。曾世雄先生指出，"非财产损害赔偿""精神损害赔偿""慰抚金"等措辞不同，无须过分强调词义。

③ 曾世雄：《损害赔偿法原理》，中国政法大学出版社，2001，第 294 页。

④ 程啸：《侵权责任法》，法律出版社，2015，第 216 页。

⑤ 王泽鉴：《损害赔偿》，北京大学出版社，2017，第 251 页。

⑥ 王利明：《侵权责任法研究》（上卷），中国人民大学出版社，2010，第 354 页。

⑦ 程啸：《侵权责任法》，法律出版社，2015，第 216 页；Looschelders, Schuldercht Allgemeiner Teil, S. 282；程啸：《侵权责任法》，法律出版社，2015，第 216 页。

损害的认定本就存在一定的困难。

诚然，"焦虑"损害中承载的纯粹精神不利益，实质上也是一种非财产损害，因此其同样具备非财产损害的无形性特征以及难题。个人数据作为一项非财产资源，其损害常无减少或增加之观念，"所重视者乃正常情形下其应有之存在状态或关系，斯此应有之存在状态或关系受到侵害、妨害"。① 在数据泄露侵权案件中，数据主体遭受的即时损害更多的是数据主体心理上的状态或关系的变化，难以通过"差额说"对损害的增加和减少作出判断。此外，由于非财产损害的认可需要法律的特殊规定，而"焦虑"损害作为一种新型损害，自然尚未由法律作出明确的特殊规定。即使在《个人信息保护法》第 69 条和《民法典》相关规定中，均仅有对"损害"的概括性定义，即包括"财产损害与非财产损害"。正是由于"焦虑"损害自身的无形性和法律特殊规定的缺乏，司法实践难以对其作出认定。

其次，由于其伴生于"风险"损害，"焦虑"损害还需依赖于未来风险的确定性程度。"焦虑"损害究竟是数据主体臆造而来还是有迹可循，是判断其是否能够引发精神损害赔偿的关键标准之一。因此，"焦虑"损害的认定还需联系"风险"损害的认定。

从司法实践的视角观之，无形的"焦虑"损害能否获得精神损害赔偿，尚需要判断损害是否达到"严重性"的标准。《民法典》第 1183 条虽然赋予因人身权益引发的精神损害赔偿，但需要造成"严重精神损害"。《最高人民法院关于审理利用信息网络侵害人身权益民事纠纷案件适用法律若干问题的规定》第 17 条也规定，网络服务商侵害他人人身权益并导致受害人精神损害达到"严重"程度时，法院才会支持被侵权人的精神损害索赔。例如，在 2019 年凌某某诉北京微播视界科技有限公司隐私权、个人信息

---

① 曾世雄：《损害赔偿法原理》，中国政法大学出版社，2001，第 48 页。

权益网络侵权责任纠纷案中，凌某某以被告侵犯其隐私权和个人信息权益为由，请求法院裁定被告赔偿精神损害抚慰金 20000 元。法院认可数据作为新型生产要素所具备的商业价值和经济利益，也认可被告在未征得原告同意的情况下采集原告的个人信息并加以利用，应当进行一定的经济赔偿，但是鉴于双方均未提供原告因个人信息权益受到侵害所遭受的财产损失或被告因此获得利益的相关证据，法院酌定赔偿数额为 1000 元。而针对精神损害赔偿的诉讼请求，法院依旧因原告未提供证据证明造成严重后果而不予支持。① 由于立法上对于精神损害"严重性"要件的设置，我国法院虽然已经意识到数据侵权会增加数据主体人身损害和财产损害的风险，但是依旧无法支持数据主体有关精神损害赔偿的诉求。②

由此观之，"焦虑"损害的认定不仅需要考虑其无形性的特征，而且需要联系"风险"损害的确定性从而判断"焦虑"损害的确定性。在我国的法律语境下，数据主体若希望以"焦虑"损害获得精神损害赔偿，还需证明"严重性"的要件。因此，"焦虑"损害的认定仍存在众多亟待解决的问题。

四 损害认定难题的域外解决路径

（一）欧式立法：各成员国新型损害认定标准宽严不一

虽然《通用数据保护条例》（GDPR）第 82 条直接赋予数据主体非财产损害的救济权益，但是实践中究竟将"非财产损害"的范围延伸至何种程度，依旧需要通过司法实践进行考察。通过对欧盟地区部分成员国家的司法案例进行抽样研究发现，德

---

① （2019）京 0491 民初第 6694 号民事判决书。
② （2019）粤 03 民终第 3954 号民事判决书。

国等选择的限缩解释路径和荷兰等选择的宽泛解释路径分庭抗礼，导致欧盟域内 GDPR 的宽泛保护理念在实践中并未得到统一。

首先，德国选择限缩解释路径的出发点在于限制滥诉的发生和平衡数据公司与处理者的经济利益。在 GDPR 生效前，德国等几个成员国的法院认为原告必须证明侵权人"严重侵犯人格权"才有权要求赔偿。① 虽然有学者指出，鉴于 GDPR 第 82 条的规定所蕴含的宽泛保护理念，德国法院应当作出转变，② 但是，目前的司法实践表明，即使在 GDPR 生效之后，德国等部分成员国的法院依旧采取严苛的限缩解释路径。2018 年 11 月德国地方法院判决中表明，尽管 GDPR 大幅降低数据主体请求赔偿的门槛，但是其仍然必须证明存在"非财产损害"。③ 地区法院认为仅仅违反 GDPR 条例是远远不够的，除被侵权人遭受损害的主观感受外仍需更多的证明。此外，其他下级法院的判决也验证了对损害赔偿请求权的这种限缩解释路径。④ 德国法院和学者对于采取限缩解释路径的原因也作出阐述，广泛理解非物质损害概念会导致 GDPR 第 82 条被滥用，会导致律师利用第 82 条实现商业目的。这种不利的后果也会影响日后 GDPR 的有效性和被接受性。

在 2018 年德国迪茨地方法院审理的涉及"风险与焦虑"损害的案件中，原告因数据泄露而请求精神损害赔偿。法院由于被告

---

① Jonas Knetsch, "The Compensation of Non-Pecuniary Loss in GDPR Infringement Cases," 2020 *EUR. J. PRIVACY L. & TECH.* 63 (2020): 69.

② 转引自 Rechtsanwalt Tim Wybitul: Immaterieller Schadensersatz wegen Datenschutzverstößen-Erste Rechtsprechung der Instanzgerichte, 2019 *NJW* (2019): 3268。

③ Jonas Knetsch, "The Compensation of Non-Pecuniary Loss in GDPR Infringement Cases," 2020 *EUR. J. PRIVACY L. & TECH.* 63 (2020): 69.

④ Case C 485/18, District Court Bochum, 11.3.2019, IT-Rechtsberater (2020) 65, 11.

的侵权行为过于轻微，而拒绝支持原告的非财产损害的求偿。① 法院认为个人精神上的不利益，必须达到一定的严重性，才可以给予赔偿。此外，德累斯顿高等地方法院和德累斯顿州政府也均指出广泛理解非财产损害的概念，会导致第 82 条被滥用。卡尔斯鲁厄地区法院在裁决中也表明其采取限缩解释路径。法院明确区分违反 GDPR 的行为和因为违反该行为而造成的损害。② 因此，截至目前，德国法院基本采取限缩解释路径，从而平衡数据主体和数据处理者、控制者之间的利益。

相反，奥地利和荷兰的法院选择了一种更宽泛的解释路径，其认为仅根据被认为会影响个人的数据保护权的数据泄露即可给予数据主体损害赔偿。③ 在 2019 年荷兰阿姆斯特丹地方法院的判决中更是支持将"风险与焦虑"纳入 GDPR 第 82 条项下的"非财产损害"的范围。该案中，原告的原雇主，一家名为"UVW"的机构将有关原告的不利信息泄露给原告的新雇主，原告由此依据 GDPR 第 82 条提起有关非财产损害的救济。虽然被告以原告未举证证明具体的非财产损害而提出反驳，但是法院最终以被告存在违反条例的行为而判决被告支付赔偿金。④ 同时，法院在精神损害赔偿的说理部分援引了荷兰最高法院的判决理由。法院认为即使原告所担心的经济和社会的不利益尚未发生，但是原告遭受的恐惧和忧虑是永久的且无法弥补的。法院进一步指出，数据主体遭受的精神上的损害是真实且实际存在的，而保护这种利益正是 GDPR 的宗旨。因此，从立法的目的出发，司法实践必须对"非财产损害"的概念作出扩张解释。即使数据

---

① AG Diez 8 C 130/18 7. 11. 2018.

② LG Karlsruhe, Urt. v. 2. 8. 2019 – 8 O 26/19, BeckRS 2019, 17459.

③ Jonas Knetsch, "The Compensation of Non-Pecuniary Loss in GDPR Infringement Cases," 2020 *EUR. J. PRIVACY L. & TECH.* 63（2020）: 70.

④ Case No 7560515 CV EXPL 19 – 4611, Court Amsterdam, 2. 9. 2019, Jurisprudentie Arbeidsrecht, p. 241（2019）.

主体遭受的损害微乎其微也不应当成为拒绝数据主体诉讼请求的理由。

由此可见，GDPR 的颁布并未对数据泄露侵权领域的新型损害问题的认定起到统一的作用，相反导致欧盟成员国之间对"损害"认定标准的分歧更甚。究竟是采取宽泛解释路径，还是限缩解释路径更符合当前的现状，有待司法实践的进一步探索。

（二）美式立法："迫近"标准和"客观可能性"标准的对立

"迫近"（imminent）标准是通过美国联邦最高法院审理的克莱帕案延伸确立的标准。该标准是指原告应当提供证据证明他们的数据正在被收集，所以对其未来的损害的迫近已经有高度可能性，不具有投机性。[①] 在克莱帕案中，美国联邦最高法院认为原告没有证明损害是迫近的，因此其诉讼请求具有投机性。法院重申未来的损害不应当是"客观上合理的可能性"，而应当是受威胁的损害是否"肯定即将发生"。[②] 在美国公民自由联盟案中，法院没有专注于猜测未经授权的数据访问是否会造成不确定的未来损害，而是聚焦于政府是否真的盗窃原告数据。法院认为这个问题可以有效地平衡数据隐私背后的两个相互竞争的利益。此后，众多法院以克莱帕案为蓝本，对新型损害的认定作出了应当具备"迫近性"的解读。例如，在莱维特案（*Lewert v. P. F. Chang's China Bistro, Inc.*）中，法院引用了克莱帕案的判决，认为原告没有证明损害是迫近的，损害需要在几年后才可能发生，现在没

---

① Nick Beatty, "Standing Room Only: Solving the Injury-in-Fact Problem for Data Breach Plaintiffs," 2016 *BYU L. REV.* 1289 (2016): 1293; ACLU, 785 F. 3d at 801 – 802.

② Nick Beatty, "Standing Room Only: Solving the Injury-in-Fact Problem for Data Breach Plaintiffs," 2016 *BYU L. REV.* 1289 (2016): 1293; Amnesty Int'l USA, 133 S. Ct. at 1142.

有理由相信对身份信息和账户信息被盗窃的保护是必要的。① 此外，在 *In Beck v. McDonald* 案件中，第四巡回法院认为原告无法证明信息已经被盗窃或者将被盗窃，不能证明未来损害是迫近的，因而不具备起诉资格。②

与"迫近"标准截然不同的是美国第七巡回法院在雷米亚斯上诉案确立的"客观合理的可能性"标准。③ 第七巡回法院是自克莱帕案之后第一个给予原告诉讼主体资格的法院。针对克莱帕案确立的"迫近的"标准，第七巡回法院作出了与其他地方法院不同的解读。在雷米亚斯上诉案中，第七巡回法院并不认为"损害"必须是迫近且真实的，而是认为潜在损害的风险存在发生的合理可能性。④ 第七巡回法院认为原告无须等到事实损害发生或者身份盗窃发生再起诉，因为欺诈和盗窃身份信息是黑客盗窃数据的最初动因，欺诈和身份信息的盗窃迟早会发生。若法院仅支持数据主体在损害显现的未来提起诉讼，无疑是对侵权主体的过分偏袒。⑤ 因此，法院认为"风险和焦虑"符合宪法第 3 条的"实质损害"要件。第九巡回法院也并未受到克莱帕案的任何影响，其审理的数据侵权诉讼已经被视为传统的侵权诉讼之一，法院一般认可原告的诉讼资格。例如，在克若娜案（*Corona v. Sony Pictures Entertainment*，*Inc.*）中，加州中央区地方法院因雇员信息被

---

① Clara Kim，"Granting Standing in Data Breach Cases：The Seventh Circuit Paves the Way Towards a Solution to the Increasingly Pervasive Data Breach Problem，" 2016 *COLUM. BUS. L. REV.* 544（2016）：563.

② Jason S. Wasserman，"Stand in the Place Where Data Live：Data Breaches as Article Ⅲ Injuries，" 15 *Duke J. Const. L. & PUB. POL'y Sidebar* 201（2020）：210.

③ Remijas，794 F. 3d at 697.

④ Jason S. "Wasserman，Stand in the Place Where Data Live：Data Breaches as Article Ⅲ Injuries，" 15 *Duke J. Const. L. & PUB. POL'y Sidebar* 201（2020）：566，567；Remijas，794 F. 3d at 697.

⑤ Remijas，794 F. 3d at 697. ［quoting in re Adobe Sys.，Inc. Privacy Litig.，66 F. Supp. 3d 1197，1215 n. 5（N. D. Cal. 2014）］.

公司披露而认可原告主体资格。① 在 Zappas 案中,法院认为被盗窃的手提电脑中存在大量如原告的姓名和账户信息等有价值的信息,因此具备诉权。②

之所以在美国司法实践中产生上述两种不同的立场,是因为美国理论界依旧未对新型损害与传统实质损害作出有效调和。部分学者认为支持新型损害是对法官自由裁量权的扩大,其要求法官立足当下预测未来发生损害的可能性。③ 这种方法不仅会导致同案不同判,也会偏离法律的稳定性和可预测性的本质特征。④ 因此,此类学者一直不认同在数据泄露侵权案件中支持新型损害。⑤ 但也有众多学者认为既然在有毒侵权、医疗损害侵权和环境侵权等侵权案件中认可了"风险与焦虑"损害,那么在数据泄露侵权领域也无否定之理由。简言之,当前美国司法实践也未得出统一的适用标准,需要在日后的司法实践中继续摸索前行。

---

① Remijas, 794 F. 3d at 697. [quoting in re Adobe Sys., Inc. Privacy Litig., 66 F. Supp. 3d 1197, 1215 n. 5 (N. D. Cal. 2014)].

② Clara Kim, "Granting Standing in Data Breach Cases: The Seventh Circuit Paves the Way Towards a Solution to the Increasingly Pervasive Data Breach Problem," 2016 *COLUM. BUS. L. REV.* 544 (2016): 564; *Corona v. Sony Pictures Entm't, Inc.*, 2015 U. S. Dist. LEXIS 85865.

③ Nick Beatty, "Standing Room Only: Solving the Injury-in-Fact Problem for Data Breach Plaintiffs," 2016 *BYU L. REV.* 1289 (2016): 1289; *Katz v. Pershing, LLC*, 672 F. 3d 64, 80 (1st Cir. 2012) ("Given the multiple strands of speculation and surmise from which the plaintiff's hypothesis is woven, finding standing in this case would stretch the injury requirement past its breaking point."); Patricia Cave, "Comment: Giving Consumers a Leg to Stand on: Finding Plaintiffs a Legislative Solution to the Barrier from Federal Courts in Data Security Breach Suits," 62 *Cath. U. L. Rev.* 765 (2013): 784 (arguing that allowing an increased risk of harm to qualify as standing in all data breach cases would "stretch the doctrine to its limits").

④ 参见 John L. Jacobus & Benjamin B. Watson, "Clapper v. Amnesty International and Data Privacy Litigation: Is a Change to the Law 'Certainly Impending'," 21 *RICH. J. L. & TECH.* 3 (2014): 9。

⑤ Nick Beatty, "Standing Room Only: Solving the Injury-in-Fact Problem for Data Breach Plaintiffs," 2016 *BYU L. REV.* 1289 (2016): 1289.

五 新型损害认定难题在我国的未来破解之道

（一）"风险"损害的认定：采纳"客观可能性"标准

私人诉权是数据主体获得救济的主要路径，新型损害能否视为"法律上的损害"不仅需要符合法律的内在逻辑，同时也是法律价值判断的选择。数据泄露频发，是数据产业发展所带来的副产品。数据泄露的发生往往给数据主体和社会带来极大的损害，法律应当给予弱势一方的数据主体适当的保障。数据公司作为强势一方，其通过采集、存储和处理数据主体的数据而获得高昂的利润，若不令其负担一定的责任，无疑存在一定的不合理之处。若由社会和数据主体个人负担数据泄露造成的代价，则有失公平。通过前文的分析，目前司法实践中，各国对于新型损害的态度普遍为支持其为传统的"实质"损害。然而，在司法适用时，数据主体遭受的"新型损害"在多大程度上可以构成"损害"依旧是我们需要思考的问题。

首先，从美国司法实践的二标准比较来看，"客观可能性"标准更有助于规范我国数据市场、保障数据主体的权益。虽然"迫近"标准更容易被传统的法院和学者普遍接受，但其在实践中会成为数据公司牟利的利器。在克莱帕案中，美国法院没有专注于预估未经授权的数据访问造成未来损害的可能性，而是聚焦于政府是否真的浏览访问原告数据。在莱维特案中，法院引用了克莱帕案的判决理由，认为原告没有证明损害是迫近的，损害需要在几年后才可能发生，现在没有理由相信对身份信息和账户信息的保护是必要的。[①]"迫近"标准表面上既规避了法官过大的自

[①] Clara Kim, "Granting Standing in Data Breach Cases: The Seventh Circuit Paves the Way Towards a Solution to the Increasingly Pervasive Data Breach Problem," 2016 *COLUM. BUS. L. REV.* 544（2016）: 562; *Remijas v. Neiman Marcus Group, LLC*, 2014 U. S. Dist. LEXIS 129574.

由裁量权，同时也适当保障了数据主体的权益。但是，数据主体作为弱势的一方，其对于数据的处理自然难以获知，更不必说举证证明数据公司存在浏览其数据的事实。因此，"迫近"标准实质上有强人所难之嫌。反之，以美国第七巡回法院和第九巡回法院为代表主张的"客观可能性"标准便显得更为人性化。这两种截然对立的标准曾经在雷米亚斯案中均得以展现。雷米亚斯案的原告的诉讼请求曾经由于不符合"迫近"标准在地方法院遭到驳回。① 但是，法院认为"风险和焦虑"在一定条件下构成"实质损害"。虽然采用"客观可能性"标准势必会在一定程度上导致数据侵权诉讼的增加，但是任何一个标准均有利弊，法律所能做的只是在利弊之间作出一个较为平衡的价值选择。采用"客观可能性"标准更加有助于保障数据主体的权益，并且有效规制目前数据市场的乱象。而对于诉讼数量的增加也必然是前期的暂时现象，通过司法实践的积累必然可以逐渐形成一定的范式而减少滥诉的可能。

其次，通过前文对我国司法实践的现状分析，"客观可能性"标准更贴近当前我国司法实践中法院的观点和选择。在"中国联合网络通信有限公司案"② "趣拿案"③ "周裕婵案"④ "罗某案"等案件中，⑤ 法院均认可数据公司对数据主体造成的"非财产损

---

① Clara Kim, "Granting Standing in Data Breach Cases: The Seventh Circuit Paves the Way Towards a Solution to the Increasingly Pervasive Data Breach Problem," 2016 *COLUM. BUS. L. REV.* 544 (2016): 562; In re Barnes & Noble Pin Pad, 2013 U. S. Dist. LEXIS 125730.

② 孙某某诉中国联合网络通信有限公司上海市分公司侵犯隐私权纠纷案，(2009) 浦民一民初字第 9737 号民事判决书。

③ 庞理鹏诉中国东方航空股份有限公司、北京趣拿信息技术有限公司隐私权纠纷案，(2017) 京 01 民终 509 号民事判决书。

④ 周裕婵诉广东快客电子商务有限公司、东莞市易得网络科技有限公司网络侵权责任纠纷案，(2019) 粤 03 民终 3954 号民事判决书。

⑤ 罗某诉某保险公司隐私权纠纷案——侵害公民个人信息的赔偿责任案，(2014) 郴北民二初字第 947 号民事判决书。

害"，且依据高度可能性为判断标准。"趣拿案"等案件的判决书中，更是显露出"客观可能性"标准的缩影。

最后，采用"客观可能性"标准可以在无形之中激励数据公司完善数据的安全保障措施。在一定程度上，"客观可能性"标准可以取得一石二鸟的良好效果。虽然"客观可能性"标准会增加数据公司的责任，但是并不一定导致数据公司的积极性不足。从奥莫罗德（Ormerod）分析的数据公司安全保障措施和公司利润之间的曲线图可以看出，过大的责任和过小的责任均会影响数据公司完善安全保障措施的积极性。[1] 但是，曲线图中存在二者之间的平衡点，只有到达平衡点时，才能实现双方价值的最大化。因此，适度赋予数据公司责任，可以成为数据公司承担自身注意义务的内生激励动因。[2] 同时，数据主体的权益保护也会落到实处。"客观可能性"标准更加贴近当前我国的国情，也更加有助于双方的利益保护。

因此，我国司法实践中对于"损害"的认定可以考虑采用"客观可能性"标准，法院通过分析个案中数据主体对于未来损害的"风险与焦虑"的认识是否有客观可能性来判定双方之间的责任负担。

（二）"焦虑"损害的认定：适当降低精神损害认定的"严重性"标准

"严重性"源于"忽略轻微损害"规则，"严重"要件的理论基础有二：一是侵权法古已有之的"忽略轻微损害"规则（a de minimis-rule），二是现代侵权法中的"水闸理论"（floodgate

---

[1]　Peter C. Ormerod, "A Private Enforcement Remedy for Information Misuse," 60 *B. C. L. Rev.* 1893（2019）：1911.

[2]　Peter C. Ormerod, "A Private Enforcement Remedy for Information Misuse," 60 *B. C. L. Rev.* 1893（2019）：1933, 1941.

theory)。① 早期之所以设置"严重性"的限制条件是为平衡侵权法中的权利保护与行动自由。若不设置严重性要件，可能导致司法实践中滥诉的出现。但如今，在数据泄露侵权案件中，虽不存在滥诉的风险，但是数据泄露侵权之风泛滥且难以抵御。通过对域外立法和司法的介绍，域外立法和司法已然改变以往"严重性"要件的严苛立场。

　　早期各个国家和地区对于非财产损害都普遍持限制的态度，一般均需要法律的特别规定。而且，相关规定一般仅支持因侵犯生命权、健康权等引发的非财产损害赔偿。德国早期民法和我国台湾地区"民法"均对非财产损害赔偿的情形采取列举的方式规定。② 即便 1890 年沃伦和布兰代斯提出"隐私权"的概念后，美国也经过了漫长的过程才承认精神损害，1934 年《侵权行为重述》第 46 条甚至不承认故意侵权行为造成的精神损害，只将其作为精神"困扰"。然而，当前大多数国家或地区的立法例均开始试图对纯粹精神损害的赔偿给予支持。法国法、德国法等欧洲国家主张支持因侵犯一般人格权引发的精神损害赔偿。美国《第三次侵权法重述》第 46 条的规定也认可了因过失导致他人情绪不安、身心伤害等精神损害的可赔偿性。③ 因此，域外立法例已经基本具备认可数据泄露侵权中精神损害赔偿的立法基础和前提。

　　那么，我国是否可以考虑适当降低精神损害赔偿的"严重性"要件呢？要破解该问题，无疑需要我们追本溯源。通过分析我国立法采取限制态度的缘由，探究在数据侵权案件中损害的标准是否应当且能够降低。早期限制非财产损害赔偿的原因往往有二，均滋生于非财产损害的主观性质：一是若普遍适用将使侵权

---

① 谢鸿飞：《精神损害赔偿的三个关键词》，《法商研究》2010 年第 6 期。
② 中国台湾地区"民法"第 18 条：人格权受侵害时，得请求法院除去其侵害；有受侵害之虞时，得请求防止之。前项情形，以法律有特别规定者为限，得请求损害赔偿或慰抚金。
③ 参见解正山《数据泄漏损害问题研究》，《清华法学》2020 年第 4 期。

赔偿责任漫无边际，妨害人们的合理行为自由;① 二是非财产损害无法精确地按照较为客观的市场价格加以计算，只能在考虑精神痛苦的严重程度、受害人的个人因素等具体情况的基础上加以估算。② 非财产损害赔偿的数额计算将赋予法官过大的自由裁量权，为限制自由裁量权也有必要对非财产损害赔偿加以限制。③ 然而，结合凌某某诉北京微播视界科技有限公司隐私权、个人信息权益网络侵权责任纠纷案，不难发现该理由已然存在悖论。该案中互联网法院难以计算财产损害赔偿，依旧行使其自由裁量权判决原告享有 1000 元的财产赔偿。若以上述限制非财产损害赔偿的理由推之，数据侵权中的财产损害赔偿也不宜适用。本文认为，上述限制非财产损害赔偿的理由并非有误，只是置于数据侵权的背景之下已然不再适宜，应当考虑作出改变。

域外的众多立法例已经将精神损害赔偿（部分国家称为"慰抚金"）用于纯粹的非因人身损害引发的心理不适的情形，且域外的实践并未出现众多不可解的难题，该问题既不违背法律内在的逻辑，也符合应然的法律价值理念。为保障数据主体的权益，法律经过价值衡量转嫁一定的责任于数据公司之上。同理，法律可以出于相关问题的考量，将非财产损害的适用标准适当降低。只有适当降低精神损害赔偿的适用要件，才能令损害赔偿具备实际意义。否则，数据公司负担的注意义务并不具有太多实际的意义。至少在数据侵权案件中，由于"风险与焦虑"是常见的损害类型，若数据主体一定要达到患有精神疾病的程度才具备获得救济的权利，那么面对数据泄露时，数据主体最终会成为损害的负担者，而数据公司却成为利益的收割者。如此一来，数据市场的乱象便不会得到改善，数据主体的权益也将无法获得保障。

---

① 程啸：《侵权责任法》，法律出版社，2015，第 365 页。
② 程啸：《侵权责任法》，法律出版社，2015，第 365 页。
③ 〔德〕U. 马格努斯主编《侵权法的统一：损害与损害赔偿》，谢鸿飞译，法律出版社，2009，第 139 页。

因此，我国法律未来可以考虑适当降低非财产损害赔偿的适用标准，适当区分精神损害和心理疾病的差异。

六　结论

"风险与焦虑"损害实质上并非陌生的概念，自人类步入风险社会开始，便常对其作出探讨。在以数据处理为常态的社会，风险的元素更为多元，人类遭受的威胁与享受的便利呈正相关。法律无法将数据剥离出社会生活，其只能着眼于如何更好地分配风险。屡禁不止的数据泄露，对人们和社会造成的损害日益加重。而仍有反对者认为不应当将"风险与焦虑"损害视为"法律上的损害"，毫无疑问，反对者的观点亦有正确之处，但是他们尚未注意到盗窃数据和盗窃诸如笔记本电脑的行为之间的本质差异。笔记本电脑可以在追索的时候返还，但是被盗窃的数据是无形的，并且是可以被无限复刻和传播的客观存在。如若采用同样的标准对此二者的侵权行为进行法律评价，不合理之处显而易见。"风险与焦虑"损害日益成为一种常态化和普遍性的损害，若法律不采取行之有效的方式，未来则会将损害加之于社会和数据主体之上。

因此，为更有效地保障数据主体的权益，应当有条件地认定"风险与焦虑"损害为"法律上的损害"。首先，"风险与焦虑"损害早已出现于环境侵权、有毒侵权和医疗损害侵权等领域，司法实践也有限地对该种损害作出认可。因此，当前数据泄露案件的立法和司法可以适当借鉴其他侵权案件中对于"风险与焦虑"损害的认定和探讨。其次，通过比较分析，"客观可能性"标准似乎更具合理性和可操作性，也有助于尽快治理数据泄露的乱象。诚然，支持"迫近"标准的学者和法院自然有其理由，但是若数据主体无法在当下寻求救济，日后损害发生时，数据主体又将面临诉讼时效、举证等方面的难题。因此，相较而言，"客观可能性"标准似乎更具实操性。再次，我国在面对数据泄露的"焦虑"损害时，可以考虑适当降低"严重性"要件的标准，为数据主体的权益救济作出更为全面的保障。最后，值得注意的是，法律对数据主体进行保护，并非对数据公司的发展视而不见，而是为了更好地平衡双方的利益。在保障数据主体权益的同时，催生数据公司的安全保障内在动力，从而促进数据市场的良性发展。

"Risk and Anxiety" Damage Identification
Issues in Data Breaches

Wang Xin

Abstract: Data-driven and mobile Internet technologies are constantly changing people's lives and production methods, and while continuously improving the overall social welfare, negative products such as data leakage are also accompanied, which has led to many new challenges. Among them, the problem of "risk and anxiety" damage identification caused by data leakage has become a problem that is inconsistent in the theoretical community. Compared with traditional types of damage, it has the characteristics of potential and intangible. As a result, the infringed party and the court are mired in the issue of proof and determination of damages. Looking at the international community, although the EU has legislatively recognized new types of damage and supported remedies, member states still adopt judicial determination standards with different leniency and severity; US courts that have always emphasized "substantial damage" have gradually lowered the criteria for determining "damage" in the field of data leakage, thus deriving the "imminent" standard and the objective probability standard. In china, on the issue of determining "risk" damage, judicial practice may consider drawing on the objective probability criterion. On the issue of determining "anxiety" damage, legislation or judicial practice may consider appropriately lowering the "seriousness" standard of compensation for moral damage.

Keywords: Risk and Anxiety; Damage Determination; Objective Possibility; Relief

2022年第1辑 · 总第5辑

法律和政治科学

LAW AND POLITICAL SCIENCE

Vol.5, 2022 No.1

思　想

司法政策制定：法院
如何改革监狱[*]

〔美〕马尔科姆·菲利　〔美〕爱德华·鲁宾 著^{**}

欧家路　卞开星 译^{***}

一　司法政策制定的困局

法院行使着三项相互关联却又相互独立的职能：认定事实、解释权威法律文本，以及制定新的公共政策。前两项职能对我们而言是熟悉的，但第三项职能包含着一种亵渎权威的意味。在我们对政府权力机关的传统认识中，法院不应该扮演政策制定者的角色，而在通常情况下，那些认为法院确实是政策制定者的主张，或是被认

---

* 本文为 *Judicial Policy Making and the Modern State：How the Courts Reformed America's Prisons*（Cambridge：Cambridge University Press，1998）一书简介部分，标题为译者拟定，作者认为法院能够以一种合法且受约束的方式制定政策。强大的政府可以利用司法程序来解决其他政府分支由于各种原因没有解决的问题，然而司法机构也有其自身的局限性和缺陷。

** 马尔科姆·菲利，加州大学伯克利分校法学教授；爱德华·鲁宾，范德堡大学法律与政治科学教授。
*** 欧家路，西南政法大学经济法学院讲师，法学博士，中美富布莱特项目加州大学伯克利分校联合培养博士，研究方向：法社会学、金融法律与政治学。卞开星，西南政法大学经济法学院博士研究生，研究方向：法社会学。

为是一种无情的现实主义，或是被当作一种值得被指责的说辞。

对于司法政策制定，那些本质上以描述性模式工作的政治学家们原本也倾向于采取上述无情的现实主义立场。他们主张法院是政策的制定者——确实，从实践经验上可以证明这是正确的，而这种主张能够作为一剂妙方，用以对抗那种认为司法裁决是被"适用"现行法律这一规则所限制的传统而又天真的观点。该主张的一个显著的特点就是，在使用"政策"一词时，通常将其和"重要"或甚至和"司法裁决的做出"笼统地画等号，没有尝试将政策制定这一行为和其他形式的司法行为区分开来。更加显著的特征是，"政策"一词还被当作"无原则"的近义词；政治学家们通常把司法政策的内容为归结到法官们的政治或社会偏好，并且他们还把那些用以表述和支撑法律司法裁决的法律原则说成是附带的且可有可无的，这些法律原则只不过是上层建筑的一部分，只能装饰门面，是弄虚作假的"波将金村"，是学者们否定他们所在学科研究成果的手段。①

---

① Lawrence Baum, *American Courts*: *Process and Policy*, Boston: Houghton-Mifflin Company, 1990, pp. 295 – 358; Robert Dahl, "Decision-Making in a Democracy: The Supreme Court as a National Policy-Maker," 6 *J. Public Law* 279 (1957); Lee Epstein & Joseph F. Kobylka, *The Supreme Court and Legal Change*: *Abortion and The Death Penalty*, North Carolina: University of North Carolina Press, 1992; John Gates & Charles Johnson, eds. , *The American Courts*: *A Critical Assessment*, D. C. : Congressional Quaterle Press, 1991; Henry Glick, *Courts*, *Politics and Justice* (3d ed.), New York: McGraw-Hill, 1993, pp. 352 – 418; Charles Johnson & Bradley Canon, *Judicial Policies*: *Implementation and Impact*, D. C. ; Congressional Quaterle Press, 1984; Jack Peltason, *Federal Courts in the Political Process*, New York: Random House, 1955; Victor Rosenblum, *Law as a Political Instrument*, New York: Random House, 1955; C. K. Rowland & Robert A. Carp, *Politics and Judgments in Federal District Courts*, Lawrence: University of Kansas Press, 1996; Jeffrey Segal & Harold Spaeth, *The Supreme Court and the Attitudinal Model*, New York: Cambridge University Press, 1993, p. 131; Glendon Schubert, *Judicial Policy Making*: *The Political Role of the Courts* (Rev. ed.), North Brook: Scott Foresman, 1974; Harold Spaeth, *Supreme Court Policy Making*: *Explanation and Prediction*, San Francisco: W. H. Freeman, 1979; S. Sidney Ulmer, *Courts*, *Law*, *and Judicial Processes*, New York: Free Press, 1981; Barbara Yarnold, *Politics and the Courts*: *Toward a General Theory of Public Law*, New York: Praeger Publisher, 1990.

那些以更具规定性模式工作的法学学者们，则通常认为制定司法政策是一种值得反思和谴责的越轨行为。一部分学者们认为，司法政策制定是一种法律错误，它是法官无法遵循恰当的法律解释性原则时所走进的误区。① 即使法官利用司法政策制定这一手段是为了缓解他们繁重的案件压力，这一手段仍是不可取的。② 其他的学者们虽然承认政策制定是司法活动中普遍存在的一个现象，却把这一公认的事实看作对整个司法进程的否定。在他们看来，事实的认定和法律的解释是具有不确定性的，在这一点上，它们与司法政策制定并没有什么区别。③

① Raoul Berger, *Government by Judiciary*, Cambridge: Harvard University Press, 1977; Alexander Bickel, *The Least Dangerous Branch: The Supreme Court at the Bar of Politics*, New York: The Bobbs-Merrill Co., 1962; Ronald Dworkin, "Hard Cases," 88 *Harv. L. Rev.* 1057 (1975); Colin Diver, "The Judge as Political Powerbroker: Superintending Structural Change in Public Institutions," 65 *Va. L. Rev.* 43 (1979); Ronald Dworkin, *Law's Empire*, Cambridge: Harvard University Press, 1986; Rolf Sartorius, *Individual Conduct and Social Norms*, California: Dickenson Publishing Company, 1975, pp. 181 – 210; Herbert Wechsler, "Toward Neutral Principles in Constitutional Law," 73 *Harv. L. Rev.* 1 (1959).

② Anthony Kronman, *The Lost Lawyer: Failing Ideals of the Legal Profession*, Cambridge: Harvard University Press, 1993, pp. 321 – 351; Owen Fiss, "The Bureaucratization of the Judiciary," 92 *Yale L. J.* 1442 (1983); Owen Fiss, "Against Settlement," 93 *Yale L. J.* 1073 (1983 – 1984); Stephen Landsman, "The Decline of the Adversary System: How the Rhetoric of Swift and Certain Justice Has Affected Adjudication in American Courts," 29 *Buff. L. Rev.* 487 (1980); Wade McGree, "Bureaucratic Justice: An Early Warning," 129 *U. Pa. L. Rev.* 777 (1981); Todd Peterson, "Restoring Structural Checks on Judicial Power in the Era of Managerial Judging," 29 *U. C. Davis L. Rev.* 41 (1995 – 1996); Judith Resnick, "Managerial Judges," 96 *Harv. L. Rev.* 374 (1982 – 1983); Joseph Vining, Justice, "Bureaucracy and Legal Method," 80 *Mich. L. Rev.* 248 (1981 – 1982).

③ J. M. Balkin, "Deconstructive Practice and Legal Theory," 96 *Yale L. J.* 743 (1986 – 1987); Clare Dalton, "An Essay in the Deconstruction of Contract Doctrine," 94 *Yale L. J.* 997 (1984 – 1985); Morton Horowitz, *The Transformation of American Law*, 1780 – 1860, New York: Oxford University Press, 1977; Allan Hutchinson, "Democracy and Determinacy: An Essay on Legal Interpretation," 43 *U. Miami L. Rev.* 743 (1989); Allan Hutchinson, *Dwelling on the Threshold: Critical Essays on Modern Legal Thought*, Toronto: Carswell, 1988; Mark Kelman, "Interpretive Construction in Substantive Criminal Law," 33 *Stan. L. Rev.* 591 [1980 – （转下页注）

面对如此谴责，法官们当然不情愿承认自己是所谓的政治家，对此他们主要的回应是，他们压根就没有涉足政策制定的过程。法官们倒是愿意宣称他们是在借助社会政策从而来实现对法律的解释，并且他们坚持认为，无论这解释依据材料的来源如何，他们所作的解释始终是对法律文本最为权威的解读。①只要法官们稍微坦诚地讨论这一问题，他们的说法就立马会被那些律师、当事人和政客们嗤之以鼻。他们会迅速地、不论合理与否地引用那些传统的原则来支持自己观点。而这一点在参议院审议听证会（senate confirmation hearings）上体现得淋漓尽致，在听证会上，各种严苛的质询案总是如出一辙地强迫那些即将成为国家最重要的政策制定者的候选人们做出承诺，即他们只会忠于法律，绝不会做出权力寻租之行径而使得该职位令人觊觎。②

（接上页注③）1981］；Gary Peller, "The Metaphysics of American Law," 73 *Cal. L. Rev.* 1151（1985）；Joseph Singer, "The Player and the Cards: Nihilism and Legal Theory," 94 *Yale L. J.* 1（1984 - 1985）；Mark Tushnet, *Red, White and Blue: A Critical Analysis of Constitutional Law*, Cambridge: Harvard University Press, 1988；Mark Tushnet, "Following the Rules Laid Down: A Critique of Interpretivism and Neutral Principles," 96 *Harv. L. Rev.* 781（1982 - 1983）；Roberto Unger, *The Critical Legal Studies Movement*, Cambridge: Harvard University Press, 1986.

① Jerome Frank, *Law and the Modern Mind*, New York: Coward-Mccann, 1930, pp. 32 - 41；Glick, *Courts, Politics and Justice*（3d ed.）, New York: McGraw-Hill, 1993, pp. 2 - 7；Segal & Spaeth, *The Supreme Court and the Attitudinal Model*, New York: Cambridge University Press, 1993, pp. 4 - 7；Spaeth, *Supreme Court Policy Making: Explanation and Prediction*, San Francisco: W. H. Freeman, 1979, pp. 1 - 8；E. W. Thomas, "A Return to Principle in Judicial Reasoning and an Acclamation of Judicial Autonomy," 93 *Victoria U. Wellington L. Rev.* 1（1993）.

② Stephen Carter, *The Confirmatiomn Mess: Cleaning Up The Federal Appointments Process*, New York: Basic Books, 1994, pp. 54 - 84；Donald Lively, "The Supreme Court Appointment Process: In Search of Constitutional Roles and Responsibilities," 59 *S. Cal. L. Rev.* 551（1985 - 1986）；William Ross, "Questioning of Supreme Court Nominees at Senate Confirmation Hearings: Proposals for Accommodating the Needs of the Senate and Ameliorating the Fears of the Nominees," 62 *Tul. L. Rev.* 109（1987 - 1988）；Gary Simson, "Taking the Court Seriously: A Proposed Approach to Senate Confimation of Supreme Court Nominees," 7 *Constitutional Commentary* 283（1990）.

近年来，进一步的研究已经开始做出让步，慢慢承认司法政策的制定是司法裁决活动中一个显而易见的组成部分，但是研究仍然认为制定司法政策和其他司法活动是有区别的。一些政治学家们认为，仅局限于非法律因素的理论是不充分的，他们已经开始寻求一种视野更加开阔的，更能与当前法律原则相契合的司法裁决理论。这种理论不仅能适用于那些法官运用"常规司法程序"就可以解决的普通案件①，还能适用于那些运用司法政策来解决的指导性案例。正如李·爱泼斯坦（Lee Epstein）和约瑟夫·科比尔卡（Joseph Kobylka）在死刑和堕胎案中所说的那样："正是那些法律实施者构想的法律和提出的法律论据最为显著地影响着法律变革的内容和方向。"② 与此相似的是，法律动员主义（legal mobilization）相关的著作中论述了法官是如何通过将当事人的争端转述为法律术语从而制定政策的过程。③ 那些涉及议程设置的公共政策理论有时会将法院视作一个复杂过程的参与者，其间法院的观点会被当作政府创设或执行政策的优先考

---

① Herbert Jacob, *Justice in America: Courts, Lawyers, and the Judicial Process*, Boston: Little, Brown and Company, 1964; Herbert Jacob, "Trial Courts the United States: The Travails of Exploration," 17 *Law & Soc'y Rev.* 407 (1982 – 1983).

② Epstein & Kobylka, *The Supreme Court and Legal Change: Abortion and the Death Penalty*, North Carolina: *University of North Carolina Press*, 1992, p. 8.

③ 参见 Richard Abel, Western Courts in Non-Westen Settings: Patterns of Court Use in Colonial and Neo-Colonial Africa, in *The Imposition of Law*, S. B. Burman & B. E. Harrell-Bond, eds., New York: Academic Press, 1979; William Felstiner, Richard Abel L. & Austin Sarat, "The Emergence and Transformation of Disputes: Naming, Blaming, Claiming," 15 *Law & Soc'y Rev.* 631 (1980 – 1981); Mather & Barbara Yngvesson, "Language, Audience, and the Transformation of Disputes", 15 *Law & Soc'y Rev.* 775 (1980 – 1981); Lynn Mather, Policy Making in State Trial Courts, in *The American Courts: A Critical Assessment*, J. B. Gates & C. A. Johnson, eds., D. C.: Congressional Quarterly Press, 1991。

虑因素。①

　　法学家们也提出了很多不同的方案，想要让司法政策的制定以一个更加综合且又令人信服的方式融入司法过程当中。其中第一个方案就是承认对政策的考量能够有效地指导法律的解释。若是对宪法或法律有两种不同的解释，当第一种解释符合当下的社会政策而第二种与之相悖时，法院就应当采用第一种解释。② 第二个方案是，在我们已经用法律解释的方法对某一违法行为予以救济后，使用司法政策制定的方式去完善救济的方式，那么在这种情况下司法政策的制定是合理的。③ 第三个方案认为，法院，尤其

---

① 参见 John Kingdon, *Agendas, Alternatives, and Public Policies*, Boston： Little, Brown, 1984； H. W. Perry, *Deciding to Decide： Agenda Setting in the United States Supreme Court*, Cambridge： Harvard University Press, 1991； Nelson Polsby, *Political innovation in America*, New Haven： Yale University Press, 1984； Jack Walker, "The Diffusion of Innovations Among the American States," 68 *Am. Pol. Sci. Rev.* 880 （1969）； Jack L. Walker, "Setting the Agenda in the U. S. Senate： A Theory of Problem Selection," 7 *British J. of Pol. Sci.* 423 （1977）； Jack Walker, The Diffusion of Knowledge, Policy Communities and Agenda Setting： The Relationship of Knowledge and Power, in *New Strategic Perspectives on Social Policy*, J. Tropman, M. Dluhy, & R. Lind, eds. , New York： Pergamon Press, 1981。

② William Eskridge, *Dynamic Statutory Interpretation*, Cambridge： Harvard University Press, 1994； William Eskridge, "Public Values in Statutory Interpretation," 137 *U. Pa. L. Rev.* 1007 （1988 – 1989）； Thomas Grey, "Do We Have an Unwritten Constitution?," 27 *Stan L. Rev.* 703 （1975）； Thomas Grey, "The Constitution as Scripture," 37 *Stan L. Rev.* 1 （1984 – 1985）； D. Neil Mac Cormick & Robert Summers, *Interpreting Statutes： A Comparative Study*, Aldershot and Vermont： Dartmouth, 1991, pp. 518 – 521； Cass Sunstein, *After the Rights Revolution： Reconceiving the Regulatory State*, Cambridge： Harvard University Press, 1990.

③ Abraham Chayes, "The Supreme Court 1981 Term-Foreword： Public Law Litigation and the Burger Court," 96 *Harv. L. Rev.* 4 （1982 – 1983）； Phillip Cooper, *Hard judicial Choices： Federal District Court Judges and State and Local Officials*, New York： Oxford University Press, 1988； Owen Fiss, *The Civil Rights Injunction*, Bloomington： Indiana University Press, 1978； Owen Fiss, "The Supreme Court 1978 Term-Foreword； The Forms of Justice," 93 *Harv. L. Rev.* 1 （1979 – 1980）； William Fletcher, "The Discretionary Constitution Institutional Remedies and Judicial Legitimacy," 91 *Yale L. J.* 635 （1981 – 1982）； Donald Horowitz, *Courts and Social Policy*, D. C. ： Brookings Institution, 1975； Susan Sturm, "Resolving the Remedial Dilemma： Strategies of Judicial Intervention in Prisons," 138 *U. Pa. L. Rev.* 805 （1990）.

是美国最高法院可以在激烈的政治斗争或辩论中合法地制定出政策，然而这种做法可能会带来的后果是法院失去司法的角色而被列入政治斗争的名单当中。① 第四个方案认为，法官们也是迫于无奈才制定政策的，对于这种现状谁都无能为力，唯一能做的便是承认法院经常或总是做出那些与行政机关一样的决定。②

这些当代的方案都具有一定的启发性，但它们都倾向于将司法政策制定辩解成一种激进主义版本的法律解释，又或者将其完全隔离出去，限定在一定的范围之中。它们告诉我们司法政策制定能够做什么，却不告诉我们司法政策的制定到底是什么。人们经常说，司法政策制定的过程隐藏在法官脑袋中的黑匣子里，又或是一个从天而降的神灵，通过某种外在的神秘力量为现实问题提供处理方案。一些文献把司法政策制定定义成一些宏大却又不

① Bruce Ackerman, *We the People*：*Foundations*, Cambridge：Harvard University Press, 1991；Louis Lusky, *By What Right*：*A Commentary on the Supreme Court's Power to Revise the Constitution*, Charlottesville：Michie Publishing Company, 1975.

② Philip Bobbitt, *Constitutional Interpretation*, Cambridge：Blackwell Publishing, 1991；Benjamin Cardozo, *The Nature of Judicial Process*, New Haven：Yale University Press, 1921；Robert Dahl, "Decision-Making in a Democracy：The Supreme Court as a National Policy-Maker," 6 *J. Public Law* 279（1957）；William Lasser, *The Limits of Judicial Power*, Chapel Hill：University of North Carolina Press, 1988；Robert Post, *Constitutional Domains*：*Democracy*, *Community*, *Management*, Cambridge：Harvard University Press, 1995, pp. 15 – 18；Martin Shapiro, *Law and Politics in the Supreme Court*, New York：The Free Press of Glencoe, 1964；Martin Shapiro, *Courts*：*A Comparative and Political Analysis*, Chicago：The University of Chicago Press, 1981；Stuart Scheingold, *The Politics of Rights*, *Lawyers*, *Public Policy*, *and Political Change*, New Haven：Yale University Press, 1974；Tushnet, *Red*, *White and Blue*：*A Critical Analysis of Constitutional Law*, Cambridge：Harvard University Press, 1988；参见 Marc Galanter, Frank Palen & John Thomas："The Crusading Judge：Judicial Activism in Trial Courts," 52 *S. Cal. L. Rev.* 699（1978 – 1979）（法官基于各种不同的理由介入司法政策制定）。

精确的概念，诸如经验①、理性②、信仰③或者深思熟虑④。

本研究采纳的是一个全然不同的，从某种程度上说更加平凡普通的方案。本研究认为司法政策的制定是一项独立的司法功能，它有自身的规律、方法、衡量成败的标准。再者，本研究跳出了描述性的局限来论证司法政策制定这一功能的合法性，因为它滋生于现代法院制度并且没有违反任何政治运行原则。然而规范性的论证是次要的，对主体的纯粹性描述更为重要，因为我们在决定某事物的存废之前，有必要弄清楚该事物到底是什么。而且，若一个事物能够在反对的声音中继续存在——司法政策制定无疑是这类事物的一个——那么对它的纯粹性描述对于问题的解决十分有价值。这一价值体现在，它展现了法官制定司法政策的职能在现代行政国家中是如何与那些被普遍承认（却并不明确）的、关于法律与司法审判本质的思想相适应的。换言之，我们是要反思司法审判的形式和限制。

但本研究并不会尝试对司法政策制定的定义进行全面的解释。因为那样做不仅是一个大工程，而且泛泛而谈使我们忽略该过程中的细节性操作。另外，若是一个论述者过分追求详尽的论述，他便很容易在论述的过程中多次重复地切换到（或被读者们感知到）那些为读者熟悉的论点上面去，尽管这些论点对文章来说是必要的。我们无须同意那种情境化的定义永远比通说观点更可靠的后现代主

---

① Cardozo, *The Nature of Judicial Process*, New Haven: Yale University Press, 1921, p. 113（如果你问法官是如何权衡二者利益的，我只能回答，他必须像立法者一样，从经验、学习和思考中获得知识，简而言之，从生活中来）。

② Roger Traynor, "The Limits of Judicial Creativity," 63 *Iowa L. Rev.* 1（1977 – 1978）（我认为，法官既要保守又要有创造力，其首要义务便是让法律顺着合理的方向发展。理性是法律灵魂之所在，而非仅仅是规则）有关特雷纳司法政策制定理论的深入探讨参见 John Poulos, "The Judicial Philosophy of Roger Traynor," 46 *Hastings L. J.* 1643（1994 – 1995）; John Poulos, "The Judicial Process and the Substantive Criminal Law: The Legacy of Roger Traynor," 29 *Loy. L. A. L. Rev.* 428（1995 – 1996）。

③ Michael Perry, *The Constitution, the Courts and Human Rights*, New Haven: Yale University Press, 1982, p. 98（非解释性评论代表了预言的制度化）。

④ Frank, *Law and the Modern Mind*, New York: Coward-Mccann, 1930, p. 252（"文明司法"是经由"一种免于幼稚情感所束缚的现代思想"所实现的）。

义观点①，该观点是为了把这些论点当作一个更加安全的开头，尤其是在人们进入未知领域的时候。因此，本研究以一个案例为起点，从一系列的司法裁决中去构建一套关于司法政策制定的理论——我们要引用的案例是 1965 年至今由联邦法院审理的一系列监狱改革案。以上的这些裁决不仅阐明了司法政策制定的过程，还展示了司法体系的重要特征，这些特征勾勒出司法过程的轮廓，也明确了它的重要意义。

当然，相比只提供单个类型的案例，像其他涉及司法政策制定的论著那样提供多个类型的案例以进行论述完全可行。② 除了监狱改革案之外，司法政策制定的过程中还制定了对宪法中私权利进行保护的裁决，体现在格里斯伍德诉康涅狄格州案（*Griswold v. Connecticut*）和罗伊诉韦德案（*Roe v. Wade*），③ 也制定了关于普

---

① Clifford Geertz, *Local Knowledge: Further Essays in Interpretive Anthropology*, New York: Basic Books, 1983; Ihab Hassan, *The Postmodern Turn: Essays in Postmodern Theory and Culture*, Columbus: Ohio State University Press, 1987; Jean-Francois Lyotard, *The Postmodern Condition: A Report on Knowledge*, Manchester: Manchester University Press, 1984; Gianni Vattimo, *The End of Modernity, Nihilism and Hermeneutics in Postmodern Culture*, Baltimore: Johns Hopkins University Press, 1988.

② E. g., Cooper, *Hard judicial Choices: Federal District Court Judges and State and Local Officials*, New York: Oxford University Press, 1988; Horowitz, *Courts and Social Policy*, D. C.: Brookings Institution, 1975; Gerald Rosenberg, *The Hollow Hope: Can Courts Bring About Social Change?*, Chicago: University of Chicago Press, 1991; Shapiro, *Law and Politics in the Supreme Court*, New York: The Free Press of Glencoe, 1964; Robert Wood, ed., *Remedial Law When Courts Become Administrators*, Boston: University of Massachusetts Press, 1990.

③ 381 U. S. 479 (1965); 410 U. S. 113 (1973). 普遍的共识是，有关隐私权的判决，特别是罗伊诉韦德案，并不像判决所主张的是对《权利法案》的连贯解释。批评人士将这些判决视为"实质性的正当程序"，但事实上它们只是司法决策。Robert Dixon, "The New Substantive Due Process and the Democratic Ethic: A Prolegomenon," 1976 *BYU. L. Rev.* 43 (1976); Epstein & Kobylka, *The Supreme Court and Legal Change: Abortion and The Death Penalty*, North Carolina: University of North Carolina Press, 1992; Richard Epstein, "Substantive Due Process by Amny Other Name: The Abortion Cases," 1973 *Sup. Ct. Rev.* 159 (1973); John Ely, "The Wages of Crying Wolf: A Comment on Roe v. Wade," 82 *Yale L. J.* 920 (1972 - 1973); Louis Henkin, "Privacy and Autonomy," 74 *Columbia L. Rev.* 1410 (1974); Ira Lupu, "Untangling the Strands of the Fourteenth Amendment," 77 *Mich. L. Rev.* 981 (1978 - 1979); Henry Monaghan, "The Constitution Goes to Harvard," 13 *Harv. C. R. C. L. L. Rev.* 116 (1978).

通法中隐私权和公开权的裁决①、言论自由的裁决②、精神病院改革的裁决③以及很多联邦反垄断法的裁决④和确立消费品默示担保制度的裁决。⑤ 这样同时关注多个案例的论述手段能够避免或者至少降低那种只关注一个案例的风险。但问题在于，这些案例都非常复杂，对这些案例均进行深入研究是一项繁重的任务，且本研究将会被大量的法律细节所充斥，那么本研究的篇幅也将无法预设。唯一能够避免上述情况出现的方法是对案例进行粗略概括，然后在这些案例之间穿插以理论性的讨论，最后辅之以总结性的章节作系统性提升。本研究采取一种与众不同的论述方法，即通

---

① *Pavesich v. New England Life Insurance Co.*, 122 Ga. 190, 50 S. E. 68（1905）（right to privacy）；*Haelan Laboratories, Inc. v. Topps Chewing Gum, Inc.*, 202 F. 2d 866（2d Cir. 1953）（right of publicity）；*Factors, Inc. v. Pro Arts, Inc.*, 579 F. 2d 215（2d Cir. 1978）（same）；*Zacchini v. Scripps-Howard Broadcasting Co.*, 443 U. S. 564（1977）（same）；J. Thomas McCarthy, *The Rights of Publicity and Privacy*, New York；Clark Boardman Co., 1987.

② E. g., *Stromberg v. California*, 283 U. S. 359（1932）；*Schenck v. United States* 249 U. S. 47（1919）；*Masses Publishing Co. v. Patten*, 244 F. 535（1917）；Zechariah Chafee, *Free Speech in the United States*, Cambridge：Harvard University Press, 1941；Harry Kalven, *A Worthy Tradition：Freedom of Speech in America*, J. Kalven, ed., New York：Harper & Row, 1988, pp. 125 – 189；Gerald Gunther, *Learned Hand：The Man and the Judge*, New York：Alfred, 1994, pp. 151 – 170；*New York Times v. Sulivan*, 376 U. S. 255（1964）（public figures doctrine）；*Miller v. California*, 413 U. S. 15（1973）（community standards doctrine for obscenity）；参见 Post, *Constitutional Domains：Democracy, Community, Management*, Cambridge：Harvard University Press, 1995。

③ E. g., *Halderman v. Pennhurst State School & Hospital*, 446 F. Supp. 1295（E. D. PA 1977）, aff'd on other grounds, 612 F. 2d 84（3d Cir. 1979）, rev'd and remanded, 451 U. S. 1（1981）；*Wyatt v. Stickey*, 325 F. Supp. 781（M. D. Ala. 1971）, modified, 344 F. Supp. 373&344 F. Supp. 387（M. D. Ala. 1972）, affd in part, reversed and remanded in part sub nom., *Wyatt v. Aderhold*, 503 F. 2d 1305（5th Cir. 1974）.

④ E. g., *Standard Oil of N. J. v. U. S.*, 221 U. S. 1（1911）（rule of reason）；*White Motor Co. v. United States*, 372 U. S. 253（1963）（same）；*United States v. Socony-Vacuum Oil Co.*, 311 U. S. 150（1940）（price fixing）；*Interstate Circuit, Inc. v. United States*, 306 U. S. 208（1949）.

⑤ *Henningsen v. Bloomfield Motors, Inc.* 32 N. J. 358, 161 A. 2d 69（1959）；*Greenman v. Yuba Power Products, Inc.*, 59 Cal. 2d 57, 377 P. 2d 897（1963）.

过详尽地呈现一个案例，然后对该案例进行所谓的微量分析，进而从案例中体现的不同而又复杂的特点中构建出一套司法政策制定的理论。

二 司法政策制定的本质

然而，在论述开始之前，我们还是要简单定义"司法政策制定"，以便与我们更为熟悉的法律解释之概念区分开来。所谓司法政策制定，就是由法官制定政策。而法官，指的是政府机构中特定案件的裁决者，其主要任务是裁决案件。美国宪法第三条赋予了联邦法院中大多数法官任期终身和薪资受保护的权利。另外，还有一些由宪法第一条授权的，一般也被纳入法官队伍的政府官员：例如哥伦比亚特区法院①、属地法院②和军事法庭③的成员，他们也是独立的司法机构成员，因此也被纳入本研究的讨论范围之中。还有一些隶属于行政机构的裁决者，例如行政法法官，尽管他们具有形式上的法官身份④，但是本研究无意将他们纳入讨论范围，因为囿于同一行政机构的司法裁决和政策制定之关系是一个非常复杂的问题，本研究不予着墨。

罗纳德·德沃金（Ronald Dworkin）⑤ 将政策制定定义为：无

---

① 参见 *Glidden Co.* v. *Zdanok*, 370 U. S. 530（1962）。
② *American Insurance Co.* v. *Canter*, 26 U. S. （1 Pet.）511（1828）（Marshall, C. J.）（courts in Florida territory）。
③ 参见 *Solorio* v. *United States*, 483 U. S. 435（1987）。
④ 参见 *Thomas* v. *Union Carbide Agricultural Prods.*, 473 U. S. 568（1985）（arbitration under Federal Insecticide, Fungicide and Rodenticide Act）; *Commodity Futures Trading Comm'n* v. *Schor*, 478 U. S. 833（1986）（administrative adjudication under Commodity Exchange Act）; Paul Bator, "The Constitution as Architecture: Legislative and Administrative Courts Under Article Ⅲ," 65 *Ind. L. J.* 233（1990）; Richard Fallon, "Of Legislative Courts, Administrative Agencies, and Article Ⅲ," 101 *Harv. L. Rev.* 915（1987–1988）。
⑤ R. Dworkin, *Law's Empire*, Cambridge: Harvard University Press, 1986, pp. 1057, 1067–1073.

论其制定主体是法官抑或是其他人，政策制定是指这些主体依照他们的判断来行使权力以追求理想的社会结果的过程。由于德沃金是司法政策制定的坚定反对者——他认为司法政策不合法，我们沿用他的定义方式就可以保证这一定义绝对不会裹有刻意妥协以获得认可的糖衣。

政策制定有别于法律解释。法律解释，是指公共权力实施者依据既存权威法律渊源行使权力的过程。这并不是说政策制定就跟已有法律渊源完全无关。美国宪政体制要求立法者、行政官员及法官在政策制定活动中必须依据法律授权，无论从联邦层面还是地方各州层面来讲都是如此。司法政策制定与法律解释的区别是，司法政策制定将法律文本视为司法裁决权的来源而非裁决的指南。法官解释法律时，会援引可适用的法律文本决定裁决内容，他们会从法律文本的字面意思、法律文本的体例结构、立法者的原意、颁布该法律的意图等因素出发进行综合考量以完成法律解释这一目标。而法官制定政策时，他们首先会援引法律文本论证自己对某事项拥有司法裁决权，然后依据非权威材料和自身独立判断制定政策，而该政策的制定标准主要在于其是否能带来良好的社会效果。

那些视司法政策制定为合法活动的团体（立法者、行政机构、私营企业以及其他组织）提出了不同的司法政策制定理论。其中一种叫作经典分析法。经典分析法包括五个独立的步骤，它们分别是：定义问题、树立目标、制定多个可供选择的方案、选择一个最为可行的方案、最后实施该方案。[①] 并且这五个步骤又都有各

---

① 参见 Stuart Nagel, *Policy Evaluation：Making Optimal Decisions*, New York：Praeger, 1982；Carl Patton & David Sawicki, *The Policy Analysis Process：Basic Methods of Policy Analysis and Planning*, New York：Routledge, 1986, pp. 26 - 38；Edith Stokey & Richard Zeckhauser, *Thinking About Policy Choices：A Primer for Policy Analysis*, New York：W. W. Norton & Company, 1978, pp. 5 - 6。

自的方法论。举个例子，近年来，成本效益分析法就在选择可行方案时很受欢迎。制定多个可供选择的方案是这一过程中最困难的步骤，但是近年来成为那些研究人类创造力和认知心理学的学者们的关注焦点。

可以预见，这一包含五个步骤的经典分析法对于很多当代学者来说并不现实抑或过于压抑。另外一种最为有名，又最能与经典法形成对比的政策制定之理论是渐进主义法，它指依照直觉来制定政策，查尔斯·林德布洛姆（Charles Lindblom）带有嘲讽意味地把这种方法称为"渐进调适的科学"（the science of mudding through）。[1] 有一种更具分析性的方法是解释学循环，这种方法源于对文本解释的深入研究[2]，后来它被汉斯-格奥尔格·伽达默尔（Hans-Georg Gadamer）应用到社会科学中去。[3] 解释学循环原本是一种解释文本的技巧，它的内涵是：要理解文本之部分，就必须通过理解文本的整体来达到；相反地，要理解文章之整体，只有通过理解它的部分才能达到。因此，理解的过程表现为一种从局部到整体再到局部的一种交互式过程。伽达默尔认为，研究社会科学不应该仿照自然科学的模式，而应该参考人文科学或者美学的研究方法，例如解释学循环的方法。而安东尼·吉登斯（Anthony Giddens）[4]、查尔斯·福克斯（Charles Fox）和

---

① Charles Lindblom, "The Science of Muddling Through," 19 *Puhl. Admin. Rev.* 79 (1959); David Braybrooke & Charles Lindblom, *A Strategy of Decision: Policy Evaluations as a Social Process*, New York: The Free Press of Glencoe, 1963.

② 参见 Richard E. Palmer, *Hermeneutics*, Illinois: Northwestern University Press, 1969, pp. 77 - 81, 84 - 88, 118 - 121。

③ Hans-Georg Gadamer, *Truth and Method*, New York: Seabury Press, 1975, pp. 162 - 173, 235 - 305. 伽达默尔对于解释学的概括源于海德格尔，参见 Martin Heidegger, *Being and Time*, New York: Harper & Row, 1962, pp. 188 - 195。

④ Anthony Giddens, *The Constitution of Society: Outline of the Theory of Structuration*, California: University of California Press, 1984.

休·米勒（Hugh Miller）① 已经将解释学循环的方法应用到对政策的分析上。

本研究认为政策制定是一项普通且合法的司法活动，但是本研究并不会将论述放在评选正确的政策制定的方法论上。表面上看，这是司法政策制定理论的一大缺失，但这其实是来自我们对主题的一种宏观把握。我们并不想为法官的政策制定活动提供指南；我们的目标是让法官或者其他局外人认同这样一个观点：政策制定是一项普通且合法的行为模式。尽管针对立法机关制定政策这一行为缺少一致认可的理论来支撑，但少有人认为立法机关因为缺少该理论支持而不应该实施政策制定行为。同样地，法律解释也缺少这样一个理论，事实上，虽然我们的法律文化已经普遍承认对法律文本的解释是司法主体的一项合法职能，但是在法律解释理论上的分歧仍然是当代法律学术界最重大的问题之一。有人认为司法政策制定和法律解释都是司法决策实践的组成部分，但是必须明确它们是各自独立的部分。②

---

① Charles Fox & Hugh Miller, *Postmodern Public Administration*, New York: Peter Smith, 1995. 类似于工业设计，参见 Michael Piore, Richard Lester, Fred Kofman & Kamal Malek, "The Organization of Product Development," 3 *Industrial & Corporate Change* 405 (1994)。

② Bobbitt, *Constitutional Interpretation*, Cambridge: Blackwell Publishing, 1991; Steven Burton, *An Introduction to Law and Legal Reasoning*, California: Aspen Publishing, 1985; William Eskridge & Philip Frickey, "Statutory Interpretation as Practical Reasoning," 42 *Stan. L. Rev.* 321 (1990); Daniel Farber & Philip Frickey, "Practical Reason and the First Amendment," 34 *UCLA L. Rev.* 1615 (1986 – 1987); Anthony Kronman, "Alexander Bickel's Philosophy of Prudence," 94 *Yale L. J.* 1567 (1985); Dennis Patterson, "The Property of Interpretive Universalism: Toward a Reconstruction of Legal Theory," 72 *Tex. L. Rev.* 1 (1993 – 1994); Suzanna Sherry, "Civic Virtue and the Feminine Voice in Constitutional Adjudication," 72 *Va. L. Rev.* 543 (1986); Cass Sunstein, "Interest Groups in American Public Law," 38 *Stan. L. Rev.* 29 (1985 – 1986); Vincent Wellman, "Practical Reasoning and Judicial Justification: Toward an Adequate Theory," 57 *U. Colo. L. Rev.* 45 (1985 – 1986).

谈到宪法解释时，学者菲利普·伯比特（Philip Bobbitt）认为，对法律解释理论的分歧本身就是一种法律解释理论。他认为，事实上各种针锋相对的法律解释理论都是我们理解法律语篇的有效要素，是我们做出司法决策时依据的方法。[1] 他总结出来的方法包括：历史解释法（探求起草者的立法意图）、文义解释法、体系解释法、法理解释法、伦理解释法和审慎解释法（成本效益分析法）。一个有效的法律解释是在我们特有的法律文化下正确使用这些法律解释方法的结果。这种法律解释理论被抨击为是毫无营养的，因为它既不能告诉我们特定的裁决正确与否，也不能告诉我们用不同的解释方法得出的裁决孰优孰劣，更不能解决各种解释方法之间的冲突。[2] 但是这种理论确实体现了宪法解释的实践，也指出了这个实践其实包含着诸多不同的方法。这一理论之所以没有被认为是重大的成果，是因为宪法解释这一实践已经不再受到公众的质疑，且这一实践的合法性也不再是争议的主要源头。

正如伯比特提出的有关宪法解释的理论一样，本研究提出一个关于司法政策制定的理论——司法行为自身有着一套规范的方法体系，这套体系呈现出一系列不同的方法。这些方法包括循序渐进法、解释学循环法、经典分析法以及它的搭档——成本效益分析法。当法官们使用这些方法时，他们其实是在以我们主流的法律文化确立的标准制定公共政策，这意味着他们只是在"夸夸其谈"而已。而宪法解释和司法政策制定的区别在于，后者的存在仍然备受争议，不仅如此，司法政策制定的合法性同时被争议双方所否定。我们认为，恰恰在这些否定的遮盖布之下，存在司法政策制定的广阔领域，这一领域代表着一个标准且合法的司法

---

[1] Philip Bobbitt, *Constitutional Interpretation*, Cambridge: Blackwell Publishing, 1991.

[2] Steven Winter, "Constitution of Conscience," 72 *Tex. L. Rev.* 1805 (1993 – 1994).

行为模式。到底哪一种模式更可取，则是我们接下来要讨论的问题了。

三　司法政策制定的独立性

关于司法政策制定的第二个定义性问题是：是否确有必要将结果导向型的司法政策制定与纯粹的对权威法律文本的解释这两种活动区分开来。毕竟法官们在解释法律文本时往往会考虑社会政策，他们援引法律文本时也经常带着结果导向的心态。事实上，政策制定与法律解释之间存在诸多实质性的重叠部分，法官们在做出一个决策的时候往往既在解释法律，也在制定政策。任何一种将某一个司法决策划分到单独且具体的某一范畴的理论都存在致命缺陷。这种非此即彼的理论与其说是人文科学，倒不如说是物理学。当我们研究司法决策时，首要的目的是弄清楚这个过程的本质，即探究这个过程对于决策做出者来说是一种怎样的体验，对于那些受到决策影响的人来说又是一种怎样的体验。换言之，我们的目的就是要揭示司法活动这一现象的本质。应当明确的是，无论法律解释和政策制定之间存在多少实质性的重叠，两者在法官和其他主体的体验之中，都是两回事。如果一个关于司法做出决策制定的理论没有厘清法律解释和政策制定的区别，那么这个理论很难说是完整的。法律解释和政策制定之间虽无明显的界限，但不能否定司法政策制定是一项独立的司法功能。

司法政策制定和法律解释概念之间的混淆，不仅仅因为这两个概念界限本身的模糊不清，还源于一些关于司法过程的断论性观点。在此列举出四个观点，它们之间具有一定的演替关系，它们分别基于：解释学理论、政治学理论、法律认识论和全然否定论。第一个观点，它源自一个非常深刻的哲学理论：人类所有认识都是通过解释获得的。① 在某种意义上，这种说法有说服力，但它与司法裁决制定之间的关联性仅停留在一语双关的层面。人类认识的解释学结构，亦称为"现实的社会建构"（the social construction of reality）②，根本无法否定法律解释和公共政策制定是两个不同概念的论点。在解释学理论框架之下，我们的一切认识都是解释的产物，我们对外部世界的解释赋予外部世界以意义，这个解释的过程发生在我们的意识思维当中，同时生成了我们的意识思维。根据海德格尔的说法，连拿起锤子钉钉子都是一个解释性的动作。③ 司法政策制定和法律解释的区别根植于社会文化当中，而这种区别不过是解释学的结果之一。从"社会建构"（so-

---

① Gadamer, *Truth and Method*, New York: Seabury Press, 1975, pp. 235 – 245, 345 – 366; Heidegger, *Being and Time*, New York: Harper & Row, 1962, pp. 58 – 63, 182 – 210.

② Peter Berger & Thomas Luckman, *The Social Construction of Reality: A Treatise in the Sociology of Knowledge* (1966). 基本方法可以被视为现代学术中的首要方法论主题。除了海德格尔和伽达默尔的作品。Terry Eagleton, *Literary Theory*, Oxford: Blackwell Publishers Ltd. , 1983; Murray Edelman, *Constructing the Political Spectacle*, Chicago: University of Chicago Press, 1988（政治学）; Paul Feyerabend, *Against Method*, London: New Left Books, 1975（自然科学）; Stanley Fish, *Is There a Text in This Class?: The Authority of Interpretive Communities*, Cambridge: Harvard University Press, 1980（文学）; Harold Garfinkel, *Studies in Ethnomethodology*, Cambridge: Polity Press (Basil Blackwell), 1984（社会学）; Clifford Geertz, *The Interpretation of Culture*, New York: Basic Books, 1973（人类学）; Thomas Kuhn, *The Structure of Scientific Revolutions* (2d ed.), Chicago: University of Chicago Press, 1970（自然科学）; David McCloskey, *The Rhetoric of Economics*, Madison: University of Wisconsin Press, 1985; Alfred Schutz, *The Phenomenology of the Social World*, London: Heinemann, 1972（社会学）; Richard Bernstein, *The Restructuring of Social and Political Theory*, Philadelphia: University of Pennsylvania Press, 1978; Willard Quine, *Pursuit of Truth*, Cambridge, MA: Harvard University Press, 1990; Willard Quine, *Word and Object*, Cambridge, MA: The MIT Press, 1960; Hillary Putnam, *Reason, Truth and History*, New York: Cambridge University Press, 1981; Peter Winch, *The Idea of Social Science*, London: Routledge & Kegan Paul, 1958; James Harris, *Against Relativism*, Chicago: Open Court, 1992; Thomas Nagel, *The View from Nowhere*, Oxford: Oxford University Press (1986)。

③ Heidegger, *Being and Time*, New York: Harper & Row, 1962, pp. 99 – 114.

cial construction）的意义上说，它们的区别仅仅存于文化观点之中，而不存于任何外部客观现实当中。因此，尽管我们不能自信地认为差异已存在于不同星球上的有智生物之间，但我们也不能在北美这片大陆上贬损其重要性。

第二种观点与第一种观点在一定程度上相类似，它源自一个同样重要的社会科学论断：所有的司法活动都具政治性。① 做出该论断积极响应了这样一种论调，那就是"法官在做出裁决时总是适用中立原则"——其被形式主义者提出且备受法律过程学派的支持。② 当前，中立原则已经成为法律学术界的一种燃素理论（the phlogiston theory），很少有学者会否认司法行为中或多或少会包含政治因素。承认政治因素是不可或缺的，就好比承认法律解释是不可或缺的一样，但它并不意味着司法政策制定和法律解释就是一回事。打个比方，立法者在原选区参加竞选的行为具有政治性，他们颁布新法律的行为也具有政治性，但是这不能说明竞选活动和立法活动就是同一个概念。同样地，虽然司法政策制定具有明显的政治性，但是法律解释也具有政治性的事实并不会使

---

① J. M. Balkin, "Ideological Drift and the Struggle Over Meaning," 25 *Conn. L. Rev.* 869（1992 - 1993）; Horowitz, *The Transformation of American Law*, 1780 - 1860, New York: Oxford University Press, 1977; Hutchinson, "Democracy and Determinacy: An Essay on Legal Interpretation," 43 *U. Miami L. Rev.* 743（1989）; Hutchinson, *Dwelling on the Threshold: Critical Essays on Modern Legal Thought*, Toronto: Carswell, 1988; Peller, "The Metaphysics of American Law," 73 *Cal. L. Rev.* 1151（1985）; Segal & Spaeth, *The Supreme Court and the Attitudinal Model*, New York: Cambridge University Press, 1993; Spaeth, *Supreme Court Policy Making: Explanation and Prediction*, San Francisco: W. H. Freeman, 1979; Tushnet, *Red, White and Blue: A Critical Analysis of Constitutional Law*, Cambridge: Harvard University Press, 1988; Tushnet, "Following the Rules Laid Down: A Critique of Interpretivism and Neutral Principles," 96 *Harv. L. Rev.* 781（1982 - 1983）; Unger, *The Critical Legal Studies Movement*, Cambridge: Harvard University Press, 1986; Yarnold, *Politics and the Courts: Toward a General Theory of Public Law*, New York: Praeger Publisher, 1990.

② Wechsler, "Toward Neutral Principles in Constitutional Law," 73 *Harv. L. Rev.* 1（1959）.

其概念失去独立性和解释性。就是说，尽管所有政府官员做出的行为都具有政治性，法律解释和司法政策制定仍然是两个不同的概念。

将司法行为具有政治性的论断再往前推进一步，可得到一个新论断，那就是司法行为完全是一种肆意行为，其与法律文本无关。① 这其实是法律认识论的一个观点，其核心主张是：所有的法律规定都具有不确定性。有大量论据可以支撑该观点，但有言过其实的意味，正如我们对法律解释过分期待一样，一旦它令我们失望，便会让人们对其产生厌恶、失望之感。而本研究并不打算对这一有趣却繁杂的司法不确定性理论发表意见，因为无论我们对该理论采取怎样的立场，都不会抹去法律解释和司法政策制定的区别。首先应该说明的是，认同司法行为的不确定性会让法律解释和司法政策制定趋同的观点极具实证主义色彩；该观点在描述司法活动时是基于外部观察者对司法结果的预测，而非基于过程参与者自身对司法活动的意义建构。应当明确，即使外部观察者无法通过自身对法律文本的理解预测法律解释的结果，法律解释之实践和发布社会政策之实践仍然是两回事。也许这种无法预判的

---

① 参见 J. M. Balkin, "Deconstructive Practice and Legal Theory," 96 *Yale L. J.* 743 (1986 – 1987); Clare Dalton, "An Essay in the Deconstruction of Contract Doctrine," 94 *Yale L. J.* 997 (1984 – 1985); Morton Horowitz, *The Transformation of American Law*, 1780 – 1860, New York: Oxford University Press, 1977; Allan Hutchinson, "Democracy and Determinacy: An Essay on Legal Interpretation," 43 *U. Miami L. Rev.* 743 (1989); Allan Hutchinson, *Dwelling on the Threshold: Critical Essays on Modern Legal Thought*, Toronto: Carswell, 1988; Mark Kelman, "Interpretive Construction in Substantive Criminal Law," 33 *Stan L. Rev.* 591 (1980 – 1981); Gary Peller, "The Metaphysics of American Law," 73 *Cal. L. Rev.* 1151 (1985); Joseph Singer, "The Player and the Cards: Nihilism and Legal Theory," 94 *Yale L. J.* 1 (1984 – 1985); Mark Tushnet, *Red, White and Blue: A Critical Analysis of Constitutional Law*, Cambridge: Harvard University Press, 1988; Mark Tushnet, "Following the Rules Laid Down: A Critique of Interpretivism and Neutral Principles," 96 *Harv. L. Rev.* 781 (1982 – 1983); Robeto Unger, *The Critical Legal Studies Movement*, Cambridge: Harvard University Press, 1986。

属性称得上是法律解释过程的败笔，但是这一屡战屡败的过程仍然是法律解释的一部分，法律解释不能因此而被认为是其他概念。

更重要的是，上述司法不确定性理论源自对法律解释的深探，它认为司法政策制定不过是法律解释失败情形下的产物罢了。这种观点是在做一种被司法政策理论挑战的假设：司法政策制定过程缺少法律规则的指导。换言之，"因为法律文本具有不确定性，所以政策制定和法律解释等同"这一观点是由"司法裁决必须遵循法律，但是对于政策制定而言，却没有规范可循"推导而来的。倘若司法政策制定有法可依，司法政策制定就不会被归类为一种不确定的司法裁决行为。反之亦然。如果司法政策制定活动确实发生了，而我们却因缺少理论支持而无法识别，我们就会倾向于夸大司法裁决的不确定性。当法官裁决时根本没有解释法律，而是宣称某个政策是依据法律授予的裁决权做出的，我们会把该裁决作为证据以说明法律文本无法决定裁决的结果。

最后一种混淆政策制定与法律解释的观点是由法官们自己提出的，正如最高法院在参议院上的质询案中所说："由法官进行制定政策是不对的，我们从来不会这样做。我们所做的仅仅是在解释法律。当然，法官和其他群体一样也会犯错，这些法官所做出的错误裁决被其他法官审核时会面临被否决的命运。把司法政策制定定义为司法行为就如同把贿赂行为定义为立法行为一样荒谬。"① 在一定层面上，这无疑是一个没有说服力的逻辑错误：如果一个事物的存在将违反广为传播的规范，那么它便不可能存在。但是该观点从法官口中说出后却有一定程度的说服力，如果连法

---

① 参见 Harry Edwards, "Public Misperceptions Concerning the Politics of Judging: Dispelling Some Myths About the D. C. Circuit," 56 *U. Colo. L. Rev.* 619（1984 – 1985）; Alvin Rubin, "Doctrine in Decision-Making: Rationale or Rationalization," 1987 *Utah L. Rev.* 357（1987）; Jon Newman, "Between Legal Realism and Neutral Principles: The Legitimacy of Institutional Values," 72 *Calif. L. Rev.* 200（1984）。

官自己都认为政策制定是错误的，他们便不会继续制定司法政策。

但最可能的情形是法官们会继续制定司法政策，只是把他们制定政策的行为伪装成其他形式。事实上，法官们似乎就是这样做的，他们依然在制定司法政策，却把自己的司法政策制定活动说成是一种法律解释。我们司法活动的舞台是普通法，而普通法——无疑是公共政策的一种形式——主要由法官创设。① 法官们谎称一般性原则都蕴含在普通法之中，而新法律原理的创设仅仅是法官把这些一般性原则应用到新情境中而已，所以他们并没有在制定政策。② 换言之，司法政策制定被伪装成对这些看不见的法律原则的解释。

至于为什么法官要出此下策，这是法律史要回答的问题。但应该不是基于对司法政策制定具有反民主属性的考虑，因为在民主主义出现之前的几百年，英国普通法便一直致力于促进民主。③ 可能性更大的是，法律解释对政策制定的同化起源于普通法法庭对其他法庭④和国王⑤接连不断的权威宣示行为。普通法法庭通过

---

① Guido Calabresi, *A Common Law for the Age of Statutes*, Cambridge, Mass.：Harvard University Press, 1982, pp. 92 – 101；Melvin Eisenberg, *The Nature of the Common Law*, Cambridge, Mass.：Harvard University Press, 1988；John Ely, *Democracy and Distrust*, Cambridge, Mass.：Harvard University Press, 1980, pp. 4 – 5, 76 – 69；William Fletcher, "General Common Law and Section 34 of the Judiciary Act of 1789：The Example of Marine Insurance," 97 *Harv. L. Rev.* 1513 (1984)；Harlan F. Stone, "The Common Law in the United States," 50 *Harv. L. Rev.* (1936 – 1937).

② Thomas Grey, "Langdell's Orthodoxy," 45 *U. Pitt. L. Rev.* 1 (1993)；Geoffrey Walker, *The Rule of Law*, Melbourne：Melbourne University Press, 1988, pp. 162 – 170.

③ George Keeton, *The Norman Conquest and the Common Law*, London：Benn, 1966；Frederick Pollock & Frederic Maitland, *The History of English Law*, Vol. 4, *Before the Time of Edward I* (2d ed.), Cambridge：Cambridge University Press, 1968.

④ 参见 William Holdsworth, *A History of English Law*, London：Methuen, 1903 – 1938, pp. 252 – 293；Daniel Coquilltte, "Ideology and Incorporation Ⅲ：Reason Regulated—The Post-Restoration English Civilians, 1653 – 1735," 67 *B. U. L. Rev.* 289 (1987)。

⑤ 参见 J. G. A. Pocock, *The Ancient Constitution and the Feudal Law*, Cambridge：Cambridge University Press, 1957, pp. 30 – 55。

主张其只是在解释那些源于英国人民自古以来的实践和理念的法律原则，向任何其他政府机构主张其优越地位。显然，这种主张主要依赖传统习惯。在怀疑创新、需根据先例判定某行为是否合法的世界里，法官把"制定司法政策"当作"解释现有法律原则"同义词的行为，再正常不过。

自启蒙运动以来，传统已经失去了很多魅力，摈弃传统的过程使得民主成为政治行为合法性的来源，这样一来，法官们便有了新理由将其司法政策制定活动描述为法律解释。在这一为了同一结果而转变动机的过程中可能存在一个断层。19 世纪的法官们，他们乐于革新，也不会因其地位得不到提升而感到羁绊，那时候他们倒是很愿意承认自己作为政策制定者的角色。① 然而，随着现代行政国家的发展产生了一种新的观点，即政策制定的权力保留在国家机构中对政治负责的部门手中。② 这种观点是错误的，因为大量的公共政策其实是由独立机构或者其他行政主体产生的，而这些主体对政治承担的责任很少。③ 但是，一个观点即使是错误的，也能影响人们的行为，当然，它即使是错误的也能诱使一些谨慎的人（如同法官）错误地判断自身行为的性质。

---

① Fletcher, "General Common Law and Section 34 of the Judiciary Act of 1789: The Example of Marine Insurance," 97 *Harv. L. Rev.* 1513 (1984); Horowitz, *The Transformation of American Law*, 1780 – 1860, New York: Oxford University Press, 1977; Craig Klafter, *Reason Over Precedents: Origins of American Legal Thought*, New York: Greenwood, 1993.

② Bickel, *The Least Dangerous Branch: The Supreme Court at the Bar of Politics*, New York: The Bobbs-Merrill Co., 1962; Fredrich A. Hayek, *Law*, *Legislation and Liberty*, Chicago: University of Chicago Press, 1979; Theodore Lowi, *The End of Liberalism* (2d. ed.), New York: Norton, 1979.

③ David Nachimas & Daniel Rosenbloom, *Bureaucratic Government USA*, New York: St. Martin's, 1980; Glenn Robinson, *American Bureaucracy: Public Choice and Public Law*, Ann Arbor: University of Michigan Press, 1991; Robert Stillman, *The American Bureaucracy*, Chicago: Nelson Hall, 1987; James Q. Wilson, *Bureaucracy: What Government Agencies Do and What They Do It*, New York: Basic Books, 1989; Max Weber, *Economy and Society*, G. Roth & C. Wittich, eds., Berkeley: University of California Press, 1978, pp. 956 – 1005.

结果就是法官们继续把自身司法政策制定的角色说成是法律解释的一部分。他们一如既往地坚持说他们所做的裁决均源于权威的法律文本——宪法、法律或者普通法。他们承认确实将公共政策作为论据，但只是把这些论据当作实现法律解释的一种机制。很多时候，法院在援引公共政策时便是这样做的。而在其他时候，法院根本没有在解释法律——它颁布一项新公共政策，然后通过引述公共政策的解释功能避免承认政策是其主要考量。

虽然政策制定和法律解释之间存在诸多明显的重叠，它们在实际操作中也经常一起出现，但它们仍然是两种不同的功能。通过宣称所有认识都是解释性的、政治性的，或者具有不确定性，任何人都可以借此来吸引眼球或者满足他人的讽刺欲望。通过断言法官所有的裁决都是政策制定，任何人都可以此来攻击司法系统，而通过断言法官们所做的仅仅是法律解释，任何人亦都能以此维护司法系统。以上的这些主张，尽管都包含着合理因素，但都不尽如人意。虽没有一个周全的论据能证明上述主张是错误的，但这些主张自身为了对抗显而易见的真相而付出的不辞劳苦的努力恰恰证明它们都不是最有用的解释。所谓显而易见的真相，意指法律解释和政策制定之间相互独立，就如同它们与司法事实认定相互独立一样。很多时候，法官们根据自己对权威法律文本的理解做出裁决；而在另外一些时候，他们通过自己对公共政策的把握做出裁决。

不仅如此，还有若干与司法决策制定有关的概念，它们横跨政策制定与法律解释之间的界限，但这并不意味着政策制定与法律解释之间没有界限，真实情况是这些概念都是不准确的，它们经常被用来指代不同的事物。最明显的例子莫过于"漏洞填补"（gap-filling）、"社会原则"（social principles）和"司法能动主义"（judicial activism）。

"漏洞填补"是源于欧洲的概念，认为在法律已经对案件有规定时，法官必须依照法律对该案进行裁决，而当法律存在漏洞的时候，法官可通过创设新法律对案件进行裁决。^① 哈特（H. L. A. Hart）通过对法律的核心含义和映射含义的区分，把这个术语转述到英美法系之中，他认为，在法律的映射含义之内，法院可以进行司法立法活动。^② 这样的区分似乎有足够的说服力，但是在"法律"与"法律漏洞"、"法律"的核心含义与"映射"的含义之间似乎不存在外部的可识别特征；相反，这两组概念均属于法律解释的问题范畴。^③ 若法官通过解释法律得出他对特定的案件没有裁决权的结论，那么他会拒绝裁决该案。若他解释法律得出他有裁决权的结论，那么他必须再次解释法律，看法律是否提供了裁决规则。若法律中有裁决规则，他会继续解释法律裁决案件；若法律中没有裁决规则，那他必须诉诸司法政策制定模式。更加严重的问题在于，将法律漏洞与映射这两组比喻和司法政策制定作等同理解表明司法政策制定是一项被划定了界限的活动，其实施必须严格限定在实体法的边缘或者缝隙之间。事实上，一些普通法、法律和宪法的核心原则已在司法政策制定的过程中得到重塑，一些新原则实质上是政策制定和法律解释的混合产物。

一些顶尖宪法学学者认为，法官应受制于社会原则或公共价值，法官最重要的任务就是准确地表达前述原则或价值。菲利

---

① Mac Cormick & Summers, *Interpreting Statutes: A Comparative Study*, Aldershot and Vermont; Dartmouth, 1991. 参见 id. at 37 – 40（Argentina），78 – 82（Germany），131 – 132（Finland），218 – 220（Italy），268 – 269（Poland），313 – 314（Sweden），362 – 364（United Kingdom）。参见 Aleksander Peczenki, *On Law and Reason*, Dordecht: Springer Science and Business Media, 1989, pp. 24 – 26。

② H. L. A. Hart, *The Concept of Law*, 121 – 150（1966）; Aharon Barak, *Judicial Discretion*, Y. Kaufman, trans. , New Haven: Yale University press, 1989; Frederich Schauer, "Easy Cases," 58 *S. Cal. L. Rev.* 399（1985）.

③ 参见 David Richards, "Rules, Policies, and Neutral Principles: The Search for Legitimacy in Common Law and Constitutional Adjudication," 11 *Ga. L. Rev.* 1069（1976 – 1977）。

普·伯比特（Philip Bobbitt）①、欧文·菲斯（Owen Fiss）②、弗兰克·米歇尔曼（Frank Michelman）③、迈克尔·佩里（Michael Perry）④、卡斯·桑斯坦（Cass Sunstein）⑤、还有马克·图斯内（Mark Tushnet）⑥，虽然他们之间有一些分歧，但是他们都一致支持前述观点。他们对社会原则的遵循似乎及于司法政策制定，不过这些学者大多把司法政策制定看作解释宪法的一种手段。事实上，单纯援引这些社会原则根本无济于兑现这些原则的用意；法官所能做的，是依据这些原则理解法律文本的含义，或者依据这些原则来启动司法政策制定程序。正如"法律漏洞"和"映射"这两组概念一样，对社会原则或者公共政策本身价值的审视无法揭示其特性，我们应该观察适用它们的方式。伯比特和图斯内特提出了最完整的宪法理论，他们都承认这一事实，且认同司法政策制定是一种独立的方法，他们认为这是谨慎和反形式主义的做法。⑦ 这些概念使得司法政策制定的过程显得格格不入，因为它们似乎阻碍了一个周密理论的发展，而伯比特和图斯内特都没有研究出这样的理论。

---

① Philip Bobbitt, *Constitutional Interpretation*, Cambridge: Blackwell Publishing, 1991.

② Owen Fiss, "The Supreme Court 1978 Term-Foreword: The Forms of Justice," 93 *Harv. L. Rev.* 1 (1979 – 1980).

③ Frank Michelman, "Foreword: Traces of Self-Government," 100 *Harv. L. Rev.* 1 (1986).

④ Michael Perry, *The Constitution in the Courts: Law or Politics*, New York: Oxford University Press, 1994; Michael Perry, *The Constitution, the Courts and Human Rights*, New Haven: Yale University press, 1982.

⑤ Cass Sunstein, "Interest Groups in American Public Law," 38 *Stan L. Rev.* 29 (1985).

⑥ Mark Tushnet, *Red, White and Blue: A Critical Analysis of Constitutional Law*, Cambridge: Harvard University Press, 1988.

⑦ Philip Bobbitt, *Constitutional Fate: A Theory of the Constitution*, Cambridge, Mass.: Harvard University Press, 1982, pp. 59 – 73; Tushnet, *Red, White and Blue: A Critical Analysis of Constitutional Law*, Cambridge: Harvard University Press, 1988, pp. 1 – 87.

最后一个经常与司法政策制定等同使用的概念是"司法能动主义"，这一概念也提出了两种司法裁决的类型。司法能动主义主要是指特定司法裁决对社会或者其他政府机构的影响，不论该司法裁决的做出是否以法律文本为依据。确切地说，很多司法政策制定的例子都体现了高度的司法能动性，但仍有一些例外。当普通法法庭创设公开权和隐私权时，法官此时其实不是严格的司法能动主义者。① 没错，他们确实创设了一项由司法权力保障的新权利，但是相比于那些我们熟知的其他领域中的权利，这一新的权利并不具有扩张性。当联邦法院创设反垄断法的合理性原则时，他们限制而非扩大了它的适用范围。② 更为重要的是，并非所有司法能动主义裁决都涉及司法政策制定。近年来，最为重大的司法能动主义的例子为"学校废除种族隔离案"（the school desegregation cases）③，但这些案子是从对平等保护条例的合理且易于理解的解释中产生的。法律解释和其他由法院实施的救济方法可能备受争议，但是我们必须承认公立学校的整合至少是对宪法条文的合理性解读，并非法院制定司法政策的结果。

---

① 参见 Cardozo，*The Nature of Judicial Process*，New Haven：Yale University Press，1921，p. 113（如果你问法官是如何权衡二者利益的，我只能回答，他必须像立法者一样，从经验、学习和思考中获得知识，简而言之，从生活中来）。

② *Standard Oil Co. of New Jersey v. United States*，E. g.，*Standard Oil of N. J. v. U. S.*，221 U. S. 1（1911）（rule of reason）；*White Motor Co. v. United States*，372 U. S. 253（1963）（same）；*United States v. Socony-Vacuum Oil Co.*，311 U. S. 150（1940）（price fixing）；*Interstate Circuit，Inc. v. United States*，306 U. S. 208（1949）。

③ 参见 David Armor，*Forced Justice：School Desegregation and the Law*，New York：Oxford University Press，1995；David Kirp，*The Idea of Racial Equality in AmericanEducation*，Berkeley：University of California Press，1982；Christine Roselli，*The Carrot or the Stick for School Desegregation Policy：Magnet Schools or Forced Busing*，Philadelphia：Temple University Press，1990；J. Harvie Wilkinson，*From Brown and Bakke，the Supreme Court and School Integration*，1954 – 1978，New York：Oxford University Press，1979；Mark Yudof，"School Desegregation：Legal Realism，Reasoned Elaboration，and Social Science Research in the Supreme Court，" 42 *Law & Contemp. Prob.* 57（1978）。

四　监狱改革案中的司法政策制定

过去 30 年的监狱改革案是当代美国最引人注目的司法政策制定案例。从 20 世纪 30 年代起，囚犯们就开始向联邦法院提起诉讼以期改善自己的监禁环境。这些诉讼随着时间的推移发生的频率越来越高，但基本上都被法院驳回了，理由是监禁环境并非违宪审查的对象。少数法院给予囚犯们以人身保护令或损害赔偿金的救济，同时最高法院将少数南方"链锁劳工队"（Chain Gangs）的逃犯带回他们本属州中相对温和仁慈的监狱去，以表达对他们悲惨遭遇的同情。尽管如此，直至 1964 年，没有一个美国法院下令监狱改变管理模式或改善监禁环境。①

然而在接下来的一年，美国阿肯色州东区法院的裁决认为，康明斯州立监狱农场（Cummins Farm State Prison）被指实施了残忍和不寻常的刑罚，这违反了美国宪法第八修正案。② 在接下来的几年，法院以康明斯监狱违宪为由，发布了一系列命令要求其重建机构组织。③ 在该裁决做出后的 10 年间，有 25 个州的监狱以及 5 个州的整体刑罚体系被法院下达了裁决命令。又 10 年后，这个数字攀升到了 35 个州，加之 9 个州的监狱体系。再 10 年后，据美国公民自由协会（the ACLU）的统计，截至 1995 年，被下达过裁决命令的监狱遍及 41 个州，其中包括哥伦比亚特区、波多黎各和维珍群岛的监狱，另外起码有 10 个州的整体刑罚体系被下达过裁决。④ 只有明尼苏达州、新泽西州和北达科他州没有完全被卷入

---

① 参见 *Judicial Policy Making and the Modern State*：*How the Courts Reformed America's Prisons* 第二章。

② *Talley v. Stephens*，247 F. Supp. 683（E. D. Ark. 1965）。

③ 参见 *Judicial Policy Making and the Modern State*：*How the Courts Reformed America's Prisons* 第三章。

④ National Prison Project，*Status Report*，updated January 1995，1 - 2.

司法监狱改革的进程中。① 甚至一些在刑罚上比较富有人道主义的地区都曾被认为是不足的，毕竟 50 个州中已经有那么多监狱被法院裁决改革。很多裁决精确到监狱机构的管理细则，这些细则甚至精确至监仓的平方数、膳食的营养程度、囚犯的淋浴次数，还有监仓灯泡的瓦数等。

这种对各州刑罚制度的干涉是通过制定司法政策实现的。经过 10 年历程，联邦法院制定出了一系列综合的且由司法权力保障实施的美国监狱管理办法。他们依据现存监禁文献、社会学理论、和他们对政治德性的把握制定法规。这样一种新式法律裁决，其由一般性道德和实证性考量促生，产生出一种接近于个别模式却又与现存任何已被接受的模式都不一致的模式。它是政策制定的典型产品，与法律或者行政性法规没有太大的区别。确实，它与约翰·金顿（John Kingdon）的分析方法相符：外部意见影响着政策的做出制定。②

确切地说，其实法官们没有必要把监狱改革的裁决做这样的定性。更常见的是，他们诉诸一般的论据：他们仅仅是在解释宪法，最准确地说是在对美国宪法第八修正案中关于"残忍和不寻常刑罚"之禁止进行解释。但有人提出，法院在此前曾经做出过一系列不予受理的裁定，这使后来对这种解释宪法的说法显得无迹可寻。正如前文所说，本研究对法律解释的过程是否具有不确定性不表立场，即我们不去讨论是否存在一种合理的法律解释理论。用监狱改革案去检测法律解释理论是否有不确定性并非正确的做法，因为即使法官们极力把监狱改革案定性为法律解释，而在事实上，监狱改革案根本就不是法律解释做出的。无论怎样去解读美国宪法第八修正案中关于"残忍和不寻常刑罚"的规定，

---

① National Prison Project, *Status Report*, updated January 1995, 2.
② 参见 Kingdon, *Agendas*, *Alternatives*, *and Public Policies*, Boston：Little，Brown，1984。

都无法得出那些法院发布的如此细节化的命令。法院也很难诉诸法律渐进主义（incrementalism）（指一个法律裁决即使明显与法律文本无关，仍然能可靠地，但不一定是准确地，在之前的裁决中觅得蛛丝马迹）。经过了 175 年的司法沉默，有关监禁环境的法律原则在接下来的 10 年终于被准确地表达了出来。

美国宪法第八修正案与监狱改革案确实存在关联，但它并非裁决的标准，而是司法管辖权的来源。这条修正案授予了宪法法院涉足刑罚模式的权力，也划清了宪法法院权力运行的界限。虽然美国宪法第八修正案没有提及监狱，但该条修正案并非封闭的，我们知道在宪法起草时美国毕竟还没有监狱。① 在美国宪法起草完成之后的几年时间里，监禁成了处罚罪犯的主要方式，因此将此条款的含义延伸至监狱确实是一个合理的法律解释。但这样的解释仅授予了联邦法院涉足囚犯问题的一般性权限，无论是从文义解释还是历史性解释出发，把这样的解释结论作为一种裁决的依据实在显得过于宽泛模糊。因为大部分的政策，即便其是由行政机构或立法机构做出的，其始终要以法律授权为依据，而权威法律文本的存在并不会使随之做出的法律裁决失去政策制定的属性。除非法律文本中存在某些附加性内容，否则这些裁决便一定是司法政策制定，然而很多裁决者仍极力把它们定性为法律解释。

联邦法院近年来在一定程度上减弱了对监狱改革的热情②，这可能是因为联邦法院日趋保守，或者法官们敏感地察觉到犯罪引

---

① Blake McKelvey, *American Prisons: A History of good Intentions*, Montclair, N. J.: Patterson Smith, 1977, pp. 1 – 11; David Rothman, *The Discovery of the Asylum: Social Order and Disorder in the New Republic* (2d. ed.), New York: Oxford University Press, 1993, pp. 45 – 78; cf. Michael Ignatieff, *A Just Measure of Pain: The Penitentiary in the Industrial Revolution*, 1750 – 1850, New York: Columbia University Press, 1978, pp. 15 – 43 （英国没有监狱）; Pieter Spierenburg, *The Prison Experience: Disciplinary Institutions and Their Inmates in Early Modern Europe*, New Brunswick: Rutgers University Press, 1991。

② 参见 *Turner v. Safley*, 482 U. S. 78 (1987); *Sandin v. Connor*, 515 U. S. 472 (1995)。

发人们的日渐不安，抑或以往那些恶劣且不具人道主义精神的监狱环境确实得到了改善。如此一来，监狱改革案可能被视为一宗历史事件，而非持续的历史进程。但即便它仅是历史性的，也抹不去它持续性的影响。联邦法院的裁决已经形成了一套包含诸多细节性规则的综合法案。这套法案适用于美国所有监狱，它反映在各州的法律、行政规章和监狱的内部规范之中，所有律师和监狱官员都需研习这些法案，各州的刑罚合规专员也都切实监控着这些法案的实施。近日，最高法院受理了两宗关于监狱的案件，案件中有这样两项主张：一是主张不吸烟的囚犯应被保护以免受二手烟的危害①；二是那些通过手术改变了性别的囚犯应获得保护以免受其他囚犯的骚扰。② 这两项主张足以说明监狱改革案影响深远。即便有关监狱改革的进一步行动已被暂缓或停止，但相对保守的法院仍然支持了上述两项主张（第二项主张获得了一致通过）③，这反映出监狱改革案的各项裁决有持续的影响力。

　　将监狱改革案作为司法政策制定之实例识别出来并不难，真正困难的是如何定义法官制定司法政策的过程。有观点认为，法官们这种草率而又极具争议的实现司法功能的过程使我们无法用任何一种概念性框架来对之进行定义。但我们起码知道怎样去定义那些由其他政府机构实施的政策制定过程，这些定义方法可被应用到司法政策制定的过程中（即便结果乍看起来可能并不熟悉）。目前有三种政策制定之模式——经典分析法、渐进主义（或曰循序渐进）的方法，解释学的方法。第一种方法虽说是一种老旧的模式且其还有僵化之嫌，但是它依然是使复杂决策过程各组成要素具体化的最好方式，它也可在结构分析过程中发挥作用。与此同时，渐进主义对司法政策制定的阐释显得更具说服力，

---

① *Helling v. McKinney*，509 U. S. 25（1993）。

② *Farmer v. Brennan*，511 U. S. 825（1994）；参见 *Lynce v. Mathis*，117 S. Ct. 891（1997）。

③ 托马斯法官仅在判决中表示同意。

因为它是一种非官方的、直观的方法，特别适用于法院这种对自己的角色定位不准且又感到尴尬的政策制定者。我们可以把这种方法看作经典分析法的一种对应物，也可以用它说明法院事先并不知道他们在干什么，或者说法院并不只是在一意孤行地办事。解释学是相对新颖的方法，而将它作为定义政策制定过程的方法则略显模糊。但由于它扎根于现象学和存在主义，因此当它为涉及人类认知的一般性理论提供解释时可显现出巨大优势。再者，它拥有最出色的专业术语，当某人的理论相对薄弱时这便成为一种优势，但从另一方面来说，这或许只是一种诱惑而已。我们把解释学看作经典分析法的第二对应物，也把它作为解释法官个体动机的主要方法。

用经典分析法进行分析时，法官们把监狱改革案要解决的问题定性为：普遍存在于美国各州监狱（特别是美国南部各州监狱），严酷、不人道、不符合美国国情的监禁环境。该定性直接指向法官们的目标，即在各州监狱实施一套全国适用且先进的监狱管理标准。在有了明确目标之后，适用经典分析法的下一步是制定一系列方案以供选择。这一步骤不仅在监狱改革案中基本缺失，在司法政策制定案例中也是普遍缺失的，既然律师们有时会给司法裁决提供选择的方案，法院就很少为各种解决方案做系统调查研究了。法院经常凭直觉来选定解决方案，在监狱改革案中便是如此。他们选择的方案往往具有官僚性和重建性，起初这看起来是极其怪异的监狱改革方案，但这使得法官们可直接适用关于国家惩教的价值观，以达成在监狱管理上实行国家标准的目标。一种直接干预的过程之后法院贯彻实施了这些方案，这一过程涉及很多监狱的微观管理模式，如哄骗、怂恿、恐吓、威胁、干扰和其他为行政机构所熟悉的策略。

同时，监狱改革案被视为渐进主义的产物，它是一种凭借直觉达成的循序渐进。虽然经典分析法也会把监狱改革案划分成若干阶段，这也体现了循序渐进的方法，不过渐进主义更深刻，更具可操作性。本质上说，这意味着法院在明确解决方案之前便已经投身到问题的解决中去了。他们确实对问题进行了定性，也大致知道目标是什么，但他们经常对其后的行动感到迷茫：他们本尝试着一套具体的解决方案，忽而又转向另外一种方案。当我们回顾监狱改革案时，会发现他们最终颁行的法规具有官僚性和改造性，但在制定这些法规的过程中，法官其实是凭直觉推进监狱改革的进程。这种实施走在方案选择之前的做法，虽然违反了经典分析法，但其本质是一种探索。它意味着我们对法院实施监狱改革的方法应做两方面的理解：一是它始终会走到经典政策分析法的最后阶段；二是它同时也会通过一种非官方的、凭直觉的方式重述整个过程。这便形成了一种相当复杂的定义，但是它也使我们能利用传统政策分析法使其达到特异性，这一过程不需要我们做过多的预判，也不需要使该过程保持一致性。

鉴于同时适用前两种抵触的政策制定方法已使问题显得复杂，我们不打算再深入说明第三种方法，即解释学的方法。解释学的方法并不和前两种方法相左，它甚至与渐进主义有共通之处。与此同时，由于它自身的理论和术语，用它来定义政策制定难免会显得同义反复。我们仅用解释学的方法去处理那些经典分析法和渐进主义均不能提供真知灼见的问题，而最显著的问题在于法院的动机。也许法院本来就有要将国家标准施于州监狱问题的目标，但他们为什么要这样做？在改造（rehabilitation）的主张可能带来负效应、官僚制失去其可信性的时候，为什么他们偏偏要做这两种政策选择呢？为什么他们在激进地实施这些政策时，继而又转入渐进主义类型中去呢？为什么他们要在厘清所实施的内容之前便积极投身于实施活动中去呢？我们将依据解释学对政策制定的分析来解答上述问题，但需用其他两种分析方法来解释政策制定的整体过程。

五　司法政策制定的困境

这看起来相当令人费解的分析，仍不能终止我们的困惑。司法政策制定始终是一个令人困惑的概念，就算知道法官在实际地进行司法政策制定活动，也很难完全缓解我们不安的情绪。这些不同类型的政策制定模式在实际使用时缺少合理依据，即便是那些被公认为有政策制定权的机构在被各个模式熟悉的环境下使用它们时也是如此。没有人认为这些政策制定模式能出色到为适用它们的机构提供充分的正当性。当法院制定政策时，便会产生一个严重的合法性问题。事实上，监狱改革案已充分地说明联邦法院的政策制定模式几乎违反了所有已被接受用以限制司法权的原则。

首先，它违反了联邦主义原则。一个公认的基本原则是：各州有权在多个领域内行使自治权，而有关刑罚的权力毫无疑问归属于各州。但在监狱改革案中，联邦法院对各州的监狱颁行了一套国家标准。联邦法院颁行全国标准的做法重构了州立机关的管理模式，取代了各州的政策制定权，这样一来，几乎所有为我们所熟知的联邦主义原则都被打破了——这些原则包括公民参与、司法管辖权的相互独立还有政策试验的机会。①

其次，监狱改革案违反了权力分立原则。通过制定并实施全国性的监狱管理标准，法院事实上越俎代庖地插手了监狱的管理——不论是宏观还是微观管理。监狱里那些由法院聘用且直接听命于法院的全职特别人员便是越权的最佳反映。即便法院没有安排这些人员，仅仅是对监狱机构施加的那种持续又细化的监督便与我们对司法行为和司法权设置的常规理解相去甚远。

---

① *Gregory v. Ashcroft*, 111 S. Ct. 2395 (1991). 参见 *Judicial Policy Making and the Modern State*: *How the Courts Reformed America's Prisons* 第五章中讨论联邦制的内容。

最后，在监狱改革案中，法院似乎还违反了第三个原则，它更加不引人注意却更为重要，那便是司法行为必须以现行法律为导向并受之制约的原则，而这是法律规则应用于司法的结果。通过实施一套他们自己的规范，联邦法院与该原则渐行渐远。当然，他们会诉诸美国宪法第八修正案，但由于他们颁布的法令过分细节化、发展速度过快，很难说他们对宪法的解释是可靠的。如果美国宪法第八修正案在1964年根本就不能适用于监狱，那么它到底是如何变成1970年监狱改革案的推动力的呢？法院经常通过指出环境已经改变或对事实进行了再认定来为原则含义的变化正名，有时他们甚至会承认自己犯了错。而这些解释说的其实是一种具体的司法审判活动，那就是在某个特定的时代做出某个裁决是可以被接受和认可的，但这个裁决被后来的另一个与之相左的观点否决了。而监狱改革案和前述情况不同，因为法院之前认为监狱问题无可裁决性，他们当时认为，美国宪法第八修正案读不出任何法院可管辖监禁环境的意思。他们曾这样说，也确实是这样做的。在1965年以前，联邦法院对所有关于监禁环境的案件都是认为其没有达到起诉标准而裁决不予受理，而且法院对监禁政策也没有司法上清晰的标准。而在监狱改革的进程中，联邦法院却发展出了（或凭空制造出）那些细致到监仓灯泡瓦数的标准。

在这场对联邦主义、权力分立和依法裁决原则的违反活动中存在一个谜团，即监狱改革案竟是一场数以百计的联邦法院法官参加的集体性行动，尽管他们在这场行动中各自独立活动。这些法官并不是狂热的激进分子，也不是外国统治势力的附庸，他们并没有被某些利益集团绑架，更没有参与某个秘密会议密谋他们的计划。他们仅仅是代表着美国中上阶层的社会中坚力量。他们由共和党和民主党主席任命产生且大部分都是白人男性。这些法官甚至没有效仿最高法院，扮演批判司法能动主义的反派角色，总之，他们并没有走捷径去配合本来并不相关，但在他们掌控下的联邦巡回法院以及倔强的初审法院。他们也没有像布朗案（*Brown v. Board of Education*）、米兰达案（*Miranda v. Arizona*）或罗伊诉韦德案（*Roe v. Wade*）[1] 那样突然改变法律原则的内涵，然后解释说这是为了让一小部分特殊个体的意志得到实现。确切地说，监狱改革案是一项急促而不可阻挡的进程，这一进程由联邦初审法院所做的一系列不相关的裁决构成，且它们反复在上诉程序中得到确认和支持。如果这是对限制司法行为原则的整体性违反，为何仍有这么多联邦法院法官愿意做出这样的裁决呢？为什么这些裁决存在如此明显的一致性呢？显然，无论是对于旁观者还是法官们自身而言，刻意地把法官政策制定的活动伪装成法律解释不足以使这些裁决获得正当性。

关于监狱改革案的论著有很多，有的研究关注监狱本身：监狱本身是否存在问题，这些问题能否通过司法干预来解决？而其中有人总结认为：尽管司法政策制定的递增价值和副作用仍是备受争议的问题[2]，不过这种补救办法是有益的。[3] 其中另外的人则指出，法官这种做法弊大于利。还有第二类研究是关注法官的：法官为何要这样做。[4] 尽管这些研究里有很多真知灼见，通常得出

---

[1] *Brown v. Board of Education*, 347 U. S. 483 (1954); *Miranda v. Arizona*, 384 U. S. 436 (1966); *Roe v. Wade*, 410 U. S. 113 (1973).

[2] Ben Crouch & James Marquart, *An Appeal to Justice: Litigated Reform of Texas Prisons*, Austin: University of Texas Press, 1989; James Jacobs, *Stateville: The Penitentiary in Mass Society*, Chicago: University of Chicago Press, 1977.

[3] John Dilulio, *Governing Prisons*, New York: Free Press, 1987; William Taylor, *Brokered Justice: Race Politics and Mississippi Prisons 1798 – 1992*, Columbus: Ohio State University Press, 1993.

[4] Brad Chilton, *Prisons Under the Gavel: The Federal Court Takeover of Georgia Prisons*, Columbus: Ohio State University Press, 1991; Steve Martin & Sheldon Ekland-Olson, *Texas Prisons: The Walls Came Tumbling Down*, Austin: Texas Monthly Press, 1987; Larry Yackle, *Reform and Regret: The Story of Federal Judicial Involvement in the Alabama Prison System*, New York: Oxford University Press, 1989; Robert Wood, *Remedial Law When Courts Become Administrators*, Boston: University of Massachusetts Press, 1990.

联邦法院法官的越权行为在某种程度上是令人难以置信的结论。①
同样难以置信的是，如此多的政府官员，他们虽然身处不同地区，
却在一个很长的时间跨度内各自接二连三地做出偏离主流的行为。
一个离经叛道的法官做出这样奇特的裁决，或者说这些裁决没有
被撤销可能仅仅因为好运或是其他晦涩的原因，但是当数以百计
的法官都以这样的方式裁决，并且数以百计的法官都支持这些裁
决时，我们便很有必要去反思我们关于司法程序适用限制的理解。

六 司法政策制定与现代法治

本研究作了一个假设：理性的法官们乐意参与政策制定，很显
然，这违反了那些根深蒂固的原则——指联邦主义（federalism）、
权力分立（separation of power）、法治（the rule of law）——原因是
这三项原则本身存在严重问题。两个框架性原则（联邦主义和权
力分立）均产生于 18 世纪，这意味着它们现在已经过时且需要重
大的革新。在起草美国宪法时联邦主义作为一种实用主义方案适
应了当时的政治环境，与此同时基于孟德斯鸠对当代英国政治学
的错误解读②，权力分立的理念为当时制宪者们所接纳。整部美国
宪法原本都是 18 世纪思想的产物，而联邦主义与权力分立这两个
原则与言论自由、合理赔偿和分权制衡等原则不同，它们可能通
过一种更为严肃的方式展现其时代性。行政国家的发展需要并产
生了大量的联邦法规，与此同时也产生了过多与孟德斯鸠三权分
立理论不相符的独立行政机构。保护电视节目、书籍和报纸免受
政府的肆意审查或是合理赔偿财产所有人的工厂、农场损失，这

---

① 参见 Susan Sturm，"Resolving the Remedial Dilemma：Strategies of Judicial Inter-
vention in Prisons," 138 *U. Pa. L. Rev.* 805（1990）。

② Montesquieu, *The Spirit of the Laws*, D. Carruthers, trans. , Berkeley：University
of California Press, 1977；M. J. C. Vile, *Constitutionalism and the Separation of
Powers*, New York：Oxford University Press, 1967, pp. 76 – 97.

些案件的解决需要的只是对原有原则做一定改变以适应情势之变迁。而源自 18 世纪的联邦主义和权力分立原则作为我们组建政府的指南，若它们不能被深入地重新定义或调整，那么它们将不能适应当前这个集权而又官僚化的国家。显然，当制宪者将这些原则写入宪法条文中时，他们对我们国家当今的状况是无法预知的。

上述理由当然不能够阻止有关宪法解释对这两项原则的支持，也不能扼杀这两项原则适应现代美国社会的机会。但是联邦主义和权力分立的陈旧性绝对是一个麻烦的问题。比如说，这些原则无法不经思索且明白无误地适用到监狱改革案这类现代法院的裁决中去。如果按照 18 世纪对这两项原则的理解，监狱改革案明显是对它们的违背。甚至整整一代学者都认为整个现代政府的构建都是对这些原则的违背。若真是这样，我们甚至可以说美国的现代政府是非法的，它需要被重构或被解散。事实上也确实有人持上述观点，尽管没有人认为司法系统本身需要对此承担责任。① 但另外有一种避免大规模变动的主张，即我们的框架性原则存在根本性的缺陷，这种情况下我们必须修正这些原则使之适应现行实践。

比起联邦主义原则和权力分立原则，法治原则更具持久性。其重要性随现代政府权力的扩张显得日益重要，但我们对该原则仍心存疑虑。当我们谈及法治原则的时候，我们的脑海中便会浮现出一些用以做出裁决的现行法，包括宪法、法律和普通法。② 换言之，我们想到的是法律解释。传统上对依法裁决原则的理解是，

---

① Richard Epstein, *Takings: Private Property and the Role of Eminent Domain*, Cambridge: Harvard University Press, 1985; Fredrich A. Hayek, *The Road to Serfdom*, London: George Routledge, 1944; Robert Nozick, *Anarchy, State and Utopia*, New York: Basic Books, 1974.

② Hayek, *The Road to Serfdom*, London: George Routledge, 1944, pp. 72 - 73; Walker, *The Rule of Law*, Melbourne: Melbourne University Press, 1988.

司法行为不能超出法律解释这一限度。跟联邦主义原则和权力分立原则一样，政府的实践表明对这种传统的理解是错误的。①

事实上，我们不必以现代发展状况为依据就能发现这种以法律解释为导向的法治原则存在局限性。所有法律原则都有来源，通常情况下，它们的来源都有迹可循。比如说于 20 世纪前几十年里被提出的隐私权发源于沃伦（Warren）和布兰戴斯（Brandeis）的著名文章。② 又比如说宪法第一修正案，与之相关的原则起源于 20 世纪 20 年代，在此以前，并没有与之有关的案例或一般性原则，有的仅仅是修正案上的文字。③ 再比如说《谢尔曼反托拉斯法》（The Sherman Act），这部制定法中体现的合理原则（the rule of reason）理论是由联邦法院构思而成。④ 甚至是那些从英国移植而来年代久远的普通法，其依然能够被追溯到特定的裁决。举个

---

① Francis Mootz Ⅲ, "Is the Rule of Law Possible in a Postmodern World?," 68 *Wash. L. Rev.* 249 (1993); Francis Mootz Ⅲ, "Rethinking the Rule of Law: A Demonstration that the Obvious Is Plausible," 61 *Tenn. L. Rev.* 69 (1993 – 1994); Margaret Radin, "Reconsidering the Rule of Law," 69 *B. U. L. Rev.* 781 (1989).

② Charles Warren & Louis Brandeis, "The Right to Privacy," 4 *Harv. L. Rev.* 193 (1890). 参见 McCarthy, *The Rights of Publicity and Privacy*, New York: Clark Boardman Co., 1987。

③ 参见 *Stromberg v. California*, 283 U. S. 359 (1932); *Schenck v. United States* 249 U. S. 47 (1919); *Masses Publishing Co. v. Patten*, 244 F. 535 (1917); Zechariah Chafee, *Free Speech in the United States*, Cambridge: Harvard University Press, 1941; Harry Kalven, *A Worthy Tradition: Freedom of Speech in America*, J. Kalven, ed., New York: Harper & Row, 1988, pp. 125 – 189; Gerald Gunther, *Learned Hand: The Man and the Judge*, New York: Alfred, 1994, pp. 151 – 170; *New York Times v. Sulivan*, 376 U. S. 255 (1964) (public figures doctrine); *Miller v. California*, 413 U. S. 15 (1973) (community standards doctrine for obscenity). 参见 Post, *Constitutional Domains: Democracy, Community, Management*, Cambridge: Harvard University Press, 1995。

④ *Standard Oil Co. of New Jersey v. United States*, E. g., *Standard Oil of N. J. v. U. S.*, 221 U. S. 1 (1911) (rule of reason); *White Motor Co. v. United States*, 372 U. S. 253 (1963) (same); *United States v. Socony-Vacuum Oil Co.*, 311 U. S. 150 (1940) (price fixing); *Interstate Circuit, Inc. v. United States*, 306 U. S. 208 (1949); Lawrence Sullivan, *Handbook of the Law of Antitrust*, Minnesota: West Publishing Co., 1977, p. 172.

例子，可转让票据的相关原理便是由 18 世纪英国普通法法官们不断修正而得的，其中最著名的是霍尔特（Holt）法官和曼斯菲尔德（Mansfield）法官。① 这并不是说法律原则可凭空产生，它们是周边文化的产物，经常体现着既存的思想，这正如法律、行政规章和文艺作品。但这些法律原则正如其他人造物一样，都是由人类的创造力所产生、塑造的。

因此，若我们不能弄清某个法律原则的来龙去脉，我们便没有足够的理由认为司法裁决的做出必须严格遵循法治原则。有些只涉及事实认定的裁决符合依法裁决的标准模型，因为所有的诉讼参与者只需要依照先例或者法律条文的规定行事；而一些需要进行法律解释的裁决则体现出不同程度的不确定性，因此这类裁决有可能不符合法治的标准模型。而另外一些通过法官创设法律原则而做出的裁决根本就不在依法裁决这一模式之内，这类裁决当然也会诉诸先例、法律法规或是宪法，但无论从任何现实意义角度上讲，裁决的结果都不受这些法律影响。任何一种不能包含这种情形（指创设法律原则而做出裁决）的法治理论都是不完整的。

司法部门把政策制定伪装成法律解释的相关论述便属于这样

---

① E. g. , *Hussey* v. *Jacob*, 1 Ld. Raym. 86, 91 Eng. Rep. 954（1969）；*Miller* v. *Race*, 1 Bur. 452, 97 Eng. Rep. 398（1758）；*Tyndal* v. *Brown*, 99 Eng. Rep. 1033（K. B. 1786). 参见 Cecil Fifoot, *Lord Mansfield*, Oxford：Clarendon Press, 1936, pp. 82 – 117；William Holdsworth, *Some Makers of English Law*, Cambridge：Cambridge University Press, 1938, pp. 160 – 175；David Lieberman, *The Province of Legislation Determined*, Cambridge：Cambridge University Press, 1989, pp. 111 – 117；James Oldham, *The Mansfield Manuscripts and the Growth of English Law in the Eighteenth Century*, Chapel Hill：University of North Carolina Press, 1992, pp. 602 – 604；James Rogers, *The Early History of the Law of Bills and Notes*, Cambridge：Cambridge University Press, 1995；Edward Rubin, " Learning from Lord Mansfield：Toward a Transferability Law for Modern Commercial Practice," 31 *Idaho L. Rev.* 775（1995）。

的理论，该种做法的诱因主要是司法部门认为司法政策制定违反了法治原则。早就有人认为司法部门这种为司法行为正名的做法没有说服力，政策制定实际上是一种由法官经常参与的独立行为。长久以来的一个疑问是：若我们拒绝承认政策制定的合法性，那么法治原则是否可以被保留。有人认为，由于政策制定具有明显的政治性和不确定性，政策制定应该被定性为一个独立的范畴，它根本不是一种法律解释，其中就有主张认为政策制定仅是一个需要被根除的错误。然而从法律原则创设的角度来看，我们发现这种主张有严重的后果。这种主张不仅暗示法官会偶尔甚至经常做出违法行为，而且还暗示所有合法的裁决都有一个非法的开端。这在某种程度上是一种法律上的军事征服理论，只要作恶者能一直保有权力，那么其最初的暴力行为便具有合法性。① 上述的这种主张很难说是错误的，而且它也确实指出我们对依法裁决原则的传统理解存在一些问题。

与联邦主义原则和权力分立原则中出现的问题不同，法治原则的概念性问题早在现代化之前便已存在，只不过随着现代化的发展而被推到了风口浪尖。曾经，人们对法律革新持怀疑态度，现在却将其视为美行。立法和行政机关一直在创设法律，而这些法律创设主体占据了政治舞台的中心。逐渐地，我们把法律视为是社会政策的工具，而非一种不以时间和人为因素为转移的传统。这样一来，那些否认法官可以革新法律原则的司法裁决理论显得相当过时，所有通过拥护这种理论以论证其行为合法性的做法也只不过是表面功夫。那种认为法官不能创设法律原则的观点肯定是错误的，但这在法律具有政策导向性和工具性的特点成为主流观点之前，姑且可以算是一个可信的谬误。

---

① Niccolo Machiavelli, *The Prince*, Ricci trans. , Oxford：Oxford University Press, 1935, pp. 4 – 8.

七　司法政策制定的启迪

研究司法政策制定不仅旨在阐明一项仍待探索研究的司法功能，还旨在帮助我们更加深入地理解那些备受推崇的限制司法权力的原则，认识到这些原则内部具有矛盾并已过时。这两个结果之间所具有的联系绝非偶然。行政国家的发展催生了司法政策制定，这种模式的出现又激起了我们对联邦主义、权力分立和法治原则的反思。

行政机构经常违反联邦主义原则的要求。事实上，这种普遍的认知严重低估了法规的作用，国家法规的核心目的在于对国家进行统一管理，而这便践踏了既存的联邦主义体系。相反，美利坚合众国曾极力排斥联邦主义，而这原本是备受推崇的观点，因为一个统一的政权被认作必需的。对美国南部进行的重建就是一种摆脱联邦主义的尝试，只是以失败告终。截至 19 世纪 70 年代中期，美国南部已摆脱中央政府的监管而且在诸多方面重新建立起了许多南北战争前的文化。此后不久，行政国家开始发展，正是这个过程使得各州的自治权普遍灭失。

现代政府治理方式上一个更加显著的特点是对权力分立原则的否定。行政机构明目张胆地将一部分本应属于立法或司法的权力圈划到行政权的范围之内。更甚者，行政机构把这些夺来的立法权、司法权和行政权杂糅在同一个行政机关之中，权力之间未划分出明显的界限。现代行政机关在其管辖范围内就是一个微型政府，可实施所有类型的公共权力，但这种政府是按照统一管理的方式组织的，并没有以分工为标准而设立功能不同的半独立组织。行政机关的这种组织方式是对 18 世纪政权模式的否定，如此设计是为了满足控制政府权力的需求，反映了对权力运行高效一致之新模式的追求。

最重要的是，现代行政国家把政府视为有意识的政策制定者，而不是消极的裁决者。我们认为国家有责任去解决社会问题，并且期待政府出台新项目去解决这些问题。而法律是这些努力中的主要工具，反过来，绝大多数的法律也正是在国会和行政机关解决社会问题的实践中产生的。显然，国会并不受现行法律或法律原则的制约，它除了对国会的授权者负责之外几乎不受制于任何事物。因此，如果依法裁决原则想要在现代国家中继续存续下去，那么该原则在司法体系中的定义必须被重塑。我们必须承认法律原则创设的正当性，摒弃那种认为法治就是指必须忠实于任何既存法律原则的观点。

所以，对司法政策制定的研究不仅仅是在探讨一个一直被诟病的、隐藏着的司法功能，更是在探讨一种新兴的法律秩序。因为政策制定已经成为政府特有的行为模式，所以法官也就开始扮演政策制定者的角色。他们可以无视那些对于司法权的明显限制，因为这些限制的有效性已经在现代政权的发展过程中被腐蚀殆尽了。

我们从对司法政策制定这一过程的认知中还得到了另一个更为深刻的启示，这一启示不能从任何系统的理论体系中得出，其只能通过对特定案件的探究而获得。这个启示是指决策者自身的思想或观念影响着政府事务，若我们对这种决策者的观念进行探索便会从中得出解释性的结论。这是一种兼具实质性和方法论的观点。从实质上来说，在监狱改革案中联邦法院法官之所以背离法律解释的传统方法转而去制定政策，是因为他们对公共道德以及联邦政府在现代政治国家中的角色的认知或态度已经发生了改变。他们之所以愿意冲破那些基于联邦主义、权力分立和法治原则而产生的对司法权的限制，是因为这些限制已经失去了其概念性力量。还有，他们之所以采取行动，推行一系列协调一致并持续 30 年之久的机构改革计划，是因为他们成功地对这些相关制度进行了概念重建。

诚然，那些最近被政治学家广为推崇的结构主义路径（the structuralist approaches）否认甚至嘲笑观念对人类行为具有刺激作用。公共选择理论（public choice theory）① 和实证政治理论（positive political theory）都明确且有力地否认我们从观念出发对政治行为随意做出解释的做法，公共选择理论依托微观经济学（其根基是每个人都会最大化地实现自己的利益）对人们的行为进行预判，而实证政治理论是用更加广泛但是同样机械化的模型对制度上的策略进行解释。② 这两种理论为我们提供了大量宝贵的见解，但它们那自称完整且面面俱到的理由其实只对它们真正的信奉者奏效。为了达到本研究的目的，我们将在案例的研究和分析中对这种结构主义的非概念性路径做出否定性回应。

实质上，将此种思想用作解释性工具的做法与方法论相关。政治学家们普遍将司法行为定性为法官态度的产物。这貌似说得通，但该观点只是从远处着眼于司法过程，而没有充分关注法官们在司法过程中适用的司法原则。法学家们对法律原则给予了足够的关注，但是他们的论述更倾向于规范性，而非描述性，他们将那些可正确适用的法律原则推荐给法官，而没有对法官正适用

---

① James Buchanan & Gordon Tullock, *The Calculus of Consent*: *Logical Foundations of Constitutional Democracy*, Ann Arbor: University of Michigan Press, 1962; Dennis Mueller, *Public Choice* (2d ed.), London: Cambridge University Press, 1989; David Mayhew, *Congress*: *The Electoral Connection*, New Haven: Yale University Press, 1974; Mancur Olson, *The Logic of Collective Action*, Cambridge: Harvard University Press, 1965; 参见 Daniel Farber & Philip Frickey, *Law and Public Choice*: *A Critical Introduction*, Chicago: University of Chicago Press, 1991。

② William Eskridge, "Reneging on History—Playing the Court/Congress/President Civil Rights Game," 79 *Cal. L. Rev.* 613 (1991); Herve Moulin, *Game Theory for the Social Sciences*, New York: New York University Press, 1986; Peter Ordeshook, *Game Theory and Political Theory*, Cambridge: Cambridge University Press, 1986; Peter Ordeshook & Thomas Schwartz, "Agendas and the Control of Political Outcomes," 81 *Am. Pol. Sci. Rev.* 179 (1987); Daniel Rodriguez, "The Positive Political Dimension of Regulatory Reform," 72 *Wash. U. LQ.* 1 (1994).

的法律原则进行分析。① 换言之，他们只是在法律原则的框架内想当然地分析，并且将那些被法官个人思想观念影响的裁决认作一种不真诚的、非法的、需要被一定的法律原则纠正的裁决。因此，在理论和实际之间存在一种方法论上的分歧。他们没有为司法裁决提供一种对法律原则进行充分说理的描述性分析，也没有点明法律原则如何与其他概念性要素相互作用。其后果当然是法官们的思想观念与法律原则被理解为属于两个互斥的范畴。

再次申明，本研究采纳的是最具常识性的假设。我们从一个实质性前提出发，那便是人们头脑中的观念能够影响人们的行为。观念虽不是唯一的决定因素，但起码是重要的一环，特别是对司法机关来说更是如此。我们还把一些当代学者的观点作为我们的方法论前提，那就是司法裁决由两组观念类型决定——法官自身的态度和现存的法律原则。② 那些断言法官的态度决定着裁决结果的司法裁决研究和法律现实主义批判只能算是部分正确。还有那些认为法律规则决定司法裁决结果的教条主义者（the doctrinal-

---

① Paul Brest, "The Fundamental Rights of Controversy: The Essential Contradictions of Normative Constitutional Scholarship," 90 *Yale L. J.* 1063（1980 – 1981）; George Fletcher, "Two Modes of Legal Thought," 90 *Yale L. J.* 970（1980 – 1981）; Edward Rubin, "The Practice and Discourse of Legal Scholarship," 86 *Mich. L. Rev.* 1835（1987 – 1988）; Mark Tushnet, "Legal Scholarship: Its Causes and Cures," 90 *Yale L. J.* 1205（1981）.

② M. Eisenberg, *The Nature of the Common Law*, Cambridge, Mass.: Harvard University Press, 1988; William Eskridge & Philip Frickey, "The Supreme Court, 1993 Term: Foreword-Law as Equilibrium," 108 *Harv. L. Rev.* 26（1994 – 1995）; Tracey George & Lee Epstein, "On the Nature of Supreme Court Decision Making," 86 *Am. Pol. Sci. Rev.* 323（1992）; Kent Greenawalt, "Discretion and the Judicial Decision: The Elusive Quest for the Fetters That Bind Judges," 75 *Colum. L. Rev.* 359（1975）; Sidney Shapiro & Richard Levy, "Judicial Incentives and Indeterminacy in Substantive Review of Administrative Decisions," 44 *Duke L. J.* 1051（1994 – 1995）; Charles Yablon, "Justifying the Judge's Hunch: An Essay on Discretion," 41 *Hastings L. J.* 231（1990）; Paul Gewirtz, *Introduction in Karl Llewellyn, The Case Law System in America*, Chicago: University of Chicago Press, 1989.

ists）的观点也只是部分正确而已。因此，我们不打算对司法政策制定过程中那些令人感到惊讶或者反常的情形进行证明。本研究旨在对建构司法政策制定过程的观念性机理以微量分析，如：观念如何驱动司法政策制定；观念如何与现存法律原则相互作用以产生新的政策；如何借用法律原则去表述这样的政策；现代行政国家观念性和物质性的发展是如何影响司法政策制定过程的；这些发展和司法政策的相互作用又是如何反映出法律和政府这两者的新兴含义的。

稿　约

　　《法律和政治科学》（*Law and Political Science*）是西南政法大学主管、西南政法大学期刊社指导、行政法学院和政治与公共管理学院联合主办的法学类学术集刊。

　　本刊旨在推动法学与政治学、社会学、公共政策学等跨学科、跨领域深度融合，倡导"大社会科学"理念，鼓励人文社会科学与自然科学合作。本刊坚持以习近平新时代中国特色社会主义思想为指导，"恪守学术标准、坚持问题导向、扎根中国实践"，瞄准国家和区域发展重大战略和学科前沿发展方向，在学术命题、学术思想、学术观点、学术标准、学术话语上着力，通过学科交叉、学术交融、学者交流互动实现集刊的特色发展、内涵发展。

　　《法律和政治科学》由社会科学文献出版社出版，并纳入该社集刊方阵，严格按照集刊准入标准进行建设。现诚挚向各位专家学者征集稿件，用稿范围包括但不限于专论、研究报告、学术争鸣、译介等。来稿请通过网络投稿系统提交至 https：//www. jikan. com. cn/FLZZ，或发送至 lps2019@ 126. com。对于录用稿件，本刊将向作者寄送样刊 2 本，并略奉薄酬。

　　稿件格式规范附后，供参考。

《法律和政治科学》编辑部

《法律和政治科学》学术规范及注释体例

一、来稿请附 300 ~ 500 字的"内容摘要"及 3 ~ 5 个"关键词"。

二、注释序号用①、②、③……标识，每页单独排序。

三、本刊提倡引用正式出版物，出版时间精确到年；第 2 版及以上注明版次。根据被引资料性质，可在作者姓名后加"主编""编译""编著""编选"等字样，但"著"则不加。作者或译者为三人以上者，署第一作者名加"等"字。

四、引用页码应明确到具体的页码。

五、非直接引用原文时，注释前加"参见"；非引用原始资料时，应注明"转引自"。

六、注释范例

（1）著作类

钱穆：《中国历代政治得失》，生活·读书·新知三联书店，2011，第 1 页。

（2）译著类

〔美〕布雷恩·Z. 塔马纳哈：《论法治——历史、政治和理论》，李桂林译，武汉大学出版社，2010，第 156 页。

（3）编著类

朱景文主编《中国法律发展报告——数据库和指标体系》，中国人民大学出版社，2007，第 58 页。

（4）文集类

《毛泽东文集》（第 7 卷），人民出版社，1999，第 31 页。

张文显：《变革时代区域法治发展的基本共识》，载公丕祥主编《法制现代化研究》（2013 年卷），法律出版社，2014，第 28 页。

（5）辞书类

《辞海》，上海辞书出版社，1979，第 345 页。

（6）期刊类

周尚君：《地方法治竞争范式及其制度约束》，《中国法学》

2017 年第 3 期。

（7）报纸类

姚建宗：《法治指数设计的思想维度》，《光明日报》2013 年 4 月 9 日，第 11 版。

（8）中文网站类

赖建平：《股权分置改革试点中急需澄清的若干法律问题》，搜狐财经，2005 年 7 月 11 日，http://business. sohu. com/20050711/ n226265893. shtml。

（9）英文类

①论著类

Neil Mac Cormic, *Legal Reasoning and Legal Theory*, Oxford：Oxford University Press，1978，pp. 92 – 93.

②论文类

Jan Paulson, "Arbitration of International Sports Disputes," 9 *Arb. Int'l*（1993）：395，360.

（10）转引类

江必新：《中国行政诉讼制度之发展——行政诉讼司法解释解读》，金城出版社，2001，第 186 页，转引自胡建淼主编《行政诉讼法学》，高等教育出版社，2003，第 30 页。

（11）其他

张著良：《强制执行股权法律问题研究》，硕士学位论文，西南政法大学，2001，第 20 页。

李忠诚：《如何看待"测谎仪"》，中国诉讼法学研究会 1999 年会论文。

（2001）海知初字第 104 号民事判决书。

《国家税务总局关于出口货物退（免）税若干问题的通知》，国税发（2003）139 号。

图书在版编目（CIP）数据

法律和政治科学. 2022 年. 第 1 辑：总第 5 辑，数字
社会中的国家能力 / 周尚君主编. -- 北京：社会科学
文献出版社，2022.12
　　ISBN 978 - 7 - 5228 - 0997 - 7

　　Ⅰ. ①法… 　Ⅱ. ①周… 　Ⅲ. ①法学 - 政治学 - 研究②
国家 - 行政管理 - 研究 - 中国 　Ⅳ. ①D90 - 05②D630. 1

中国版本图书馆 CIP 数据核字（2022）第 203674 号

法律和政治科学 　（2022 年第 1 辑·总第 5 辑）
　　——数字社会中的国家能力

主　　编／周尚君

出 版 人／王利民
责任编辑／李　晨
责任印制／王京美

出　　版／社会科学文献出版社·政法传媒分社
　　　　　　地址：北京市北三环中路甲 29 号院华龙大厦　邮编：100029
　　　　　　网址：www. ssap. com. cn
发　　行／社会科学文献出版社（010）59367028
印　　装／三河市尚艺印装有限公司

规　　格／开　本：787mm × 1092mm　1/16
　　　　　　印　张：17. 5　字　数：220 千字
版　　次／2022 年 12 月第 1 版　2022 年 12 月第 1 次印刷
书　　号／ISBN 978 - 7 - 5228 - 0997 - 7
定　　价／89. 00 元

读者服务电话：4008918866